KB251747

저항과 모심

무위당 깊이 읽기

저항과 모심

ⓒ백효민, 2026

초판 1쇄 발행 2026년 1월 20일

지은이 백효민
펴낸이 서연남

펴낸곳　㈜도서출판 이음
편집주간　원상호
편집　　　권경륜
디자인　　박충식, 정아진, 김다슬

출판등록 제419-2017-00013호
주소 26404 강원특별자치도 원주시 흥업면 한라대길 28, 한라대학교 창업보육센터 203호
전화 033-761-3223 팩스 033-766-8750
전자우편 iumbook@naver.com
인스타그램 @iumbook

ISBN 979-11-996873-0-1

*이 도서는 2025년 문화체육관광부의 '중소출판사 도약부문 제작지원' 사업의 지원을 받아 제작되었습니다.

*이 책의 판권은 지은이와 ㈜도서출판 이음에 있습니다. 이 책 내용의 일부 또는 전부를 재사용하려면 반드시 양측의 서면 동의를 받아야 합니다.
*값은 뒤표지에 있습니다.
*잘못된 책은 본사나 구입처에서 바꿔드립니다.

무위당 깊이 읽기

'실패한 거리 두기'가 가져온 선물

공부를 하면서 자주 들었던 말이 연구대상과 거리를 두라는 말이었다. 마치 미술관에 전시된 그림 앞에 낮게 처진 줄처럼 연구대상과는 언제나 일종의 '안전 거리'가 필요하다. 그러니 누군가의 말처럼 흠모하거나 증오하는 대상을 연구하는 일은 가능한 피해야 한다. 이런 점에서 보면 무위당을 연구하겠다는 대찬 결심 이면에는 고려해야 할 것들이 꽤나 많았다. 무엇보다 주어진 기록들에 담긴 성근 시간들을 구체화해야 했다. 2014년 원주에서의 현장연구는 그런 면에서 꽤나 값진 시간이었다. 결국 그 여름 원주 이후로 나를 강하게 밀어붙였던 것은 다름아닌 연구대상과의 '실패한 거리두기'였다.

이 책의 저본은 나의 박사학위논문 "Jang Ilsoon's Socio-Religious Thought and Its Relevance for the Catholic Church in South Korea" 이지만 단순한 번역의 결과물이 아니다. 한국에 돌아와 대상과의 '거리 두기'를 일정 부분 포기하고 원주에서 오래된 의문들을 마주하면서, 새롭게 그리고 다시 만난 이들의 세밀한 기억들과 주저하며 풀어놓았던 양가적 감정들 사이에서 기존의 자료와 해석들을 가능한 수정하고 보완하고자 하였다. 그리고 이 과정에서 얻어진 연구 결과들을 활용하여 비슷한 주제로 발표했던 논문들로 책의 특정 챕터들을 대체했다. 또한 사회적 맥락이 몇 년새 크게 달라졌지만 연구를 처음 시작하며 교회와 관련하여 가졌던 내면의 문제의식은 크게 바뀌지 않았기에 마지막 챕터를 포함한 결론 부분은 문체를 바꾸는 정도로 유지하였다.

이 책이 나오기까지 도움을 준 분들이 많다. 가족, 동료, 스승, 출판사 분들에게, 특히 출판을 위해 애써준 ㈜도서출판 이음의 원상호 주간과 영국 북부의 긴 겨울을 견뎌준 아내와 아이들에게 깊은 감사의 마음을 전한다.

2025년 겨울의 한복판에서
백효민

현대 한국의 마지막 지치주의 선비
'무위당 장일순'

◆ ◆ ◆

'6월 항쟁'이 한창이던 1986년 여름 어느 날, 강원도 원주시 봉산동 무위당 장일순 선생님 댁을 찾은 적이 있다. 해월 최시형 선생을 대단히 존경하고 계시다는 '원주 도사님'을 찾아뵙기 위한 길이었다. 서재로 들어서니 한쪽에 해월 선생 초상화가 가지런히 모셔져 있었다. 그 광경은 일대 충격이었다. 당시, 일반 시민들은 말할 것도 없고 동학東學 연구자들조차도 해월 선생에 대한 관심이나 연구가 부재하던 시절에 초상화를 모셔두고 사숙師叔을 하고 계시는 '원주 도사님'의 모습은 필자에게 영원토록 잊을 수 없는 장면으로 뇌리에 깊이깊이 각인되었다.

이래, 무위당 선생님께서 서거하시는 1994년까지 8~9년 동안 선생님의 따뜻한 격려와 자상한 지도를 받으며 '한살림 모임'과 '밝음신협'에 참여할 수 있었고, 고故 김지하 시인을 비롯한 원주그룹 선배들도 찾아뵈면서 해월에 관한 학위논문도 마무리할 수 있었다. 선생님의 생애

가운데 만년에 해당하는 길지 않은 기간에 참으로 많은 은혜를 입었던 것이다. 그 중에서도 재학하고 있던 대학원에서 어용교수 반대 데모를 주도했다는 이유로 퇴학 위기에 처했을 때, '내유천지 외무소구內有天地 外無所求'라는 화제畫題를 써주시며 무한 격려를 보내주신 순간을 잊을 수 없다.

무위당 선생님은 해월을 현대에 다시 살려내신 분이다. 해월만 살려내신 것이 아니라 전봉준이 주도한 '혁명으로서의 동학'만이 전부인 것처럼 이해되고 있던 시절에 천지부모天地父母, 만사지 식일완萬事知 食一碗, 이천식천以天食天, 향아설위向我設位, 경천敬天·경인敬人·경물敬物 등 해월 법설을 현대적으로 재해석함으로써 '영성靈性으로서의 동학'을 다시 살려내셨다. 어디 그뿐이랴. 지학순 주교님과 손잡고 제2차 바티칸 공의회 직후에 설립된 천주교 원주교구를 한국 교회의 모범으로 키우고 살려내셨으며, 중립화 통일을 외쳤다는 이유로 박정희 정권에 의해 투옥되어 3년간의 옥고를 치르신 뒤, 1963년 출옥 이후 정치활동정화법과 사회안전법 등에 묶여 '아무것도 할 수 없던' 엄혹한 시절에도 '밑으로 밑으로만 기시면서' 예수와 석가모니, 공자와 노자와 선불교禪佛敎의 조사祖師까지, 한 걸음 더 나아가 죽산 조봉암 선생과 같이 우리 겨레에게 자주적으로 사는 길을 제시하셨던 이 땅의 선각자들마저 다시 살려내셨다. 그러나, 선생님께서 이 지상에 사시는 동안 우리에게 끼치신 가장 큰 무상공덕無上功德은 군고구마 장사 아저씨, 좌판 장사 할머니, 리어카 채소 장수 등과 같은 이름 없는 민중을 '살림의 주체요 역사의 주체'로 드러내시고 살려내신 것이라 하겠다.

무위당 선생님이 가신지 31년의 세월이 흘렀다. 선생님을 가까이 모시고 가장 낮은 이들과 더불어 동고동락했던 원주그룹 선배들도 대부분 고인이 되셨다. 그러는 동안에 무위당 선생님께서 해월 선생의 '천지만물 막비시천주天地萬物 莫非侍天主' 즉, "하늘과 땅과 세상의 돌이나 풀이나 벌레나 모두가 한울님을 모시지 않은 것이 없다"는 법설을 현대적으로 재해석하시면서 그토록 애써 지키고 살리고자 했던 지구와 한반도, 민초들의 삶을 둘러싼 위기 현상은 갈수록 심화되고 있다. 해를 거듭할수록 격화되고 있는 기상이변과 그로 인한 막대한 피해는 그 같은 위기 현상의 일부에 지나지 않는다. 바로 이 지점에 무위당 선생님의 삶과 사상, 그 사회적 실천을 재조명하고 널리 확산시켜가야 할 까닭이 있다.

선생님이 서거하신 뒤로 몇 년의 시간이 흐른 뒤, 후학들은 '무위당을 기리는 모임'을 만들어 선생님의 기일忌日인 5월 22일을 전후하여 조촐한 추모 행사를 이어왔다. 또한, 평생토록 글을 쓰신 적 없는 선생님의 가르침을 하나라도 더 기억하고 계승하는 일이 후학들에게 남겨진 과제라고 인식하여 말씀으로만 남은 선생님의 가르침을 모아 정리하는 일방, 가까운 지인들과 후학들에게 써주신 서예 작품 하나하나를 힘닿는 대로 수집하여 자료집을 내는 일도 겸해 왔다. 그러나 이러한 작업은 선생님의 삶과 사상, 사회적 실천에 담겨진 깊은 울림과 전일적全一的 의미를 온전히 담아내어 사회적으로 확산해 나가기에는 역부족이었다. 이렇게 겨우겨우 해왔던 무위당 선생님에 대한 기억과 계승 작업 도중에 가장 목마름을 느꼈던 것은 바로 선생님의 삶 전체와 선생님의 고뇌 전부에 우리 자신들이 '동화'同化되어, 선생님이 그러하셨던 것처럼, 후학들 한 사람 한 사람이 모두 자신들의 삶의 맥락 속에서 '무위당의 꿈'을 다시 살려내는 일이었다. 그러기 위해서는 곤이학지困而學之의 하근기下根機에 지나지 않는 우리들에게 하나의 교재, 즉 교과서가 필요했다.

무위당 선생님의 삶과 사상, 그 사회적 실천을 온전하게 기억하여 '창조적으로' 재해석함으로써 우리 자신의 삶터에서 '무위당의 꿈'을 다시 살려내려는 '타는 목마름'에 응답이라도 하려는 듯 백효민 선생이 무위당의 삶과 사상, 그 사회적 실천의 의미를 깊이 있게 천착해 냄으로써 무위당 사상 연구에 한 획劃을 긋는 역저力著를 펴낸다는 소식을 접했다.

백 선생 연구에서 가장 먼저 필자를 압도한 것은 백 선생이 무위당 선생님의 삶과 사상, 그 사회적 실천에 담긴 전일적全一的 의미를 심층적으로 해명하고자 동·서양과 한국을 대표하는 불교와 가톨릭 동학사상 등에 주목했을 뿐 아니라, 무위당 관련 국내외 선행 연구를 모두 섭렵하고 있다는 사실이었다. 게다가 백 선생은 해외에서 유학하던 시기였음에도 선생님을 직접 뵈었던 가족·친지·후학들에 대한 인터뷰까지 활용하는 성의를 보였다는 데에 깊이 감동하지 않을 수 없었다.

『저항과 모심-무위당 깊이 읽기』라는 제목의 이 책은 프롤로그와 에필로그를 제외하고 모두 6개의 장章으로 구성되어 있다. 제1장은 무위당 사상을 이해하기 위한 기초로서 무위당의 삶과 관련된 역사적 배경을 다룬다. 제2장은 평생 가톨릭 신자로 살아온 무위당 사상을 깊이 이해하기 위하여 필수적으로 요청되는 가톨릭과의 관계에 주목한다. 그 중에서도 백 선생은 1891년 교황 레오 13세의 회칙『새로운 사태』와 제2차 바티칸 공의회1962-1965의 마지막 공의회 문서로서 1965년 12월 7일에 반포된 사목 헌장『기쁨과 희망』에 초점을 맞춰 가톨릭의 사회사상을 분석하고 그것들과 무위당 사상과의 연관성을 탐색하고 있다. 제 3장은 무위당이 만년에 깊이 심취했던 해월 최시형의 동학사상에 주목하여 무위당 사상과의 연관성을 분석한다. 제4장은 무위당 서예 작품과 후학들에게 주는 말씀에 빈번하게 등장하는 조사祖師들의 선시禪詩에 주목하여 선불교禪佛敎와 무위당 사상의 상관관계를 해명한다. 제 5장은 제2장 가톨리시즘과 무위당, 제3장, 해월 동학과 무위당, 제4장 선불교와 무위당 등에서 논의된 내용을 기초로 무위당 사상이 현대 한 국사회 속에서 가톨리시즘을 어떻게 받아들이고, 어떻게 실천했는지를 분석한다. 그리고 마지막 장은 무위당 사상이 한국 가톨릭교회의 사목적 현실에서 활용될 수 있음을 제안하고 있다.

백 선생이 이번에 상재上梓하는 이 책은 '우리 시대의 큰 스승'으로서 '밑으로 밑으로만 기시어 드디어는 한 포기 산속 난초가 되신' 현대 한 국의 마지막 '지치주의至治主義 선비' 무위당 장일순 선생님의 삶과 사상, 그 사회적 실천의 의미를 한국 사회를 뛰어넘어 지구적 차원으로 확산 하는 모범적인 교과서敎科書가 될 것이다. 특히, 오래도록 가톨릭 신자로 회자膾炙되어 왔던 무위당 선생님의 삶과 사상, 그 사회적 실천 속에서 가톨리시즘이 구체적으로 어떻게 상호 작용을 하고 있었는지를 밝혀낸 것만으로도 이 책은 무위당에 대한 이론적·실천적 이해의 수준을 비약적으로 끌어올렸다. 백 선생의 그간의 학문적 고투에 진심으로 감사와 존경을 표한다. 사족 한 마디. 백 선생의 역저 출판을 하나의 계기 삼아 이제 무위당 선생님의 삶과 사상, 사회적 실천, 거기에 무위당 선생님의 예술을 더하여 무위당 연구를 '다산학'이나 '퇴계학'처럼 하나의 학문으로 체계화하는 연구 그룹의 출범, 즉 '무위당 학회' 또는 '무위당 연구회' 가 탄생되는 날을 꿈꾸어본다.

박맹수
전 모심과 살림연구소 이사장, 전 원광대 총장

저항과 모심으로 꿈꾸는 세상

1994년 무위당 선생이 돌아가신 후 매년 기일이 돌아오면 그의 제자와 동무들은 산소를 참배한 뒤 식사 모임을 가졌다. 다양한 직업과 성향을 지닌 그들은 많을 때는 100명이 넘게 모이기도 했다. 그 자리는 추모의 시간이었지만 경향 각지에서 모여든 그들 사이에서 때론 한탄과 고성이 오가기도 했다. 공식적이지도 비공식적이지도 않은 그 모임이 7년째가 되던 해, 2001년에 '무위당을 기리는 사람들의 모임'이 밝음신협 건물 6층에 둥지를 틀고 출범했다. 그때부터 공식적인 추모 행사가 열리고 소식지가 발간되면서 본격적인 활동이 시작되었다. "내 이름으로 아무것도 하지 말라"는 선생의 유지를 어기는 일이었다. 모임 초기에 나이가 어린 편이었던 나와, 지금은 국회의원이 된 최혁진이 함께 간사 역할을 하며 심부름을 했다. 2004년 무위당 선생의 10주기에는 다채로운 추모 행사와 함께 최성현의 『좁쌀 한 알』이 발간되었다. 이 책은 무위당 선생을 대중에게 알리는 데 크게 기여했다. 이렇듯 모임이 공식적으로 활동하면서 전국에서 무위당 선생을 배우겠다고 찾아오는 이들이 늘었고 이에 힘입어 2007년에는 밝음신협 4층에 「무위당 기념관」이 개관했다. 젊은 시절 내내 무위당 선생 옆에서 먹을 갈았던 서예가 동주 심상덕의 글씨로 현판을 만들어 걸었다. 기념관 개관을 계기로 '무위당을 기리는 사람들의 모임'도 '무위당 만인계'와 '무위당 만인회'를 거쳐 '사단법인 무위당사람들'로 법인격을 갖추었다. 많은 이들이 모임을 거쳐 갔다. 그중에서도 김찬수 전 사무국장은 원주시 보조금 사업으로 『무위당 서화집』 여덟 권과 단행본 네 권을 펴내는 등 아카이빙 사업에 큰 역할을 했다. 모임의 초대 회장이셨던 고 김영주 고문은 생전의 무위당 선생과 지학순 주교의 옆자리를 가까이에서 지켜왔기에 두 분의 삶과 사상에 대해 가장 정확하고 세세하게 이야기를 해 주실 수 있었다. 그래서 그의 강연은 언제나 감동적이었고, 그래서 인기가 좋았다. 노익장을 뽐내시던 모습과 달변을 이제 다시는 볼 수 없게 된 것이 못내 아쉽다. 선생이 살아계실 적에도 돌아가신 뒤에도 자택을 돌보며 조용히 무위당 내외분의 뒷바라지를 해 왔던 박준길 전 밝음신협 전무는 무언가 많은 이야기를 알고 있을 것 같은데 여전히 입이 무거워 주변 사람들을 안타깝게 하고 있다. 그의 증언을 들어보는 자리를 늦기 전에 만드는 것이 과제다.

지나온 시간 동안 선생의 삶과 사상을 연구하는 소소한 논문과 평전, 일화집, 잠언집 같은 저작이 적지 않게 나왔지만, 좀 더 학술적이고 체계적인 연구가 이루어지지는 못했다. 고 리영희 선생은 '말과 삶이 일치하는 드문 사상가'로, 고 김종철 선생은 '세계적으로 알리고 기려야 할 생명 사상가'로 무위당에 대한 철학적, 학문적 선양 작업의 필요성을 역설했지만 그동안 눈에 띄는 성과가 없었다. 그런데 이번에 백효민 선생이 그 작업을 해냈다. 물론 추모 모임과 선행연구자들이 30년 동안 축적한 작업이 있었기에 가능한 일이었겠지만 체계적인 '무위당 깊이 읽기'를 할 수 있게 되었다는 것이 이 책 출간의 가장 큰 의미일 것이다. 이제 이것이 첫 단추가 되어 지속적인 무위당 연구가 이루어지길 바라는 마음이다.

백효민 선생은 이 책에서 무위당 사상의 정체성을 해월의 동학과 불교의 선과 로마 공의회 이후의 가톨릭에서 찾아내고 있다. 무위당 선생의 삶을 '저항'과 '모심' 그리고 '영성'이라는 개념으로 들여다보며 '조화로운 포용성'에 이르는 과정을 좇아가고 있다. 그리하여 최종적으로 '오늘날 교회의 사목적 지향은 신자들이 더 나은 미래를 기대하게 하는 것이 아니라 그들이 '지금 여기'에서 해방과 변화의 영적 신비를 경험할 수 있게 하는 것이다.'라고 결론 내리고 있다. 이어서 한국 교회가 장일순의 삶과 사상을 바탕으로 사회적이고 영적인 역할을 수행하기 위해 패러다임의 변화를 고민해야 한다고 제언하고 있다. 다소 직설적으로 느껴질 수도 있는 마무리가 오히려 선명하게 가슴에 와 닿는다.

무위당 선생은 전쟁 속 거리를 방황하는 아이들을 모아 가르치던 성육학원이 미인가 학교라 졸업생들이 상급학교에 진학할 수 없게 되자 아예 정식으로 대성학원대성고등학교, 원주대성중학교을 설립하고 '참되자'를 교훈으로 정했다. 이 한 단어 속에 '정직', '성실', '진실' 등의 윤리적 가치가 모두 담겨 있다. 참된 사람은 이웃을 '사랑'하고 '배려'하고 '협력'하며 인류의 공동선을 추구하게 마련이다. 개인적 성공을 넘어 공동체에 기여하는 사람을 키우겠다는 의지는 선생이 직접 지은 교가 가사에서 더욱 강하게 나타난다.

> 뜻 높고 사랑 많은 대성의 교시는
> 천하를 포옹하며 비리를 광정하는
> 의리의 근원이다 힘차라 대성의 명랑한 건아야
> 희망이여 크거라 세계를 위하여
> (중략)
> 이상을 닦아라 인류를 위하여

열심히 공부하고 출세해서 가문과 모교와 지역사회의 이름을 빛내라는 흔한 교가 가사들과는 차원이 다르게 정의로운 인류 사회를 만드는 데 기여하라고 한다. 원주대성중학교에 다니던 시절에 나는 어린 마음에도 저 웅대하고 기개 있는 가사가 자랑스러웠다. 5·16 군사 쿠테타와 한일 굴욕외교 반대 시위 등 정치 사회적 격변 속에서 당신이 세운 대성학원 이사장직에서 물러날 수밖에 없었던 선생은 1967년 천주교 원주교구 초대 교구장 지학순 주교와 함께 다시 진광학원(진광중·고등학교)을 세워 교육의 꿈을 이어 간다. 그리고 이 학교의 교가 가사도 직접 지었다.

증오와 시기는 세상을 망치네
사랑과 협동은 우리가 사는 길
이루리 자유를 인간의 낙토를
빛난다 학우야 진광 진광

정의와 진리를 추구하는 '참된 인간'을 길러내고자 했던 선생의 교육 사상은 두 학교의 교가에서 일맥상통하고 있지만, '천하를 포용하고 비리를 광정'하여 인류 세계에 기여하라'는 비장미 넘치는 대성학교 교가에 비해 '증오와 시기 대신 사랑과 협동이 넘치는 세상을 만들자'고 하는 진광학교 교가는 느낌이 달라져 있다. 20대의 선생이 정의롭고 엄격한 모습이라면, 30대의 선생은 부드럽고 넉넉한 품을 지닌 모습으로 보인다. 백효민 선생이 말하고 있는 '조화로운 포용성'에 이르는 과정을 나는 이 변화에서 여실히 느낀다.

아무리 자신의 욕망을 드러내는 것이 자연스러운 시대라고 하지만, 공익을 위해 일한다는 사람들조차 공명심과 명예욕 때문에 갈등하고 다투는 모습을 자주 보게 된다. 이기심과 욕망은 이념과 진영을 떠나서 자기 자신과 자기가 속한 공동체를 해치는 가장 큰 원인이다. 그래서 무위당 선생은 끊임없는 자기 성찰과 수양을 강조했다. 그리고 지속적인 교육과 훈련 체계를 통해 잠재력을 지닌 민중이 주체성과 영성을 실현하는 삶을 살게 하고자 했다. 그러나 선생이 꿈꾸었던 세상은 반세기가 지나도록 멀기만 하다. 그래서 선생의 삶과 사상을 다시 공부해야 한다. 이것이 『저항과 모심 – 무위당 깊이 읽기』이 책을 펼쳐야 하는 이유이다.

김익록
정선 화동중학교 교장, 『나는 미처 몰랐네 그대가 나였다는 것을』 저자

차례

무엇보다 장일순은 한국 사회와 교회를 가로지르며 화해시킬 수 있었던 독실한 가톨릭 신자이자 평신도 지도자로 살았다는 점이 중요하다. 그의 사상은 현대 가톨릭 사회적 가르침에서 비롯된 것으로 여겨지지만, 말년에는 동학과 선禪에 대한 성찰이 그의 사회종교적 사상의 지평을 확대했다. 이러한 독특한 사상적 특성은 비신자들에게 보편적으로 받아들여질 수 있으며, 동시에 어떤 특정한 종교적 사상도 그의 사상을 포괄할 수 없다. 사실 가톨릭교회 안에서 그는 교회와 연관된 신학자나 철학자로 여겨지지 않았기 때문에 교회 내에서 그에 대한 학문적 관심이나 신학적인 연구는 없었다. 그럼에도 불구하고 그의 사상과 행동에 담긴 의미는 현대 교회의 사목적 비전과 연관시켜 이해할 소지가 충분하다. 따라서 이 책은 그동안 부주의하게 표류해온 교회가 현대 사회의 도전들에 바르게 직면하기 위해, 가톨릭 신자 장일순의 사상에 내포된 시대를 앞서간 제언들을 고려하면서도, 동시에 다양한 관점으로 그의 종교적 정체성을 분석하여 그의 사회종교적 사상의 밑그림을 그리고자 한다.

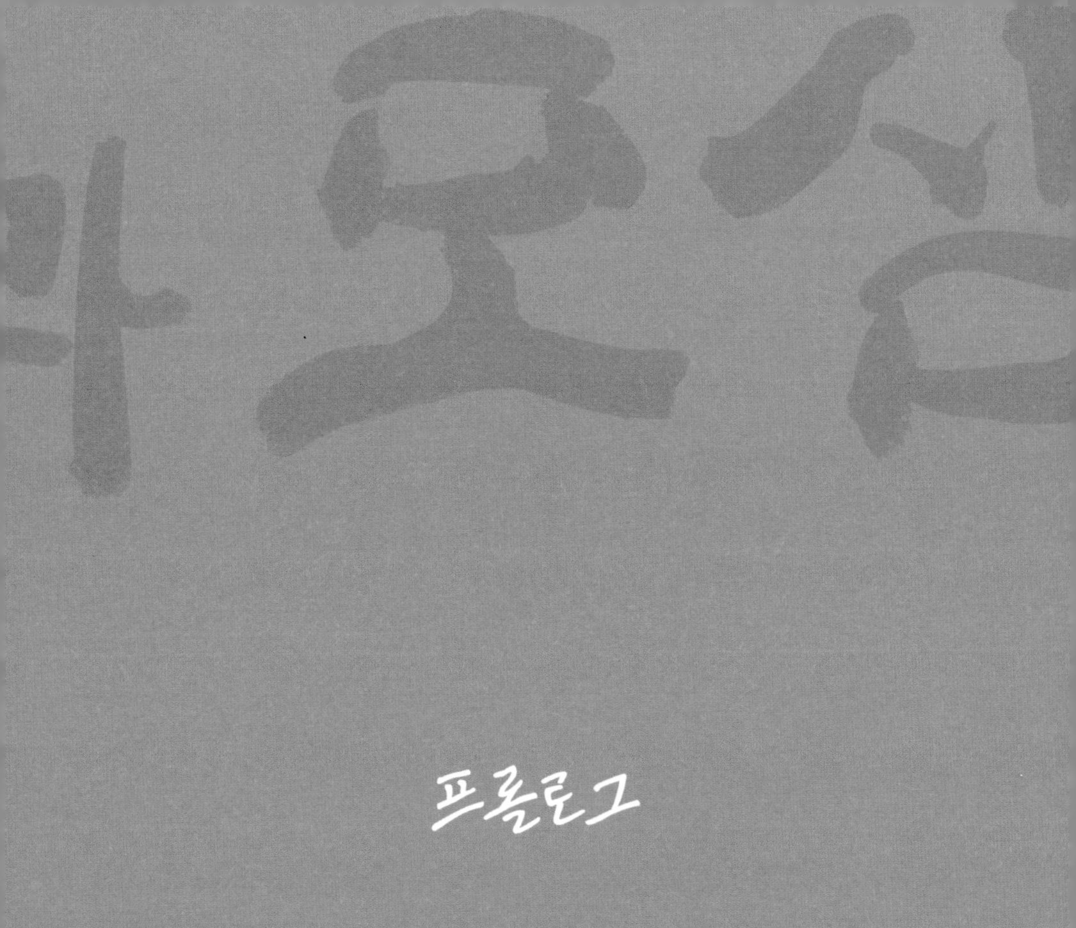

프롤로그

한국적 맥락에서의 가톨릭교회

1784년 가톨릭교회가 조선에 처음 전래된 이후, 한국 가톨릭교회는 1970년대까지 저항적이고 개혁적인 소수 종교집단이었다^{Grayson 1989, 208}. 전래 초기부터 보통 서학西學 또는 이단으로 불렸으며, 신도들은 주로 사회적으로 힘이 없는 하층민 출신이었다. 특히 한국의 초기 가톨릭교회는 조선의 도덕적, 사회적 기초였던 제사 문제를 둘러싸고 유교와 심각하게 대립했다. 그 결과 교회는 반체제 종교로 낙인찍혔고, 이단적인 서학을 따르는 자들은 극심한 탄압을 받게 되었다. 실제로 당국은 심문을 받는 가톨릭 신자들을 '변란을 꾀하는 자들'로 묘사했다^{박일영 2011, 337}. 따라서 한국 가톨릭교회의 시작은 의도와 상관없이 체제에 대한 위협 요소의 부각과 급진적 사회변화의 내재된 가능성으로 설명할 수 있다. 이런 점에서 가톨릭교회는 창립 초기부터 평신도와 함께 시작되었고, 산발적인 박해를 통해 사회 개혁의 정당성을 사회정치적으로 고수해 왔다. 그리고 이것이 한국 가톨릭교회의 중요한 역사적 정체성이 되었다.

그러나 19세기 중반 조선이 강제로 개항하게 되면서 교회의 사회적 지향과 태도는 급격히 변화했다. 앞서 언급했듯이, 19세기 전반 가톨릭에 대한 국가 탄압은 절정에 달했다. 실제로 공식 통계에 따르면 신도의 거의 절반을 잃었음을 확인할 수 있다^{박찬식 1996, 234}. 1876년 개항과 1886년 한불수호통상조약으로 인해 그리스도교 선교사들은 복음 전도의 권리를 얻었고, 그에 따라 사회적, 문화적 측면에서 그 영향력이 점진적으로 확대되었다. 또한 주로 프랑스 출신이었던 선교사들은 치외법권을 통해 영향력을 증대시킬 수 있었다. 특히 농촌 공동체에서 교회는 더 높은 사회적 지위를 획득했고 선교사들도 특권을 누렸다. 이는 권한이 강화된 교회를 기존 사회 질서와의 대립으로 이끌었다. 앞서 언급했듯이, 국가 탄압 하에서 교회는 개혁적이고 저항적 경향성을 유지하고 있었다. 하지만 19세기 후반 실제적 영향력이 강화되면서 저항보다는 적응을 선택하게 된다. 이처럼 교회의 사회적 특성은 국가 권력의 보호를 받으면서 — 실제로는 외교적 또는 군사적 압력 때문이었지만 — 내세지향적이 되었고 기존 사회질서와 타협하게 되었다.

이러한 변화는 당시 서유럽 교회들의 선교 정책이나 신학적 경향과 관련이 있었다. 예를 들어, 한국에 최초로 선교사를 파견한 파리 외방전교회la Société des Missions Etrangères de Paris는 프랑스 정부의 제국주의적 태도와 교회의 반동적 성격을 모두 갖고 있었다홍순호 1987, 36–59. 따라서 선교사들은 한국 문화와 민족에 대한 무지와 편견으로 다양한 차원에서 긴장을 야기했다. 그들은 사회적 불평등과 계급이 하느님에 의해 부여된 것이라고 믿었고, 기존 사회질서에 반하는 근본적인 사회 개혁적 열망에 대해 부정적인 견해를 갖게 되었다. 이러한 신학과 사목의 전반적 경향은 20세기 동안 교회의 지배적 특성이 되었다.

그러나 예외도 존재했다. 상트 오틸리엔 베네딕도회 선교사들은 일본의 불법 강점이 임박했던 1909년 한국에 왔다. 1884년 독일에서 설립된 이 베네딕도 수도회는 식민지 조선에서 독립을 위한 투쟁의 문제를 놓고 프랑스 선교사들과 정치적으로 대립했고, 사회적으로는 신자들에게 교육과 사회 참여를 위한 실제적 기반을 제공했다[박일영 2011, 343-344]. 그들의 선교 방법은 다소 전통적이었지만 일상 문화와 교육 측면에서 교구의 신도들을 돕고자 했다. 이 선교사들은 덕원[현재 북한 지역]에 수도원과 신학교를 설립했고, 한국 해방 후에도 한반도 북부와 중국 서북부 지역을 아우르는 선교 사업을 계속했다. 더욱이 이 과정에서 약 40명의 수녀와 수사가 북한 공산 정권에 의해 희생되었다. 여기서 주목할 점은 1970년대와 1980년대 권위주의 정권에 맞서 교회의 사회 참여를 이끈 지학순 주교와 윤공희 대주교 같은 한국 교회의 저명한 인물들이 상트 오틸리엔 베네딕도 수도회가 설립한 덕원 신학교 출신이라는 것이다.

실제로 제2차 바티칸 공의회 이후 이러한 가톨릭교회의 역사적 정체성을 회복하려는 시도가 한국에서 가장 가난한 교구의 작은 도시 하나에서 이루어졌다. 다양한 측면에서 당시 한국 교회는 평신도 교회에 걸맞게 사회역사적 공간에서 확고한 위치를 점해야할 필요성이 있었다. 그러한 변화를 주도한 것은 공의회를 기념하여 1965년 설립된 원주교구였다. 초대 교구장은 베네딕도 전통 안에서 교육받은 젊은 주교 지학순이었고, 평신도 사도직의 지도자는 장일순이었다.

관습적으로 한국 교회에는 교회가 사회적, 정치적 문제에서 한걸음 벗어나 있어야 한다는 견해가 지배적이었다. 그러한 태도는 역사적 트

라우마와 관련이 있는 것으로 보인다. 한국의 개신교회와 달리 가톨릭 교회는 초기 역사부터 국가적인 탄압을 마주해야 했고, 결과적으로 교회가 사회적, 구조적으로 상대적 박탈을 경험하게 되면서 내세지향적 신앙으로 기울어지게 되었다. 20세기 전반 이러한 경향은 식민지화와 해방 과정에서 강화되었다. 일례로, 가톨릭교회는 해방공간에서 종교적 주도권을 놓고 개신교회와 대립했지만, 정치적 요인과는 별도로 신학적 무관심으로 민중의 사회적 현실과 분리된 채 남아있게 되었다.

이와 관련하여 한국 가톨릭교회의 사회 참여에 대한 최근 연구들은 사회적 역할과 신학적 의도 측면에서 한국 교회의 역사를 어떻게 구분할 것인가를 보여준다박일영 2011; 오세일 2015. 이러한 논의들에서 주목할 만한 측면은 공통적으로 제2차 바티칸 공의회1962-65가 한국 가톨릭교회의 사회적 역할과 특성을 규정하는 중요한 사건으로 여겨진다는 사실이다. 1962년 요한 23세가 공의회를 소집했던 시기, 한국의 권위주의 군사정권과 반체제 인사들 사이의 끊임없는 사회 갈등이 고조되었고, 동시에 한국 사회에서는 민주주의를 위한 투쟁이 격화되었다. 정치적 소용돌이 속에서 교회는 불편한 선택을 해야만 했다. 따라서 한국에서 교회의 반응은 라틴 아메리카와 아시아의 다른 지역들과 다르지 않았다는 것이 일반적으로 인정된다Huntington 1991, 72-85 참조. 그럼에도 불구하고 한국 근현대사의 사회정치적 공간에서 아조르나멘토aggiornamento의 실현을 위한 노력은 다소 늦은 반응이었다. 여기서는 제2차 바티칸 공의회 이후 교회가 한국 사회에 조응한 방식과 사회 참여의 특성을 간략히 살펴봄으로써 이 책에서 말하고자 하는 바의 더 많은 배경을 제공하고자 한다.

라너의 논증1979이 타당하다면, 바티칸 공의회의 의미는 교회가 자신을 진정한 '세계교회'로 인식하기 시작했다는 것이다. 공의회는 지역교회의 다양한 문화적, 정치적 맥락에서 보편교회의 가르침을 해석할 가능성을 제공했다Lennan 2005, 138ff 참조. 또한 유럽 중심적 사회 인식과 배타적 교회론, 구원론을 넘어서 세속화된 다원주의 사회와의 근본적 관계를 재정의하려 시도했다. 결과적으로 그리스도의 사업을 계속하기 위해 교회는 교회의 본질에 대한 질문을 던졌고, 변화하는 사회에서 교회의 존재적 타당성과 지속성을 마주했다. 그리스도의 자기 포기라는 관점에서 현대 세계의 교회는 세속적 권력과 독점적 영적 권위를 포기하는 흐름을 거스를 수 없었다. 바티칸 공의회에 따르면, 교회는 현대 세계 안에서, 세계와 함께, 그리고 세계를 향하여 존재한다. 결과적으로 그리스도가 가져온 해방과 그분 안에서 계시된 구원을 선포하기 위해 그리스도교 신학과 실천이 본질적으로 선교적이고 사목적이라는 교회적 동의는 바티칸 공의회의 정신에 상당 부분 빚지고 있는 셈이다.

1960년대 한국 가톨릭교회는 전쟁으로 분단된 상황에서 이념적으로 공산주의에 반대했고, 교리적으로는 운명론과 근본주의에 가까웠다. 1961년 군사 쿠데타 이후 비반성적 산업화가 주도했던 한국 사회의 기존 성장 패러다임은 급속히 해체되었고, 공동체의 윤리와 가치는 붕괴되었다. 당시 교회는 사회적, 정치적, 신학적 소용돌이 주변을 표류했기 때문에 바티칸 공의회가 지적한 '시대의 징표'를 읽을 수 없었다. 그 결과 모든 면에서 신학적, 사회적 성찰 없는 전형적인 식민지 교회의 하나로 남아있었다. 그럼에도 교회는 존재의 내적 함의와 세상을 위한 외적 역할을 재성찰해야 하는 시대를 마주하게 되었다. 이와 관련하여 한국 현대사에서 교회가 사회 운동, 특히 민주화 운동에 다소 늦고 수동적으로 참여하는 과정에서, 자기 인식의 변화와 권력과 신학의 상대화가 점진적으로 진행되었다는 사실은 주목할 만하다^{김녕 1995, 279; 오세일 2015, 101}.

1965년 공의회 이후 한국 교회에서 변화의 바람이 즉시 불지는 않았지만 변화는 자연스럽게 감지될 수 있었다. 1966년과 1967년 한국 천주교주교회의_{CBCK}는 연이어 사목 교서를 발표했다. 이 과정에서 공의회 정신이 교회 안에서 점차 드러나게 되었다. 1965년 공의회를 기념하여 원주교구가 설립되었고 바티칸은 지학순 주교를 초대 교구장으로 임명했다. 지학순 주교는 앞서 설명했듯이 상트 오틸리엔 베네딕도 수도회가 설립한 덕원 신학교에서 교육받았다. 이런 이유로 그는 기관과 프로젝트를 통한 베네딕도 선교를 이해했고 이것이 그의 사목 지침에 자연스레 포함되었다. 또한 그는 공의회에 참여하여 그 안에서 이루어진 일들을 지켜보았기 때문에, 적어도 당시 한국 교회의 관점에서는 다소 급진적인 공의회 정신에 영감을 받았던 것으로 보인다. 실제로 1960년대 후반 지학순 주교는 교구에서 평신도의 적극적 역할과 교육을 강조했고, 에큐메니칼 운동에 적극적으로 참여했다. 1970년대 초 지학순 주교는 경제 문제와 관련하여 목소리를 높였고, 서울대교구의 김수환 추기경과 함께 교회의 사회정의 운동을 이끌었다. 이런 점에서 교회는 점진적으로 사회적, 정치적 장에서의 역할을 확대했고, 사목적 역할을 재정의했다.

1970년대에 들어서면서 교회는 사회복음화라는 기치 아래 사회 참여와 정치적 저항의 전면에 나서게 된다. 당시 가톨릭 신자의 비율은 인구의 겨우 3.5퍼센트에 불과했지만, 교회는 1970년대 민주화 운동에서 중추적 역할을 담당했다. 1974년 7월 박정희 정권은 지학순 주교를 반정부 시위 선동 혐의로 구속했고, 이는 가톨릭교회의 본격적인 반정부 민주화 운동 참여를 촉발했다. 독재에 대한 교회의 정치적 저항은 그해 9월 천주교정의구현사제단이하 사제단이 창립되면서 조직적이고 지속적으로 진행되었다. 사제단의 시작은 교회와 교회 엘리트들을 향한 정치적 탄압에 대한 교회 차원에서 이루어진 최초의 연대적 응답이었고 지학순 주교1975가 언급했듯이 '극적인 전환점'이었다. 사제단의 기본 원칙은 바티칸 공의회의 정신과 그리스도의 구속 사업에 깊이 뿌리박고 있다. 사제단에게 그리스도의 기본 관심사는 하느님 나라이며, 이는 우리의 해방에 대한 희망을 제시한다. 하느님 나라는 인간 영혼만을 위한 것이 아니라 세상의 불의를 타파하기 위한 것이기도 하다박일영 1988, 10-24; 한국민주화운동기념사업회 2009, 2:380-393. 여전히 사제단은 교회 내에서 비공식적인 단체로 남아있지만 한국 교회의 사회 참여와 저항의 역사에서 가시

적 아이콘으로 여겨지고 있다. 결국 1975년 12월 한국천주교주교회의
는 정의평화위원회JPC를 재구성하며 민주화 운동에 공식적 참여를 선
언했다. 이어 주교회의는 정의평화위원회가 시국에 관한 모든 종교적
행사를 주관하기로 결정하게 된다.

1970년대를 지나며 교회는 바티칸 공의회 정신에 비추어 사회 참여,
특히 민주화 운동을 신학적 관점에서 정당화하고자 했다. 실제로 한국
교회는 신학적 고려보다 앞서 독재에 맞선 정치적 저항과 사회 참여에
개입했다. 이 과정에서 경험신학, 상황신학 같은 일부 신학적 성찰이 등
장했지만 교회의 사회적 역할은 이미 바티칸 공의회에서 강조된 바 있
다. 물론 공의회 이후 한국 교회는 바티칸 공의회 가르침에 대한 수동적
이고 피상적인 이해 때문에 상당한 시간과 신학적 노력을 소비했다. 그
러나 1974년 교회가 정치적 탄압을 받기 시작하면서 바티칸 공의회의
정신이 탄압받는 일상 속에서 새롭게 드러났다. 실제로 1970년대 시위
에서 가장 많이 인용된 문서는 「기쁨과 희망」Gaudium et Spes이었다한국민주
화운동기념사업회 2009, 2:404-406.

이런 점들을 고려할 때 1970년대 교회의 사회 참여의 중요한 두 가
지 특성이 존재한다. 사제단과 정의평화위원회 같은 교회 엘리트들에게
서 발견되는 내부 연대와 개신교회와의 에큐메니칼 관계를 통한 외부
연대이다한국민주화운동기념사업회 2009b, 413. 사목적 측면에서 그리스도교 사회
운동이 기존의 세속 사회 운동에 대한 방어적이고 늦은 대응으로 여겨
졌던 서구와 라틴 아메리카의 지역교회들에 비해 한국의 가톨릭교회는

상대적으로 연대의 원칙에 더 충실했다. 한국 교회는 하나의 의도, 전국적 조직, 그리고 잘 교육된 평신도들과 함께 비가톨릭 운동의 요람 역할을 할 수 있었다강인철 2000, 225-226. 예를 들어, 지학순 주교는 1966년 강원도에서 신용협동조합을 최초로 시작했고 교구 신도들의 이익을 위해 평신도들과 함께 협동조합 운동을 수행했다.

최근 독재 정권하에서 사회·정치적 피난처였던 1970년대와 80년대 사회 전반에서 공유된 가톨릭교회의 이미지가 재고되고 있다고 해도 과언이 아니다. 일견 교회는 바티칸 공의회 이전의 과거로 돌아가려 하는 것으로 보이기도 한다. 6월 항쟁이 1987년 형식적 민주화를 가져오면서, 한때 권위주의 정권에 맞섰던 교회는 정교분리 사상을 강화했다. 또한 1980년대 요한 바오로 2세와 라칭거 추기경의 영향으로 사회정치적 의미에서 훨씬 보수적이 되었다고 평가할 수 있을 것이다. 결과적으로 사회정치적 측면에서 교회는 국가를 유지하는 다양한 원칙 사이에서 통합을 선택하게 된다. 실제로 교회는 종교적 헤게모니를 내재화하면서 교회적 방식으로 사목적 현실에 무관심해졌다. 2015년 한국 주교들과의 만남에서 프란치스코 교황이 경고했듯이, 한국의 가톨릭교회는 사회에서 중산층의 교회로 인식되고 있다. 수십 년 전 교회는 농민, 노동자, 시민의 권리에 대한 교육을 지속했지만, 유효기간이 지난 번영의 신학에 스스로를 조응시키려는 것 같다. 물론 교회의 변화를 옹호하는 이들은 교회의 신학과 사목적 지향이 전환된 것이 아니라 사회적 조건의 변화에 대응하기 위해 환경이나 평화 운동으로 확장했다고 말한다.

그럼에도 새로운 세기의 한국 가톨릭교회는 개신교회와 함께 현상유지를 통해 독점적이고 안전한 사회적 지위를 누리고 있다. 그리스도의 자기 계시Selbstmitteilung에 비추어 최근 교회의 사회적 자기 설정과 소외된 이들에 대한 사목적 방관은 교회의 사회적 역할에 대한 의문을 제기하게 만들었다. 「새로운 사태」Rerum Novarum 이후, 교회는 가톨릭 사회사상이 복음의 본질과 동일하다는 신념을 제시하고자 했다. 이런 점에 비추어 적어도 사회적 현실에 직면해 드러난 교회의 협애한 태도는 그 가르침을 체현하고 한국 사회의 맥락에 적용하는 데 실패했다고 해도 무리가 아닐 듯하다. 그간 교회의 단편적 위상과 태도의 변화에도 불구하고 가톨릭 사회사상이 교회 엘리트들을 통해서가 아니라 평신도들과 그들의 지역 공동체를 통해 한국 사회에서 재해석되었다는 점은 본질적으로 주목해야 할 필요가 있다.

2015년 프란치스코 교황은 사도좌 정기방문ad limina apostolorum 중인 한국 주교들에게 한국 가톨릭교회가 평신도들에 의해 시작되고 발전했다는 역사적 사실을 상기시켰다. 그들이 프란치스코의 발언에 담긴 숨겨진 의미를 깨달았는지는 불확실하지만, 그의 발언이 암시하는 것처럼 현대사 속에서 한국 가톨릭교회가 보여준 역사성은 이 책에서 말하고자 하는 핵심과 밀접하게 연결될 수 있어 보인다.

종교사상가로서의 장일순

장일순은 일제의 강점이 한창이던 1928년 원주에서 태어났다. 3세부터 한문 서예를 배웠고 어린 시절 불교에서 가톨릭으로 개종했다. 1945년 한국이 해방되면서 대학에서 미학을 공부했고, 한국전쟁 이후에는 원주에 학교를 설립하고 교육 운동에 투신했다. 1961년 쿠데타로 집권한 박정희 군사정권 하에서 그는 공산주의 반체제 인사라는 혐의로 수감됐고, 석방 후에도 모든 사회 활동이 금지되었다. 이후 1960년대 중반에 만난 원주교구장 지학순 주교와 함께 가톨릭 평신도 운동과 신용협동조합 운동에 참여했다. 1970년대에는 반독재 운동의 숨은 지도자 역할을 하기도 하였다. 그의 사상은 80년대부터 그가 1994년 암으로 세상을 떠날 때까지 불가분하게 관여했던 한국 최대의 소비자협동조합 운동인 한살림의 사상적 기초가 되었다. 앞서 거론했듯이, 장일순은 1960년대와 70년대 박정희 군사독재 하에서 교회가 사회적, 정치적 문제에 개입했던 시기, 평신도 지도자로서 드러나지 않게 중요한 역할을 하였다. 실제 그는 바티칸 공의회 이후 교구 내 평신도 사도직의 정착 과정에서도 의미 있는 역할을 감당했다. 또한 1970년대와 80년대 재야 그룹 중 하나였던 원주그룹을 이끌었고, 이후 시대적 패러다임이 전환되면서 자연스럽게 그의 사상과 행동은 한국 소비자협동조합 운동의 사상적 모판이 되었다.

이상의 사실은 최근 한국 사회에서 새로운 관심을 불러일으켰지만,

불행히도 교회는 그의 사상과 활동에 관심을 보이지 않았다. 일견 장일순에 대한 관심이 증가한 이유는 시민사회, 특히 한국의 소비자협동조합 운동의 관점에서 설명할 수 있다. 1960년 4월 혁명 이후 등장한 시민사회는 권위주의적이고 관료주의적인 정치권력에 격렬히 저항하는 과정에서 발전했지만, 시민사회의 독특한 성격은 1987년 대대적인 민주화 운동 이후 사회·정치적으로 자각을 이루기 시작했다. 국가의 정치적, 경제적 헤게모니가 점진적으로 쇠퇴하면서, 기존 반체제 그룹들의 역할과 반체제 그룹들에 대한 대안이 공개적으로 논의되었다최장집 2010, 220-243. 이러한 논의는 1998년 금융위기 이후 환영받았는데, 1990년대 후반 신자유주의적 가치들과 개인주의적 문화가 부상했기 때문이다. 시민사회 또한 사회·정치적 변화로 인해 그 역할과 구조를 변화시키는 과정에서 소비자협동조합 운동이 대안의 하나로 등장하게 되었다. 이들은 21세기 한국에서 시민사회의 새로운 축으로 인정받았고 다양한 층위에서 참여와 연대의 원칙을 적용하는 과정을 통해 새로운 사회적 가치를 전파했다. 2000년대 들어 시민사회 내에서 이러한 변화의 필요성이 장일순의 삶과 사상에 대한 관심을 불러일으킨 것으로 보인다. 특히 한살림은 자신들의 역사 속에서 장일순의 역할을 새롭게 조명하기 시작했다. 이런 이유로 장일순에 대한 연구는 소비자협동조합 운동사 안에서 그의 역할과 영향을 주목해 왔고, 최근의 연구들은 그의 사상을 동학, 불교, 도교 같은 동양 또는 토착 종교들과의 연결을 시도해 왔다.

무엇보다 장일순은 한국 사회와 교회를 가로지르며 화해시킬 수 있었던 독실한 가톨릭 신자이자 평신도 지도자로 살았다는 점이 중요하다. 그의 사상은 현대 가톨릭 사회적 가르침에서 비롯된 것으로 여겨지지만, 말년에는 동학과 선禪에 대한 성찰이 그의 사회종교적 사상의 지평을 확대했다. 이러한 독특한 사상적 특성은 비신자들에게 보편적으로 받아들여질 수 있으며, 동시에 어떤 특정한 종교적 사상도 그의 사상을 포괄할 수 없다. 사실 가톨릭교회 안에서 그는 교회와 연관된 신학자나 철학자로 여겨지지 않았기 때문에 교회 내에서 그에 대한 학문적 관심이나 신학적인 연구는 없었다. 그럼에도 불구하고 그의 사상과 행동에 담긴 의미는 현대 교회의 사목적 비전과 연관시켜 이해할 소지가 충분하다. 따라서 이 책은 그동안 부주의하게 표류해온 교회가 현대 사회의 도전들에 바르게 직면하기 위해, 가톨릭 신자 장일순의 사상에 내포된 시대를 앞서간 제언들을 고려하면서도, 동시에 다양한 관점으로 그의 종교적 정체성을 분석하여 그의 사회종교적 사상의 밑그림을 그리고자 한다.

장일순을 말하는 책들

장일순이 1994년 세상을 떠난 후, 그의 제자들은 사적인 모임을 제외하고는 그의 이름으로 어떤 공개적 활동에도 나서지 않았다. 그러다 장일순의 제자들은 7주기가 되던 2001년 그와 관련된 개인적이고 역사적인 기록들을 수집하고 보존하기 위해 소식지현재는 『무위당 사람들』를 발행하기로 결정했다. 여기서 주목할 점은 첫 번째 호에서 그들이 그의 사상을 종교간 특성을 가진 것으로 분류했다는 것이다『무위당 사람들 소식지』 1호. 이러한 이해가 가진 함의는 그의 사상의 종교적 측면들이 먼저 고려되어야 한다는 것이다.

『무위당 사람들 소식지』 외에도, 최근 몇 년간 그에 대한 학술적 연구가 드물지만 이루어졌다. 2014년 국사편찬위원회의 김소남은 1960년대와 1980년대 원주의 협동조합 운동 발전에 대한 역사적 연구를 수행했다. 김소남은 장일순과 지학순 주교가 이끈 원주의 협동조합 운동에 독특한 철학적 기초가 있었다고 지적하면서도 장일순의 사상이 협동조합 운동의 철학적 기초와 어떻게 관련되는지에 대해서는 다루지 않았다.

강창선2015은 대안 정치의 관점에서 장일순의 생명철학과 생명 운동을 다뤘다. 그는 장일순의 생명철학이 사회생태학과 관련될 가능성이 있다고 주장하며, 이를 서구 환경주의와 비교한다. 그의 연구는 생태학적 인식에 대한 최근의 사회적 요구와 상당 부분 일치한다. 그러나 장일순의 삼남인 장동천2014에 따르면, 장일순은 환경 운동이 인간중심적으로 보인다는 이유로 환경 운동보다 생명 운동이라는 개념을 선호했다. 이러한 견해에도 불구하고, 가톨릭 사제인 정홍규2014의 한국 가톨릭교회의 생태 운동에 대한 연구는 떼이야르 드 샤르댕Pierre Teilhard de chardin, 1881~1955이나 토마스 베리Thomas Berry, 1914~2009 같은 가톨릭 인물들을 기반으로 장일순을 생태 사상가로 설명하고, 장일순의 철학적 기초를 해월의 가르침으로 추적한다.

앞서 설명했듯이, 장일순은 1960년대와 70년대 성장 지향적 개발의 바람직하지 않은 결과가 자연에 대한 전통적 태도의 변화를 가져왔다고 주장했다. 전통적으로 한국 문화는 많은 강과 산을 특징으로 하는 한반도의 자연환경에 대해 자연 친화적 태도를 가지고 있었기 때문에, 한국인들의 전통적 지혜는 자연과 공존하는 것이었다. 이러한 전통적 생태 지식은 또한 인간과 모든 생명체가 본질에서 동일하다는 믿음 속에서 자연과의 조화를 강조한다^{박희병 2002, 23}. 그러나 급속한 도시화와 지역 간 소득 불평등을 야기한 성장 지향적 개발은 농촌 공동체에서 자연 가치에 대한 급진적이고 윤리적인 변화를 가져왔다. 자연은 근본적인 의미에서 사유화되고 상품화되었고 자연에 대한 전체론적 접근은 그것을 경제개발의 수단이나 경제 성장을 위한 자원으로 간주하였다. 인간과 자연에 대한 한국의 토착적 태도는 1960년대와 70년대 과도한 개발 시대를 지나며 경제 성장에 대한 만족할 줄 모르는 욕망으로 대체되었다.

이러한 맥락에서 헤겔 철학자 윤노빈²⁰⁰³은 생태학적으로 무지하고 해체된 한국 사회에 대한 철학적 성찰을 시도했다. 그의 저작에서 그는 현대 서구 세계관의 부정적 영향과 한국에서의 적용을 다루며, 묵시록적이고 철학적 방식으로 사회 방향의 변화를 제안했다. 사실 그는 자신의 책에서 생태학적, 환경적 문제들을 논의하지 않았다. 그러나 중요한 것은 현재의 생태 사상과 그 실천적 가치들이 현대 한국에 대한 그의 논의와 깊이 연관되어 있다는 것이다_{윤형근 2003, 97-98}.

한국 철학자들에 대한 연구에서 전호근₂₀₁₅은 20세기 한국 현대 철학에서 장일순 철학의 중요성을 읽어낸다. 그의 연구는 장일순을 협동조합 운동의 단순한 활동가로 묘사해 온 기존 연구 범위를 확장하고 그의 사상을 체계화하려는 첫 번째 시도일 수 있다. 그러나 장일순의 철학에 대한 철학적 관점을 취하면서, 그는 결론적으로 그것이 동양 종교들과 밀접하게 연결되어 있다고 주장한다. 또 다른 연구에서도 전호근₂₀₁₆은 장일순의 평화 사상을 한국 불교의 현대적 해석으로 간주한다. 같은 맥락에서 동학 연구자인 박맹수₂₀₁₄는 장일순의 사상과 해월의 사상 사이의 이념적 상관관계를 논의했다.

이처럼 장일순에 관한 기존 연구의 대부분은 그가 평생 '신실한' 가톨릭 신자였음에도 불구하고 가톨릭교회와의 연관성을 무시하는 사상적 교착에 빠졌다고 볼 수 있다. 여기서 장일순과 가톨릭교회 사이의 연관성이 학계에서 왜 무시되어 왔는가 하는 의문이 제기된다. 실제로 그간의 연구는 장일순의 삶과 사상에서 가톨릭교회의 영향을 대체로 인정하지 않았다. 어찌 보면 이러한 굳건한 학문적 경도의 과정에서 장일순의 가까운 친구이자 저명한 사상가였던 리영희의 진술이 일조한 점이 있다. 그럼에도 불구하고 장일순의 삶과 사상을 정확히 이해하려면 가톨릭 신앙과 가톨릭적 실천이 그의 삶과 사상에 어떻게 반영되었는지 사상적 전체성 속에서 먼저 다루어져야 한다. 따라서 이 책에서는 20세기 한국의 사회·역사적 배경과의 교류를 통해 그의 사회사상이 가톨리시즘을 포함하여 개별적인 종교사상들과의 관계 속에서 어떻게 형성되었는지를 살펴보려 한다. 그의 아들이 지적하듯이, 장일순은 선禪과 동학에 강한 관심을 가졌던 것으로 알려져 있다장동천과 저자의 인터뷰 2014년 7월 24일. 이러한 점을 고려한다면, 장일순이 교리적 측면에서 교회로부터 거리를 두는 것으로 보였던 그의 말년을 보다 명확하게 이해하기 위해, 그의 사상이나 삶과 관련하여 동학과 선의 일부 측면들과의 연관성도 살펴보아야 한다.

선입견적 가설을 넘어

이 책은 여섯 장으로 구성된다. 먼저 그의 사상을 이해하는 기초를 제공하기 위해 장일순의 삶과 그 역사적 배경을 다룬다. 그가 가졌던 교육자와 사회 활동가로서의 강한 개인적 정체성이 어느 정도 그의 인생 사건들과 역사적 맥락 사이에서 주체적으로 결단하고 시대에 조응한 결과물이기 때문이다. 이어서 장일순 사상의 사상적 배경을 검토하는 출발점으로 「새로운 사태」Rerum Novarum, 1891와 「기쁨과 희망」Gaudium et Spes, 1965에 초점을 맞춰 현대 가톨릭 사회사상을 살펴본다. 레오 13세의 회칙 「새로운 사태」는 사회 문제들에 대한 가톨릭 교회의 첫 번째 응답으로 인식되어 왔으며, 이 회칙에 포함된 교회의 새로운 사목적 지향과 관심은 정치와 느슨한 연대를 유지하면서도 교회의 패러다임을 바꾼 중요한 문서로 간주된다. 「기쁨과 희망」은 제2차 바티칸 공의회의 마지막 공의회 문서로 오늘날 가톨릭 사회사상의 기본 원칙들이 세워지는데 핵심적인 역할을 하였다. 무엇보다 한국적 배경에서 70년대 민주화 운동 시기 교회가 당시의 상황에 대처할 수 있었던 인식의 전환을 교리적으로 옹호해주었다. 이러한 문헌들을 통해 가톨릭 사회사상이 단순히 교리적, 사상적 차원을 넘어 교회의 정체성을 재정의하고 나아가 장일순의 사상에 역사성을 부여하는데 일조하였음을 5장을 통해 제시할 것이다.

3장과 4장에서는 장일순 말년의 사상이 선禪과 동학이라는 두 종교사상에 비추어 어떻게 형성, 발전, 변용되었는지 살펴본다. 장일순 말년에 보이는 사상의 명시적 변화는 동학 철학, 특히 해월 최시형의 급진적이고 저항적인 철학에 깊이 영향받은 것으로 여겨진다. 한편, 선의 경우 장일순 사상의 발전 과정에서 무시된 측면이 있다. 그러나 그의 말년에 드러난 사상적 복잡성과 복합성을 체계적으로 이해하려면 필수적으로 선의 특정 개념들과 장일순 사상의 관련성을 증명해야 한다. 따라서 4장에서는 그가 선의 사회적 함의들을 어떻게 자신의 사상 속에서 개인화하고 내면화했는지 포착하려 한다.

5장은 이전 장들에서 논의된 다양한 역사적, 이론적 실타래들을 풀어가며 현대 한국의 사회정치적 맥락에서 그의 사상이 가톨리시즘과 어떻게 조응했는지를 살펴본다. 이 장은 이 책 전체를 아우르는 문제의식에 대한 해답을 제시하려는 의도로 쓰여졌다.

마지막 장에서는 장일순의 사회종교사상의 의미와 가능한 종교적 함의를 다룬다. 나는 개별 종교 안에서 장일순 사상의 모호성과 종교적 급진성으로 인해 비판적 태도가 재생산되고 있는 상황임에도 그의 사상이 교회의 사목적 현실에서 유용하게 활용될 수 있는 종교적 상상력을 제안할 것이다.

무위당 장일순은 생전에 출판을 위한 어떤 저작도 저술하지 않았지만, 1990년대 후반 이후 그의 제자들이 수집한 강연과 인터뷰를 엮어 몇 권의 책이 그의 이름으로 출판되었다. 1997년 감리교 목사인 이현주는 장일순의 병실에서 『노자』를 함께 읽으며 진행했던 미완성 대화를 책으로 출간했다. 1998년 출판된 장일순에 대해 가장 잘 알려진 책인 『나락 한 알 속의 우주』는 장일순 말년의 강연과 담화들을 모은 것이다. 그 이후로 그에 대한 일화와 사건들에 관한 유사한 책들이 소수 출판되었다_{최성현 2004; 김익록 2010}. 특히 2004년 무위당을 기리는 모임은 장일순을 알았던 유명한 사람들의 증언과 그들의 회상을 수집하여 출간했다_{무위당을 기리는 모임 2004}. 이 책은 그의 삶에 전반에 대한 현실적 평가와 역사적 평가 사이에 다양한 견해들이 있다는 사실을 보여준다.

이에 더해 2011년 이용포가 쓴 장일순의 비공인 전기, 2006년 모심과살림연구소가 한살림 20주년에 출간한 한살림의 역사, 그리고 계간 『무위당 사람들 소식지』를 분석하여 그와 관련된 역사적 기록들을 수집했다.

또한 부족한 사료를 보완하기 위해 2014년 그의 막내아들이 방문학자로 있던 케임브리지에서 그리고 그의 가족들과 제자들을 대상으로 원주에서 두 달간의 현지 조사를 수행했다. 찬양도 비판도 아닌 적절한 전기적 재구성을 위해 장일순의 가족에서 3명, 1950년대부터 그와 함께 일한 그와 가장 가까운 사람들 중에서 4명을 선택했다. 그의 조카사위이자 물리학자인 황도근은 2012년부터 일반 시민들을 대상으로 장일순에 대한 강좌를 무위당학교라는 이름으로 조직하고 진행했던 경험으로 장일순 말년의 사상과 활동을 증언했다. 장일순의 남동생인 장화순은 1945년 해방 이후 그의 가족에게 일어난 일들, 특히 전기적 공백이었던 1950년대의 장일순을 그의 제자들과는 다른 관점에서 회상해 주었다. 장일순의 막내아들이자 현대 중국 문학 연구자인 장동천은 그의 아버지에 대한 기존의 전기적 오류들과 선입견들을 바로잡아 주었다. 그의 인터뷰를 통해 장일순 개인적 차원의 변화를 가져온 중요한 변곡점들이 드러났음을 밝혀둔다.

이경국과 김영주는 장일순의 가장 가까운 제자들이다. 그들은 둘 다 장일순과 40년 이상 함께 일했고 공적 영역에서 그의 사상을 실현하고자 했다. 그들은 장일순이 가톨릭교회 내에서 평신도 지도자이자 사회 활동가로서 어떻게 봉사했는지를 증언했다. 그리고 원주가톨릭센터의 정인재는 외부인의 관점에서 장일순과 지학순 주교의 관계에 대해 증언했다. 마지막으로 1980년대 후반 장일순을 만난 후 좌파 학생 운동을 포기한 것으로 알려진 김용우는 장일순의 사상에 기반한 공동체 운동과 대안 교육에 몸담아 왔다. 그는 자신의 경험에서 장일순의 사상이 지역적 맥락에서 어떻게 적용되고 넘어설 수 있는지를 보여주었다. 이러한 심층 인터뷰를 통해 기존 자료에서 다소 추상적이고 부분적으로 전해진 전기적 공백을 메우려 시도했고, 그의 인생에서 중요한 사건들과 사상에 대한 관습적 이해를 가능한 바로잡고자 시도했다.

인터뷰를 수행하면서 장일순에 대한 기본적이고 공통적인 질문들과는 별도로 그들 각자가 가진 다양한 배경적을 고려하여 그들의 '목소리'에 초점을 맞추려했고, 따라서 인터뷰어로서 대화적 실천이 제안하는 경청과 응답의 규칙에 따라 그의 삶과 사상에 대한 선입견적 가설을 가능한 배제하고자 했음을 또한 밝혀둔다.

한국의 중산층은 산업화와 도시화로 급속히 성장했지만, 그 정치적 경향을 명시하기는 여전히 어렵다. 그중의 일부는 1987년 6월 젊은 반체제 인사들에게 비판적 지지를 주었지만, 선거가 끝나자 거리에서 사라지기도 했다. 중산층이 불만족한 부문들은 국가와 재벌들에 의해 짓밟힌 중소기업, 지역적으로 불리한 위치에 있는 사람들, 가계를 꾸려가고 자녀를 교육시킬 수 없는 가족들, 학생들(자기 자녀든 다른 사람의 자녀든)의 곤봉질을 지켜보는 부모들 등을 포함한다. 기독교 신자들의 최근 성장(현재 한국에서 인구의 약 25퍼센트로, 대부분의 성장이 1970년 이후)의 대부분은 이 계층이나 그에 대한 열망을 가진 이들 내에서 일어났고, 중요한 교회 인물들의 증언과 희생이 의심할 여지없이 민주화를 위해 중산층의 일부를 각성시켰다. 그러나 중산층은 대부분 봉급생활자이고 관료적이며, 국가에 대한 독립적 저항을 위한 기반이 미약하다. 더욱이 그것은 전형적인 신흥 사회 형성체로, 권력을 위해 경쟁하는 것보다 돈을 버는 데 훨씬 더 집중한다.

1장

시민적 책임의
길목에서

1. 일제강점기의 유산

찰스 라이트 밀스가 주장하듯이, 개인의 삶과 사회의 역사는 공히 그들의 상호작용을 이해함으로써만 이해될 수 있다_{Mills 2000 [1959], 3f}. 이런 의미에서 장일순의 사상을 정리하고 정교화하기 위해서는 장일순의 전기적 정보와 한국 근현대사를 동등하게 탐구하는 것이 필수적이다. 장일순은 양가적 가치가 극명하게 대립되는 현대 한국의 역사로부터 거리를 둘 수 없었다. 이러한 점에서 그의 삶의 단편들을 일차적으로 역사적 맥락에서 재구성하고 재해석하는 것은 의미가 있을 것이다. 1928년 태어난 장일순은 일제강점기와 20세기 후반의 정치적 혼란을 관통하는 삶을 살았다. 다시 말해, 장일순 사상의 발전을 논하려면 식민지와 해방공간의 경험, 1961년 군사 쿠데타 이후 박정희의 개발독재와 같은 역사적 상황과 그의 개인적 삶 사이에 존재하는 조직적이고 유기적인 관계성을 고려해야 한다. 그의 삶은 정치적, 사회적 문제들이 개인에게 어느 정도까지 영향을 미칠 수 있는지를 보여준다. 그의 사상과 직접적인 역사적 연관성을 찾기는 쉽지 않지만, 그의 개인적 경험이 그의 사상의 기초가 되었다고 볼 여지가 충분하기 때문이다. 여기서는 장일순의 사상을 형성한 핵심 요소들을 파악하기 위해 그의 개인적 삶과 관련된 한국 근현대사의 주요 시기들을 개략적으로 조망하는 것으로 시작하여, 그의 사상과 활동 사회·역사적 맥락을 밝히려 한다.

　　20세기 후반 일제강점기의 식민지 유산을 재조명하려는 많은 시도들이 등장했다. 그간 식민지 경험과 현대 한국 사이의 관계가 국가 건설 과정에서, 국사학계에서 어떻게 해석되는가는 매우 논쟁적인 주제였다. 이 문제에 대한 논란은 또한 식민지 조선에서 근대성을 재정의하고 1960년대와 70년대 독재정권 하에서의 그 변화를 이해하는 것도 포함한다. 36년간의 식민지 역사는 대만이나 필리핀에 비해 상대적으로 짧았지만, 식민지 시대의 유산은 한국 사회의 다양한 층위에서 대부분 부정적으로 영향을 미쳤다.

　　식민지 대만에서의 대만인 경험에 대한 연구가 보여주듯이, "한국인들은 억압과 저항을 말하고, 대만인들은 근대화와 발전을 말한다."^{Ching 2001, 8} 한국인들의 식민지 경험은 다른 식민지들과 구별된다. 한국인들에게는 민족적 또는 개인적 정체성이 그들의 식민지 경험에 의해 다차원적으로 영향을 받았다는 것이 사실일 수 있다^{최정운 2013, 18}. 한국 근현대사에는 왜곡된 정체성과 고통스럽게 내재하는 기억들이 존재한다. 실제로 식민지 유산은 한국에서 집합적이고 단편적으로 발견될 수 있지만, 그것이 단순한 개념일 수는 없다. 따라서 식민지 경험이 개인의 사상과 어떻게 연결되는지를 이해하기 위해서는 식민지 유산을 개인적 차원으로 범주화하여 그것을 개인적 경험과 연결할 필요가 있다. 집단적 인식의 여부와 상관없이 사회에 내재된 식민지 유산이 개인의 결정과 활동을 통해 사회적 차원을 넘어서 나타날 수 있기 때문에, 역사적 해석을 통해 그 개념을 재구성할 필요성이 있다.

일본이 1910년 조선을 강점했을 때, 일본 제국주의자들은 조선의 근대화 필요성을 근거로 그들의 식민 통치를 정당화했다_{이명화 2011, 86ff}. 근대화는 일반적으로 서구적 의미에서 산업화와 민주화를 수반한다. 그러나 19세기 후반 메이지 일본의 근대화는 이러한 사회적, 정치적 근대성 없이 오직 외적 요소들에만 초점을 맞췄다. 일본은 가치 지향적 인식과 제국주의적 문화에 대한 호의적 태도로 국가 근대화를 시작했다. 이런 점에서 일본의 근대화가 개념적으로 서구와 달랐음에도 불구하고, 일본의 근대화는 역설적으로 제국주의적 방식으로 서구화되는 것을 목표로 했다_{Watson 2007, 172-173}. 결과적으로 식민지 조선에서 국가주의와 사회 진화론에 경도된 일본은 그것들을 식민지 사회에 주입했고, 새롭게 식민화된 정체성을 확립했다. 그 결과 경제적, 교육적 부문의 근대화보다는 문화적 차별과 전체주의적 폭력이 식민지 조선에서 폭넓게 자행되었던 것이 사실이다. 일본은 문명화된 서구와 비문명화된 아시아라는 이분법적 인식론으로 자신을 문명화된 지도자이자 동아시아 근대화의 중심으로 인식하며 식민화를 정당화했다. 무엇보다 식민지 근대화에 대한 그들의 수사학은 조선인들에 대한 뿌리 깊은 편견에 기반하고 있었다.

1921년 조선총독부는 식민지 정책의 이론적 기초로서 다카하시 도루의 『조선인 연구』를 출간했다. 다카하시에 따르면, 조선인들에게는 10가지 민족적 특성이 있는데, 형식주의, 파벌주의, 문학적 탐닉, 미학의 부족, 공사 구분의 혼란 같은 몇 가지 부정적인 것들은 식민화를 통해 교정되어야 했다. 결과적으로 식민화의 궁극적 목적은 조선인들을 먼저 근대화되었다고 여겨진 일본 문화에 동화시키는 것이었다^{다카하시 도}

루 1921, 143-149. 실제로 일본 제국주의는 조선이 근대화되고 일본화되어야 한다는 제국주의적 인식으로 조선인의 정체성을 말살하고자 했고, 일본과 조선이 같은 문화권에 있다는 전제하에 동화정책이 실시되었다^권 태억 2005, 164. 이런 의미에서 비즐리는 이웃 국가들에 대한 일본의 제국주의적 접근을 다음과 같이 묘사한다.

[...] 서구적 가치가 아닌 일본적 가치를 강조하는 외부 세계와 일본의 관계에 대한 접근이 형성되었다. 더욱이 일본적 가치는 점점 아시아적 가치로 여겨졌다. 동아시아에서 일본의 힘을 확립하는 목적이 단순히 그 영토가 아니라 아시아의 영혼을 방어하는 것이라는 결론이 따랐다 [...] 하나의 아시아 문화가 있었는데, 일본이 수 세기에 걸쳐 주요 저장소가 된 다양한 지역적 구성 요소들로 이루어져 있었다. 이러한 다양한 구성 요소들을 조화로운 전체로 종합하는 것을 가능하게 한 특성들은 또한 일본 사회가 서구의 영향에 압도되는 것으로부터 구해주었다 [...] 아시아를 구하기 위해 일본은 자신의 고유한 이상에 대한 헌신을 재확인해야 한다. 오직 이런 방식으로만 '옛 아시아적 통합'을 회복하고 아시아에게 서구에 맞서 자신을 주장할 자립심을 줄 수 있을 것이다. Beasley 1987, 32-33

그러나 정책 뒤에 숨겨진 이러한 사상은 식민지 조선에서 대대적인 반대와 저항을 불러일으켰다. 조선인들은 역사적으로 수 세기 동안 대륙 문화의 전달자로서 일본에 대해 문화적 우월감을 느껴왔고, 또한 천년 이상 통일된 민족으로서의 민족적 정체성도 존재했다. 게다가 조선인들은 일반적으로 식민 통치의 첫 단계에서 일본 문화와 사회의 많은 특징들을 열등한 것으로 여겼다. 그럼에도 불구하고 일본은 19세기 후반 자율적 근대화에 실패한 후 일본식 근대화와 개화를 열망했던 조선 지식인들로부터 암묵적 동의와 지지를 쉽게 얻을 수 있었다. 따라서 일본 제국주의는 조선을 '근대성의 실험실'로서 식민화할 수 있었다^{Stoler 1995, 15}.

여기서 추가적으로 고려해야 할 것은 식민지 조선에서 일본의 근대화 계획이 제국주의적 영토 확장을 숨기려는 뻔뻔한 시도였고 전근대적 사회 질서가 식민지에 강요되었다는 사실이다. 일본의 근대화 과정에서 시민사회의 많은 측면들이 제한되었음이 명확하기 때문에, 근대화의 다양한 정치적, 사회적 가치들이 식민지 조선에서도 배제되었다. 결과적으로 시민적, 사회적 권리를 억압하고 위협하는 메커니즘들이 1980년대 후반까지 한국 근현대사에 내재하게 되었다.

식민지 조선의 일부 논란이 되는 문제들에도 불구하고 유교화된 조선의 근대화에 대한 일본의 계획은 교육을 통한 근대화가 종교적 가치의 성공적 배제와 합리적 사고의 장려를 통해 성공적이고 완전한 것으로 보였다는 점에서 성공한 것으로 여겨졌다. 그러나 일본이 조선에 적용한 근대 교육은 식민지 정책의 과시적 수단에 불과했다. 일례로, 식민 통치 초기 단계에서는 일본어 교육에 높은 우선순위가 주어졌다. 그러나 일본이 강조한 교육을 통한 식민지의 근대화는 실제로는 이루어지지 않았다. 이뿐만 아니라 조선인들의 교육에 대한 열망에도 식민지 정부는 공정한 교육 기회를 제공하지 않았다. 초등교육의 경우 일본에서는 의무였지만 식민지 조선에서는 그렇지 않았고 조선인들은 중등 및 고등교육에서 기회를 거의 얻을 수 없었다. 통계에 따르면 식민지 조선에서 천 명당 고등학교 학생과 대학생의 수는 각각 40명과 2명이었다_{오성철 1998, 231-232}. 이런 이유로 국가의 해방과 자율적인 근대화를 열망했던 식민지 조선의 민족주의자들은 민족주의 교육을 앞세워 사립학교들을 설립하기 시작했다. 그들은 사람들이 교육을 통해 민족적 정체성을 의식하게 되어야 한다고 확신했다_{최정운 2013, 158}. 이러한 민족주의 사상은 침해받는 민족성에서 비롯된 식민지 경험의 당연한 표출이었다.

장일순은 일제강점기인 1928년에 태어났다. 어린 시절부터 그는 할아버지로부터 서예를 배웠는데, 이는 1960년대 초 수감생활에서 풀려난 후 마음을 다스리는 데 도움이 되었다_{장일순 2009, 160}. 더욱이 그가 기억하듯이, 그의 할아버지는 주변을 대하는 방법을 통해 도덕적 의무와 시민적 책임을 가르침으로써 이후 사람들에 대한 장일순의 태도에 깊은 영향을 미쳤다. 1940년 그의 가족은 가톨릭으로 개종하게 된다. 1945년 조선은 일제의 지배로부터 해방되었지만 조선인들은 완전한 독립을 얻지 못했다. 한반도의 북부는 소련에 점령되었고 남부는 미군정 USAMGIK의 통치를 받았다. 장일순은 분단에 불만을 품고 좌익과 우익 모두를 비판했다. 그는 대학 통합이라는 미군정의 교육정책에 반대하는 시위에 참여했다가 대학에서 제적당한다. 1946년 그는 다시 대학으로 돌아가 서울대학교에서 미학공부를 시작했다.

3년간 계속된 한국전쟁으로 1953년 장일순은 고향 원주로 돌아왔다. 그는 사람들에게 제대로 된 교육이 필요하다는 것을 깨달았고 전후 고향에서 자신에게 주어진 사명이라고 믿었다김용우 2014. 1953년 그는 파산 직전에 있던 고등공민학교를 인수했고, 이듬해 원주에 새로운 고등학교를 설립했다이용포 2011, 63-65. 그는 5년간 이사장으로 재직했다. 이 학교는 1908년 독립운동가이자 기독교 민족주의자였던 안창호가 설립한 대성학교의 이름을 따라 명명되었다. 안창호는 교육에 대한 열정적 신념으로 식민 지배로부터 나라를 되찾는 데 엄청난 노력을 기울인 인물이었다. 안창호는 급진적 변화보다는 점진적 변화를 선호했고, 일본의 강점 직전 평양에 대성학교를 설립했다. 그는 민족의 힘이 해방의 열쇠라는 강한 신념을 가지고 있었다정경환 2015, 75ff; 조경근 2015, 60ff. 장일순도 식민지 경험으로부터 민족과 국가의 동일시를 제외하고는 안창호의 교육을 통한 민족 번영과 힘에 대한 강한 믿음에 동의했던 것으로 보인다. 실제로 안창호는 민족이 국가와 밀접하게 동일시되고, 개인의 실존적 가치가 민족 차원에서 실현되어야 한다고 믿었다. 교육이 개인의 인격을 개발하고 민족적 정체성을 확립하기 위해 연대를 조성하는 최선의 방법이라는 것이 그의 믿음이었다.

장일순은 1885년 감리교 선교사 헨리 아펜젤러가 설립한 서울의 배재학당에서 교육을 받았다^{최성현 2004, 23}. 배재학당의 설립 목적은 서구 자유교육을 통해 기독교 지식인을 교육하는 것이었다. 그러나 장일순이 배재학당에 다니던 시기에는 일제강점기 다른 민족주의 사립학교들이 그러하듯 민족주의 교육이 매우 중요하게 다뤄졌다. 따라서 장일순이 서구 지식과 민족주의 사상을 자연스레 습득했고, 공동체적 차원에서 그 중요성을 깨닫기 시작했다고 볼 수 있다. 이러한 배경에서 왜 그가 한국전쟁 후 고향에 학교를 설립하려 했는지, 학교 이름은 왜 민족주의 성격의 학교의 이름에서 가져왔는지 추정할 수 있다. 또한 그의 친구들과 제자들이 그를 열정적인 교육자로 규정하였던 이유도 상상할 수 있다.

한 걸음 더 나아가 살펴볼 것은 식민 통치 경험에서 나온 장일순의 교육적 열정과 민족주의 사이의 상관관계이다. 교육에 대한 장일순의 민족주의적 견해는 그가 설립한 원주 대성학교의 교훈 '참되자'에서 찾을 수 있다. 장일순은 학생들에게 함께 살아가는 법과 사람들을 존중하며 대하는 법을 중요하게 가르쳤다. 그에게 교육의 본질은 동반자로서 인간으로 사는 법을 가르치고 상호 관계에서 이 원칙을 공유하는 것이었다^{이용포 2011, 65–67}. 이런 점에 비추어 장일순의 사상은 식민지 조선의 민족주의 교육과 관련이 있다고 보는 것이 설득력이 있다. 주지하다시피 일제강점기 민족주의자들은 천 개 이상의 사립학교를 설립했고 당연히 조선의 독립을 되찾는 것을 목표로 했다. 다시 말해, 민족주의 교육은 민족적 위기를 극복하고, 독립 운동을 지원하고, 민족적 역량을 증대시킨다는 명확한 목적을 가지고 있었다_{김성수 2008, 55}. 또한 이러한 학교들은 민족적 정체성을 발전시키는 것뿐만 아니라 각 학생의 인격 형성에도 교육적 초점을 두었다. 실제로 평양 대성학교의 교육에서는 정직이 주요 덕목으로 강조되었다. 장일순의 교육적 초점도 민족주의 교육의 유산을 공유하면서 교육을 통해 좋은 인격을 형성하는 것이었다는 점에서 그의 교육에 대한 생각은 민족주의 교육의 뿌리와 닿아 있다고 하겠다.

여기서 지금까지 다뤄진 적이 없는 몇 가지 질문들이 제기되는데, 그가 민족주의자였는지 그리고 식민지 경험이 그를 민족주의자로 만들었는가에 대한 문제이다. 민족주의는 파악하기 어려운 개념이다. 앤서니 스미스에 따르면, 민족주의란 주요 관심이 민족이고 공통 목적이 기존 또는 미래의 민족을 위해 '민족적 자율성, 민족적 통합, 민족적 정체성'을 성취하고 보존하려는 이데올로기로 정의될 수 있다_{Smith 2010, 9}. 가장 중요한 점은 민족주의가 다른 이데올로기들을 채택함으로써 새롭고 특정한 개념을 형성할 수 있는 복잡한 특성을 갖는 경향이 있다는 것이다. 그런데 20세기 한국에서 민족주의는 다소 다른 의미를 내포한다. 민족주의의 일반적 개념과 대조적으로 제국주의와 반대 개념으로 이해되었다. 한국 민족주의자들은 이념적 다양성을 공유했고 일제강점기하에서 공통적으로 독립의 꿈을 가지고 있었다. 나아가 그들은 정치적 독립뿐만 아니라 문화적 독창성도 강조했다. 그들은 민족을 탈식민화의 주체로 보았고, 민족의 잠재력을 실현하기 위한 교육을 중요시했다. 따라서 한국 민족주의자들은 식민지 조선에서 민족 문제의 해결책으로서 교육을 통한 해방의 기대를 창조하는 사람들이었다.

그럼에도 이러한 설명은 장일순과 민족주의 사이의 충분한 연관성을 보여주지 못한다. 오히려 나는 그가 식민지 경험과 관련하여 공동체의 역사적 트라우마를 극복하기 위해 교육 사업에 종사한 실용주의자로 보인다. 교육에 대한 그의 열정적 신념과 가치를 구현하기 위한 시도를 통해 민족주의의 일부 측면들이 표출되었음에도 불구하고, 어떤 전기적 사실도 그가 이념적으로 민족주의적 지향을 가진 인물이었다는 것을 지지하지 않는다. 장일순은 특정 이데올로기가 자신과 공동체가 직면한 문제들의 해결책이 될 것이라는 주장에 동의하지 않았다. 오히려 그는 이데올로기로부터 자유로운 교육이 가능하다고 믿었다. 이것이 이데올로기적 갈등의 시대를 지나며 역사적 맥락과 조응하기 위해 자신의 삶을 통어하며 그가 체득한 것이었다.

2. 개발독재의 그림자

박정희는 1961년 5월 군사 쿠데타로 권력을 장악한 후 1979년 암살될 때까지 18년간 한국을 통치했다조희연 2007, 22-32; 정해구 2011, 24-30. 한국 근현대사와 관련하여 박정희 시대를 어떻게 평가할 것인가는 중요한 문제이다. 특히 그의 딸 박근혜가 2012년 대선에서 승리하면서, 한국 사회는 박정희 시대의 재평가를 요구받았다. 결국 이 문제는 사회적, 역사적, 정치적으로 첨예한 대립과 논쟁을 가져왔고 이 과정에서 다시금 이념의 망령이 한국 사회의 이념적 양극단을 오가고 있다.

최근 몇 년간 박정희의 개발독재와 그 경제적 평가, 예컨대 그의 성장지향적 개발 추진과 박정희 이후 사회적 주체들 간의 상관관계, 그리고 한국의 초고속 성장과 그 개발적 기원에 대한 많은 논의가 있었다. 그러나 이러한 접근법의 주요 문제는 과도한 산업화가 초래한 결과의 다양한 측면들이 무시되었다는 것이다이병천 2003, 19-21. 개발독재의 개념을 재조명하는 데 있어서 개발주의가 배제했던 사회적 존재들과 다층적 맥락이 비판적으로 고려되어야 한다. 그렇지 않다면 박정희 시대와 관련하여 기존의 주장들처럼 산업화와 민주주의 사이의 모순을 이해하는 데 실패할 가능성이 크다.

경제적 관점에서 한국의 놀라운 성장은 한국전쟁으로 폐허가 된 세계 최빈국 중 하나가 일구어낸 경제적 기적으로 여겨졌다. 그러나 이러한 견해가 지닌 약점은 특정한 신화적 관점, 개발주의의 부정적 유산과 한국 사회의 부정적 경로 의존성을 무시하는 경향을 강화할 수 있다는 점이다. 폴 크루그먼1994이 동아시아 국가들의 놀라운 경제 성장에 대한 연구에서 언명하듯이, 성장 증후군은 장기적으로 낙관적 시나리오를 보장하지 않는다. 따라서 여기서는 이러한 경향성에 대한 응답으로 제기된 장일순의 전환적 결정의 불가피한 동력이 된 박정희 개발주의의 파괴적 측면들을 좀 더 자세히 살펴보려 한다.

한국 근현대사가 저항의 기억으로 가득하다는 것은 널리 받아들여지는 견해이다. 동일한 관점의 연장선에서 박정희 정권은 개발독재와 억압적 권위주의로 이해된다^{정일준 2011, 71-74}. 여기서 한국 사회의 이념적 헤게모니를 둘러싼 최근의 학술적 쟁투에 비추어 개발독재가 무엇을 의미해왔는지를 규명할 필요가 있다. 범주화해서 말하자면, 이 용어는 (a) 억압적 정치적 권위의 개발주의적 지배 블록, (b) 정치적 자유와 공적 참여를 제한하는 사회적 지배 집단, (c) 공적 동원의 국가주의적 이데올로기, (d) 절차적 정의보다 경제 성장에 더 많은 비중을 두는 통합, 그리고 (e) 자립 경제를 목표로 하는 국가, 시장, 체제 간의 성장 지향적 협력을 포괄한다^{이병천 2003, 25}.

그러나 이러한 견해는 최근 박정희 정권을 개발독재로 정의하는 주장에 반대하는 사람들에 의해 도전받고 있다. 박정희 시대는 일반적으로 파시즘과 민주주의, 발전과 착취 등과 같은 이항 대립의 체제를 지칭하는 것으로 여겨져 왔다. 그런데 최근의 논쟁적인 연구들은 일제강점기와 1960~70년대의 초고속 성장처럼 사회정치적으로 군사 쿠데타와 권위주의 정권의 약탈적인 근대화가 불가피했다고 결론지으며, 박정희가 거대한 변혁의 지도자였다고 강조한다^{Kim and Vogel 2011; Kim and Sorensen 2011; Kohl 1994}. 이러한 연구들은 또한 아래로부터의 정권에 대한 공적 동원과 공적 지지의 측면을 보여주어, 1960년대와 70년대 한국에서 공적 독재의 새로운 이론을 제안했다^{임지현 2000; 황병주 2000}.

이러한 해석에 동의하지 않더라도, 개발독재는 박정희 시대를 이해하는 핵심 개념이다. 첫째, 그것은 한국 근현대사에 대한 사회적, 정치적으로 통합된 접근을 제공할 수 있다. 박정희 시대의 경우, 그것은 정치적 분석이 결여된 산업화 이론과 경제 발전 과정에 대한 이해 없는 정치적 분석 사이의 개념적, 분석적 균형을 유지하는 데 도움이 된다. 둘째, 그것은 개발독재의 딜레마에 대한 비판적 관점들을 제공할 수 있다. 처음부터 박정희 정권의 모토는 정권의 정당성 부족을 보완하기 위한 산업화가 주된 '조국 근대화'였다^{조희연 2007, 39-45}.

우리 사회 이데올로기의 역사적 관점에서, 1940년대 중반 탈식민 영역 내의 다양한 이념적 잠재력들은 한국전쟁의 경험을 통해 반공주의와 냉전 이데올로기로 대체되었다. 따라서 한국 사회는 전후 시기에 좌익과 사회주의적 가치들을 거부하는 시대로 진입했다^{Cumings 2010, 208ff}. 게다가 1961년 박정희의 군사 쿠데타는 발전 목적을 위해 이러한 이념적 편향을 이용하고 강화했기 때문에, 억압적 사회 질서와 과도한 산업화 추진이 상호 의존적 방식으로 불가피하게 공존했다.

장일순에게 1961년 군사 쿠데타는 고통이었다. 그에게 그 고통의 본질은 결코 국가로 환원될 수 없었다. 군사 쿠데타 직후 장일순은 중립화 통일론에 동의하고 통일에 대한 정부의 입장에 반대했다는 혐의로 체포되어 3년간 수감되었다^{김용우 2014}. 1963년 감옥에서 풀려난 후, 그는 군사정부에 의해 정치 활동을 금지당했다. 그의 아내에 따르면, 살아있는 물고기는 물을 거슬러 올라가야 한다고 자주 말했던 그가 형을 살고 난 후 물결을 따라 흘러가는 삶의 의미를 깨닫게 되었다고 한다_{최성현 2004, 28}. 이러한 사실에도 불구하고 장일순에게 박정희 시대와 그 유산은 공동체적, 개인적 차원 모두에서 극복되어야 했다.

1960년대부터 장일순과 군사정권의 뒤틀린 관계가 시작되었다. 감옥에서 풀려난 직후, 그의 학생들이 1965년 한일 간의 논란이 많은 조약에 반대하는 시위에 참여했다는 이유로 그는 정권에 의해 학교 이사장에서 물러났다. 김용우의 설명처럼, 장일순은 수년간 자신을 교육자로 규정했기 때문에 정부 통제로부터 자유로운 교육을 위해 정치에 진출하려 했다_{김용우 2014}. 그러나 그것은 그에게 깊은 실망과 정치적 탄압만을 남겼다. 이후 그는 자신이 설립한 학교에서 축출되어 교육 운동을 계속할 수 없게 된 것을 항상 후회했다_{장일순 2009, 167}. 1960년대 중반부터 그는 권위주의 정권에 의해 정치 활동 참여가 금지되었기 때문에, 다시 서예를 하고 포도를 기르기 시작했다. 그의 아들이 기억하듯이, 장일순은 그때부터 자신을 단순히 농부로 여겼다_{장동천 2014}. 그는 다음과 같이 말했다.

그것[군사 쿠데타]은 혁명이 아니다. 총으로 사람들을 협박할 때는 혁명이 오지 않는다. 그것은 깡패들이 하는 일이다. 혁명은 모든 것을 포용하는 것이다. 진정한 혁명은 암탉이 알을 품듯이 새로운 것을 잉태하는 것이다^{이용포 2011, 87}.

　한국의 개발주의는 한국전쟁이 끝난 1953년 이후로 전후 재건의 필요성에서 시작되었다고 보는 것이 한국 역사학계의 최근까지의 합의였다. 남북한은 전쟁이 야기한 사회적 피로와 상처를 국가적 차원의 이념적 재무장, 인프라 건설, 천연자원 개발과 같은 경제적 경쟁 체제로 전환하여 국가주도의 발전을 시작했다. 한국에서는 1955년 부흥부가 설립되어 토지 개발과 건설 같은 전후 재건을 담당했다. 전후 재건은 한국 경제의 지배적 경향으로 1961년 쿠데타 이후에도 계속 진행되었다. 쿠데타 세력은 개발주의에 기초한 산업화를 계획하고 통제할 경제기획원을 새롭게 발족했다. 양적 성장과 불균형적 산업화를 중심에 둔 개발주의는 새로운 국가 경제 발전의 이데올로기로 공고화되었고 이 시기 한국 경제는 수치상 놀라운 성장을 하게 된다. 실제로 한국의 국민총생산GNP는 박정희 정권에서 30배 증가하였다^{홍성태 2007, 245}. 그러나 이렇게 양적 성장과 급속한 산업화를 달성했음에도 불구하고 다수의 한국인들은 사회적, 정치적, 경제적으로 '암흑'에 남겨졌다. 압축적 발전의 결과 한국 사회는 성장 지향적 사회로 탈바꿈했고 관습적 공동체와 자연환경이 경제 발전의 수단으로 폄하되었다^{조명래 2003, 37-40}. 요약하면, 백낙청이 지적하듯이²⁰⁰⁴, 박정희 정권 개발주의의 핵심은 '지속 불가능한 발전'이었다. 요컨대 많은 한국인들이 경제 성장 자체를 발전으로 여기는 풍조가 완연해지면서 민주화는 경제 성장에 종속되었다. 사실 이러한 경제적 새 질서는 세계 어디서나 찾을 수 있는 물질주의의 결과인 동시에 박정희가 추구한 근대화의 사회적 결과이기도 했다. 결국 성장 지향적 근대화는 황금만능주의를 부추겼고 반환경적 개발을 불가피한 것으로 여기는 파괴적 태도를 형성하게 된다_{홍성태 2007, 313}.

논란의 여지가 있지만, 군사 정권이 주도한 한국의 개발주의는 경제 성장을 발전으로 인식하는 사회 전반적 분위기와 전후 고양된 애국심으로 인해 추동되었다고 할 수 있다. 박정희 정권은 발전을 성장 지향적 산업화와 동일시하였고 산업화의 이면을 무시했다. 1960년대부터 산업화를 추진하면서 산업 공해의 위험성이 심각하게 대두되었다. 이를 이유로 정부는 상대적으로 산업화가 앞서 이루어진 일본보다 4년 빠른 1963년에 공해방지법을 만들었지만, 현장에서는 환경 문제에 소극적으로 대응했다. 결국 한국의 성장 지향적 산업화는 대기 오염, 수질 오염, 소음 공해, 심지어 자연에 대한 관습적 가치의 파괴를 포함하는 환경 문제를 야기했다. 이러한 입장은 유인호1973, 이병천2003, 홍성태2007 등의 소수의 연구를 통해서만 비판적으로 이루어졌다. 1960년대와 70년대 개발주의의 부정적 영향에 대한 연구에서 경제학자 유인호는 급속한 산업화가 환경 파괴, 특히 산업 공해를 가져왔다는 사실을 보여주었다1973, 884-885. 유인호1973에 따르면, 한국의 3대 산업도시에서 미세먼지 농도는 미국의 대기질 기준보다 20배 높았다. 강과 해양 생태계 또한 파괴적 현실에 직면했고 많은 어류와 식물 종들이 과도한 산업화의 결과로 멸종 위기에 처하게 되었다유인호 1973, 884-893. 그러나 환경 문제가 악화되었을 당시 정부와 기업 부문에서는 현실적이고 효과적인 해결책이 제시되지 않았던 것도 사실이다.

1965년 제2차 바티칸 공의회를 기념하여 가톨릭교회는 원주에 새로운 교구를 설립했다. 교회에게 바티칸 공의회의 중요한 기여 중 하나는 평신도의 교회적 역할과 교회의 사회적 역할에 대한 진지한 신학적 성찰을 촉진한 것이었다. 원주교구 초대 교구장인 지학순 주교는 한국의 가톨릭교회를 독립적으로 만들고 공의회의 가르침을 따라 교회에 평신도 신학을 적용하고자 했다. 지학순 주교는 원주에서 명성이 높았던 장일순을 자신의 사목 활동을 도울 가장 적합한 인물로 여겼다. 공의회에 크게 영감을 받은 지학순 주교와 장일순의 만남은 장일순의 삶을 통틀어 결정적 전환점이 되었다. 그때부터 장일순과 지학순 주교는 평신도 주도의 교회를 만들기 위해 함께 일했다. 그들은 바티칸 공의회 문서들을 번역하고, 신도들과 농민들을 교육하고, 교구에서 신용협동조합 운동을 시작했다. 이처럼 1960년대 그의 사회참여는 교회와 밀접하게 연결되어 있었고 부분적으로는 전통적인 계급투쟁에 경도된 면이 있었다.

더욱이 70년대 초 쿠데타로 권력을 장악한 권위주의 정권이 통치를 연장하기 위해 점점 더 억압적인 조치들을 사용하면서, 정권과 반체제 인사들 사이의 정치적 갈등이 격화되었다. 이러한 확대는 또한 장일순과 지학순 주교가 1973년부터 반독재 투쟁에 적극적으로 참여하는 계기가 되었다. 당시 원주는 민주화 운동의 중심으로 여겨졌다. 그러나 장일순은 그가 1970년대에 관여했던 이러한 정치 운동들이 결국 실패했다고 회상했다장일순 2009, 163. 그가 자신의 발언 배경에 대해 적실한 설명을 하지는 않았지만, 그의 제자들과의 인터뷰에서 그러한 판단의 배경을 그려볼 수 있다. 우선 장일순의 사회 운동이 기반했던 농촌 공동체들이 70년대 불균형한 경제 성장의 결과로 사회경제적 압력으로 결국 해체되었다김용우 2014. 그에게 공동체 재건은 정치적 민주화 달성만큼 중요했을 것이다. 또한 장일순은 정치적 활동가 집단들과 그들의 공격적인 투쟁 방식에 다소 비판적이었다. 그의 아들과 제자들에 따르면, 그의 생각이 당시 명확하게 발현되지는 않았지만 장일순 내면에 내포되어 있던 다른 차원에서의 또 다른 저항의 일환으로 볼 수 있다. 여기서 이것을 명확히 설명하기는 어렵지만, 그는 폭정에 직면하여 인간의 존엄성을 포기하지 않고 인간 본성에 대한 신념을 잃지 않으려 했던 것 같다.

1960년대와 70년대 장일순의 실천과 관련하여 또 다른 흥미로운 점은 교회가 세속적인 방식으로 농민 운동에 적극적으로 참여했다는 것이다. 60년대 중반에 시작된 가톨릭 농민 운동은 1972년 전국적인 한국가톨릭농민회로 재편되었다. 이 과정에서 성 오틸리엔 베네딕도 수도회가 재정적, 공적 지원을 제공했다. 여러 면에서 한국가톨릭농민회의 정신은 베네딕도회의 정신과 관련이 있다. 1975년 당시 한국가톨릭농민회 사무국장이 한국천주교주교회의가 발행한 잡지에 기고하여 그 정신과 목표를 설명했다.

[한국가톨릭농민회]는 그리스도의 가르침인 사랑과 정의를 근거로 활동한다. 이 사랑과 정의는 말이 아니라 행동으로 실현되어야 한다. 또한 이것은 우리 이웃의 일상적 문제들과 인간 조건들을 변화시키고 다루는 실천에서 드러나야 한다. 이런 이유로 우리의 목표는 경제적 빈곤, 사회적 고립, 문화적 결핍의 연속에서 복음적 질서와 농민의 인간적 진보를 위한 진정한 사랑과 정의를 실현하는 것이다이길재 1975, 40-41.

이후 가톨릭농민회는 파편화되고 소외된 농촌 공동체에서 농민들의 이익을 위해 박정희 정권의 농업 정책에 반대하는 시위에 참여했다. 당국은 농민 운동을 탄압했고 반정부 시위는 격화되었다. 가톨릭농민회는 민족 분단을 농촌 공동체의 현실과 연결된 것으로 보았기 때문에 통일 운동에도 관여하였다. 나아가 교회는 사제들의 지도하에 한국가톨릭농민회를 공식적인 교회 조직으로 승인했다. 이처럼 가톨릭 농민 운동은 교회적 통합을 통해 전국적 규모로 확장될 수 있었다이길재 1975, 39-40; 정재돈 2008, 95-96; 한국민주화운동기념사업회 2009, 2:395-396. 한국가톨릭농민회의 중요한 활동 중 하나는 쌀 생산비와 관련된 것이었다. 실제로 독재 정권이 쌀값을 저가로 유지하려 했을 때, 가톨릭농민회는 지속적으로 가격을 조사하고 공정한 가격을 보장하기 위해 강하게 저항했다. 당국의 지속적인 감시와 방해에도 불구하고, 가톨릭농민회는 감사 주일의 형태

로 지역교회에서 연례 집회를 개최했다. 이처럼 농민들과 민주화 운동
가들은 지역 교회의 도움으로 농민 운동의 지속성을 가질 수 있었다^{정재}
^{돈 2008, 99-100}.

앞서 거론한 것처럼 성장 지향적 발전이 농촌에 가져온 문제는 한국
전통문화와 경제의 요람으로 여겨져 온 농업과 농촌 공동체의 급격히
망가지고 해체되었다. 그러나 산업화가 농업과 농민들의 희생에 기반하
여 달성되었다는 사실에도 불구하고 성장 지향적 발전이 농업과 농촌
공동체에 미친 영향은 일관되게 관심을 받지 못했다. 박정희 정권은 쿠
데타 직후 대중적 지지를 획득할 목적으로 농업 성장을 중시하는 프로
그램을 도입했다. 새로운 농업법이 도입되었고 농업 관련 정부 기관들
이 새로 설립되었다. 농업 정책의 목적은 농업 생산성을 개선하고 농가
소득을 증대시키는 것이었다. 전후 한국은 미국의 식량평화계획^{Food for}
^{Peace}하에 있었다. 이는 단계적으로 긴급 식량 지원으로서의 무상 원조
에서 경제 지원으로서의 신용 지원으로 바뀌는 계획이었다. 이러한 이
유로 박정희 정권은 식량 불안에 대처하기 위해 농업을 강화해야 했다.
실제로 한국 경제의 산업화와 함께 농업에 대한 정부 정책이 변화하게
되었다. 일례로 박정희는 쌀의 가격을 인위적으로 낮게 유지하는 정책
을 시행했다. 이 정책은 이미 빈곤한 농민들의 경제 상태를 악화시키고
이촌을 가속화시켰다. 그 결과 도시는 산업 부문을 위한 노동력을 공급
받을 수 있었다^{이용포 2011, 357-359}. 지속적인 도시 노동자의 유입은 생활비

를 낮추고 산업화 과정에서 임금 수준을 낮게 유지할 수 있는 요인이었다. 통계에 따르면 1962년부터 1975년 사이에 750만 명의 농민들이 도시 지역으로 이주했다_{황병주 2006, 496}. 이뿐만 아니라 정권은 1970년대 들어 농업 시장을 개방했는데, 이는 식량 자급률을 줄이고 농업 자율성을 감소시키는 결과를 가져왔다. 결국 한국 농민들은 1960년대와 70년대 성장 지향적이고 불균형적인 발전의 결과로 점차 경제적 기반을 잃어갔다. 농가들은 막대한 부채에 시달렸고 지역 불평등과 격차가 확대되면서 한국은 1960년대와 70년대 농촌 공동체의 사회적 해체와 농촌 인구 50퍼센트 이상의 감소를 경험하게 되었다_{한국민주화운동기념사업회 2009, 2:620-628}.

한편 70년대 초 장일순과 지학순 주교는 한국 동부의 빈곤한 농촌 지역을 아우르는 원주교구에서 농촌 공동체의 지속가능성의 보장을 목표로 하는 운동을 시작하게 된다. 로마클럽이 환경에 대한 의식이 부재한 거침없는 지구적 진보에 대해 경보를 울린 1972년 여름, 원주교구를 포함하여 한국의 중부 내륙 지역은 유례없는 큰 홍수를 겪었다. 수해 지역 공동체들을 지원하면서 장일순은 불균형적 성장으로 해체되고 있는 농촌 공동체의 경제적 개혁과 자립을 위한 운동을 시작했다. 그는 정권의 성장 지향적 발전에서 비롯된 농촌 공동체의 사회적, 경제적 문제들을 지역 공동체를 기반으로 하는 협동조합 운동의 시행으로 해결할 수 있다고 보았다. 그 궁극적 목표는 경제적 자율성과 주체성을 획득하고 해체된 농촌 공동체에서 사회적 결속을 강화하는 것이었다_{장일}

순 2009, 204. 이러한 공동체에 기반한 협동조합 운동의 첫 단계에서 장일순은 무너진 농촌 공동체의 붕괴를 막고 경제적 의존과 박탈에 대응하기 위해 우선적으로 농촌 공동체에 물적 자원을 배분하고 농민들을 교육하는 계획을 세웠다. 그러나 이 운동은 적실성을 상실한 농업 정책과 급속한 사회 변화를 이유로 제한적인 성공을 거두었다.

1977년 장일순은 공동체에 기반한 협동조합 운동도 개발주의와 유사하게 환경에 대한 반성적 태도가 실종된 또 다른 형태의 인간중심적 욕망일 수 있음을 보았다. 성공적인 조직화에도 담론적 반성이 따르지 못해 농촌 공동체에서 실패한 운동을 성찰하며 장일순은 교화가 아닌 근본적 변혁의 필요성과 그의 생각을 현실에서 실현해야 할 궁극적 이유를 확인했다. 결과적으로 그러한 성찰과 실패를 통해 장일순이 인정한 것은 생명에 대한 근본적 이해가 지속 불가능한 발전에 맞서는 미래 운동의 본질이 되어야 한다는 점이었다. 그는 사회경제적 맥락과 동시에 관습적 종교에 담긴 가치들 역시 운동을 준비하며 고려되어야 한다고 생각했다. 그러나 생명적 담론을 실천할 책임감 있는 공동체에 대한 장일순의 비전이 한국에서 도농 연대에 기반한 최초의 협동조합 운동으로 구현된 것은 1980년대 초에 이르러서였다.

3. 1980년대의 급진적 경향들

박정희 정권은 1979년 비극적으로 무너졌다. 그러나 민주주의에 대한 대중의 열망에도 불구하고 또 다른 군사정권이 권력을 잡았다. 1980년대 전반 학생 운동 그룹들이 이념적으로 보다 편향되거나 좌경화되면서, 한때 이들의 정신적 지주였던 장일순은 수정주의자로 비난받았다. 이러한 오해는 운동권과 장일순 사이에 갈등의 불씨가 되었다 _{황도근 2014}. 그러나 장일순은 1970년대 후반 성장 주도적 경제 정책으로 인해 해체된 농촌의 경제적, 공동체적 형편과 파괴적 삶의 조건을 마주하게 되었다_{김소남 2017, 93}. 장일순은 사회주의와 자본주의 모두가 경제 발전에 대한 환상으로 생명을 무시하고 인간과 자연을 객체화하고 있는 상황에 개탄했다. 그때부터 그는 생명과 공동체를 재정의할 필요성을 강조했고, 그와 그의 친구들은 농촌과 도시 공동체를 잇는 생명의 가치를 구현하는 소비자협동조합 운동을 준비했다. 현재까지 남아있는 그의 강연 기록과 글의 대부분이 1980년대와 90년대에 집중되어 있기 때문에, 그의 사상은 소비자협동조합 운동과 생명 운동의 관점으로 환원되고 이해되어 왔다_{장동천 2014}. 그러나 현대 한국의 사회정치적 맥락에서 그의 쓰라린 경험이 1980년대에 일어난 그의 명시적 '전환'을 추동했고, 그로부터 그의 사상이 발전되었다는 사실과 그 함의를 주목해야 한다. 이와 관련해서는 5장에서 더 자세하게 논의할 것이다.

장일순의 열렬한 제자이자 70년대 학생 운동의 리더였던 김지하가

1980년 감옥에서 풀려나 원주로 돌아왔다. 그는 스승이 사회 심층에서 패러다임의 전환을 준비한다는 사실을 알게 되었다. 특히 광주에서 자행된 정권의 유혈 진압은 장일순의 '변화'에 대한 열망을 강화했다. 1980년 5월 18일 광주의 주요 거리에 수백 명의 학생들과 시민들이 쏟아져 나와 군사정권에 맞서 집회를 열고 계엄령 철폐를 요구했다. 전두환과 군부는 공수부대에 민간인에 대한 무차별 대응을 명령했다. 이는 1980년대 새로운 강압적 군사독재를 가져왔다. 전임 정권처럼 전두환 정권은 이념적 갈등에 기반한 반공주의, 아시안게임과 올림픽 같은 사회적 동원이나 메가 이벤트를 거행했고, 경제적 불평등과 격심한 사회 변화라는 부조화가 뒤따랐다.

이뿐만 아니라 군사정권은 1987년 대통령 직선제를 허용하는 헌법 개정을 연기하는 결정을 했다. 이는 대규모 시위를 촉발했고 군사정권은 1980년 5월 광주에서와 같이 폭력적 진압을 시도했다. 결국 1987년 6월 한국 사회는 절차상 민주주의로의 이행을 달성했다. 그러나 일련의 실망스러운 사건들을 지나며, 장일순과 그의 사회 운동 그룹의 패러다임 전환은 본격적으로 시작되었다. 1987년 '6월 돌파구'에 대해 커밍스는 다음과 같이 평했다.

한국의 중산층은 산업화와 도시화로 급속히 성장했지만, 그 정치적 경향을 명시하기는 여전히 어렵다. 그중의 일부는 1987년 6월 젊은 반체제 인사들에게 비판적 지지를 주었지만, 선거가 끝나자 거리에서 사라지기도 했다. 중산층이 불만족한 부문들은 국가와 재벌들에 의해 짓밟힌 중소기업, 지역적으로 불리한 위치에 있는 사람들, 가계를 꾸려가고 자녀를 교육시킬 수 없는 가족들, 학생들 자기 자녀든 다른 사람의 자녀든의 곤봉질을 지켜보는 부모들 등을 포함한다. 기독교 신자들의 최근 성장 현재 한국에서 인구의 약 25퍼센트로, 대부분의 성장이 1970년 이후의 대부분은 이 계층이나 그에 대한 열망을 가진 이들 내에서 일어났고, 중요한 교회 인물들의 증언과 희생이 의심할 여지없이 민주화를 위해 중산층의 일부를 각성시켰다. 그러나 중산층은 대부분 봉급생활자이고 관료적이며, 국가에 대한 독립적 저항을 위한 기반이 미약하다. 더욱이 그것은 전형적인 신흥 사회 형성체로, 권력을 위해 경쟁하는 것보다 돈을 버는 데 훨씬 더 집중한다 Cumings 2005, 393.

이러한 배경에서 장일순은 1980년대 초중반에 경험한 정치적 무력감, 이념적 갈등, 경제적 예속을 근본적으로 넘어서기 위해 생명에 대한 종교적 담론을 변용하여 사회적 화해와 문명 차원의 변화에 초점을 맞춘 가치 지향적 운동을 시작했다. 실제로 장일순의 원주그룹은 1987년 6월 형식적 민주화가 이루어지면서 생명 운동에 대한 성명을 발표하고 운동을 시작했다. 이러한 시도는 생태사회의 전망을 제안하고 농업의 가치를 혁신하기 위한 소비자협동조합 한살림의 설립을 추동했다. 이러한 논의를 바탕으로 한살림은 도농 생활공동체 운동을 전개했고 이후 한국 소비자협동조합 운동을 이윤 중심에서 가치 중심으로 전환하는

데 중추적 역할을 하게 된다_{윤형근 2013, 352f}.

이 장을 시작하며 지적했듯이, 장일순의 사회사상을 체계화하기 위해서는 한국 근현대사 전반에 걸쳐 한국 사회에 영향을 미친 역사적 경험을 명확히 하는 것이 필요하다. 이 장은 개인적 차원에서 식민지 경험과 그의 초기 민족주의 교육의 영향, 그리고 개발독재시대를 지나며 꺾인 그의 교육적, 정치적 열망이 저항이 되어 그의 사상에 내재하게 된 배경을 살펴보았다. 그의 삶과 관련하여 인터뷰 대상자들 사이의 공통된 견해는 장일순이 한때 교육자였고 교육자를 갈망했다는 것이다. 이러한 설명을 받아들인다면, 일제강점기하에서 독립을 달성하는 것을 목표로 했던 민족주의 교육이 그에게 미친 영향을 결코 무시할 수 없을 것이다. 한국전쟁 후 그가 고향에 돌아와 수행한 첫 번째 과업은 개인과 사회가 점진적으로 변화되고 향상될 수 있다는 믿음에 기초하여 학교를 설립하는 것이었다. 한편 해방공간에서 정부 수립을 둘러싼 좌우 간의 이념적 갈등이 격화되면서, 정치적 상황이 장일순을 혼란에 빠뜨린 사실은 명확하다. 그럼에도 그는 평생 정치적, 사회적으로는 포용적이면서도 이념적으로는 중립적이기를 추구했고 이데올로기보다는 강한 교육적 신념을 동기로 활동했다. 다른 장에서 더 자세히 논의하겠지만 여기서 종교적으로 주목할 점은 당시 그가 동학에 대한 관심을 새롭게 했고 이후로 그의 말년 사상을 관통하고 지배하는 철학이 되었다는 사실이다.

　1965년 제2차 바티칸 공의회의 가르침에 영향을 받은 지학순 주교가 원주 초대 교구장으로 임명되면서 장일순의 삶에서 가장 농밀한 우정이 시작되었다. 독재정권하에서 교회는 장일순으로 하여금 민주화 운동과 사회개혁 운동에 참여할 동기와 동력을 제공했다. 독재 정권이 끝을 향해 달려가던 시기, 장일순은 그가 참여해 온 운동에 필연적으로 내포된 갈등, 불화, 배제의 위험을 인식했다. 이것이 그로 하여금 자신이 속했던 담론과 행동을 돌아보게 했고, 결국 원주에서 다시 새로운 사회 운동을 계획하고 시대적 적실성을 담은 사회개혁의 청사진을 제시하는 계기가 되었다. 종교적 관점에서 보자면 인터뷰 과정에서 이 시기와 관련하여 반복적으로 제기된 질문은 동학이나 선불교가 그의 이러한 '전환'에 얼마나 그리고 어떻게 영향을 미쳤는가 하는 것이다. 이러한 가능성에 대해서도 다른 장들에서 자세히 검토할 것이다.

　지난 10년간 근현대사를 둘러싼 갈등이 한국 사회 내에서 확대되었다. 이러한 논쟁의 배후에는 역사적 헤게모니를 확보하는 것이 실제적 이익을 가져올 수 있다는 현실이 반영되어 존재한다. 식민지 유산이 어떻게 정치적으로 해석될 수 있는지, 그리고 개발독재가 어느 정도까지 사회와 경제 발전에 영향을 미쳤는가? 이러한 질문은 한국 근현대사에서 정치적, 이념적 과잉으로 흐려진 역사적 해석의 경계를 재설정하기 위해 필연적으로 검토되어야 한다. 그러나 다양한 사회적 층위에서 해석될 수 있는 역사적 맥락을 장일순 사상의 변용과 발전의 과정과의 관련성을 포착하기 위해 단순화하는 것은 또 다른 해석의 문제를 포함한다.

칼 포퍼는 해석이 중요한 이유가 우리의 사고방식을 보여주기 때문이라고 설명했다2002 [1945], 542. 이 장에서는 장일순 사상의 배경을 조성하는 특정 사회적, 역사적 조건들을 검토하고 해석하였다. 이러한 맥락을 밑거름으로 이 책에서는 그의 사상이나 실천적 삶의 태도를 복수의 맥락을 고려하여 전체로서 이해하려 시도할 것이다. 이어지는 장들에서 장일순의 삶과 사상, 적어도 그의 사상에 내재된 실천적 태도가 동학, 선불교, 가톨리시즘이라는 세 가지 특정 종교사상을 통해 어떻게 변주되었는지 주목할 것이다.

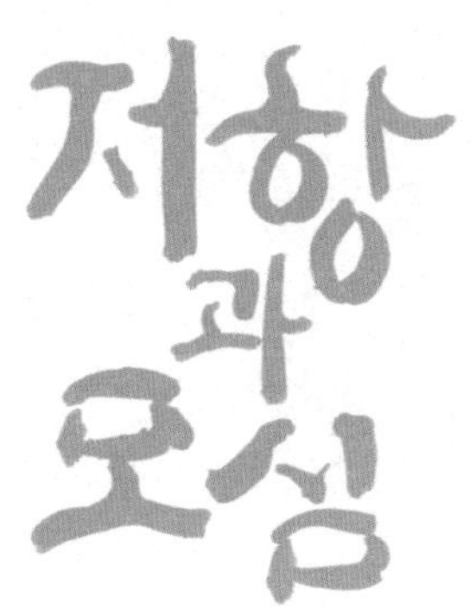

모든 사람이 각자 자신의 능력과 타인의 필요에 따라 공동선에 기여하고 사립이든 공립이든 인간의 생활 조건 개선에 이바지하는 단체들을 밀어주고 도와줌으로써 정의와 사랑의 의무를 더욱더 잘 이행할 수 있다. [...] 그러므로 모든 사람은 사회적 연대 책임을 현대인의 주요 의무로 여기고 이를 존중하여야 한다는 것을 인정하여야 한다. [...] 그렇게 하여 필요한 하느님 은총의 도움으로 참으로 새로운 인간, 새로운 인류의 창조자들이 나타나기를 바란다.

2장

새로운 길의 시작

1. 현대 가톨릭 사회교리

나 또한 너에게 말한다. 너는 베드로이다. 내가 이 반석 위에 내 교회를 세울 터인즉, 저승의 세력도 그것을 이기지 못할 것이다. 마태 16, 18

이 장은 사회문제에 대한 가톨릭교회의 첫 번째 응답으로 회자되어온 「새로운 사태」Rerum Novarum와 제2차 바티칸 공의회의 마지막 공의회 문서이자 현대 가톨릭 사회교리의 핵심 원리들을 가장 명료하게 밝히고 있는 「기쁨과 희망」Gaudium et Spes을 다룬다. 이를 위해 이 두 문서의 신학적, 사목적 중요성과 기여, 그리고 교회가 이 문서들을 밑거름으로 발전시킨 현대 가톨릭 사회적 가르침들의 주요 논쟁적 이슈들을 살펴볼 것이다.

「새로운 사태」와 「기쁨과 희망」에 대한 특별한 신학적 관심은 이 책의 주제, 즉 앞서 설명한 바와 같이 어린 시절 가족이 함께 가톨릭으로 개종한 장일순의 사상과 연관된다. 내가 만난 인터뷰 대상자들은 공통적으로 장일순의 삶에서 가장 영향력 있는 인물로 1965년 만난 원주교구 초대 교구장 지학순 주교를 꼽았다. 이처럼 장일순의 삶은 제2차 바티칸 공의회가 가져온 변화를 통해 교회와 직접적으로 연결되기 시작했다. 원주교구는 제2차 바티칸 공의회를 기념하여 설립되었고, 지학순은 공의회의 개혁적 가르침에 영감을 받은 젊은 주교였다. 1960년대와 70년대 정치권력과 교회의 긴장 속에서 원주를 중심으로 전개된 사목적 비전의 재발견이 이루어졌다고 해도 큰 무리가 없을 만큼 이들의 만남은 강조되어야 한다.

예컨대 지학순 주교가 장일순에게 제2차 바티칸 공의회 문서들을 번역하고 평신도들을 가르치도록 요청한 사실로 미루어보아도 공의회의 신학적 유산이 그의 사회사상에 상당한 영향을 미쳤다는 견해는 설득력을 갖는다. 따라서 이 장의 또 다른 목적은 공의회의 유산이 한국의 사회·정치적 현장에서 이해되고, 해석되고, 적용되는 신학적 맥락을 설명하는 것이다. 이를 통해 장일순이 공의회의 가르침을 내재화하고 교회의 사회 참여 과정에서 그 가르침을 구현한 배경에 대해 논의할 수 있을 것이다.

2. 사유재산의 불가침성

사실 인간의 가치와 존엄성에 대한 그 깊은 경탄을 일컬어 복음, 곧 기쁜 소식이라고 한다. 달리 그리스도교라고도 일컫는다『인간의 구원자』 10.

요한 바오로 2세가 자신의 회칙에서 언명한 것처럼, 그리스도교는 인류에 대한 하느님 사랑의 존재론적 재발견으로 시작되었다. 가톨릭 사회교리는 바로 이러한 자기 이해의 토대 위에서 발전해 왔다. 19세기 말, 교회는 새로운 사회문제들에 직면했고 그러한 신학적 확신의 빛 안에서 자신의 사명을 인식했다. 그리스도교 전통에서 사회에 대응하는 특정한 사고나 태도가 있었다고 주장할 수는 있지만, 1891년 레오 13세의 회칙 「새로운 사태」가 현대 사회에 대한 교회의 본격적 개입의 출발점이었다는 것이 합의된 인식이다Furlong and Curtis 1994, 4.

19세기에는 유럽의 정치적, 산업적 혁명의 여파로 사회적 차원에서 파괴적인 결과들이 나타났다. 예컨대 자본주의와 상호작용한 산업화는 노동계급의 출현을 가져왔고 사회구조의 근본적 변화를 야기했다. 실제로 19세기 유럽의 노동인구가 두 배로 증가하면서, 잉여 노동력은 사회·경제적 상호의존성에 의존하는 관습적 농업 공동체와 봉건제를 떠나 산업 도시 지역으로 이주했다. 그 결과 급속한 도시화가 발생했고 노동계급은 새로운 유형의 사회에 적응하도록 강요받았다Misner 1991, 7ff.

교회사적으로, 1870년 로마 점령은 통일된 이탈리아에서 교황권의 정치적 지위를 훼손시키는 결과를 낳았다. 점령의 여파로 통일 이탈리아의 자유주의 지배계급은 바티칸으로부터 세속적 권력을 되찾았고 영적이라고 통칭하는 외적 권위만이 느슨하게 남게 되었다. 더욱이 인구의 60%가 농업에 종사했던 이탈리아는 서유럽의 산업화로 인한 농업 불황과 농업 사회의 해체와 같은 결과에 불가피하게 직면했다Holmes 1997, 235-236. 교회의 핵심 지지 기반이었던 농민들과 교회의 새로운 사목 대상이 된 노동자들의 비참한 상황은 교회로 하여금 현대 사회 내에서의 사목적 함의와 일차적 사회적 기능에 대해 성찰하게 만들었다. 이러한 변화하는 사회적 조건에 대한 교회의 인식이 「새로운 사태」의 배경을 설명해준다cf. Shannon 2011, 128-133; Alexander 1953, 331-340.

이처럼 19세기 교회는 산업혁명으로 인해 새롭게 부상한 문제들에 대해 근본적인 응답을 요구받았다. 그 결과 사목적 실천을 재구성하는 과정에서 정치적 의미에서는 다소 온건하고 이념적 의미에서는 전통적으로 보이는 「새로운 사태」가 발표되었다.

모든 이가 동의하며, 의문의 여지가 전혀 없는 것은, 현재 대다수 극빈층을 그토록 무겁게 압박하고 있는 비참함과 고통에 대해 어떤 치료책이 발견되어야 하며, 신속히 발견되어야 한다는 것이다^{「새로운 사태」 2}.

이 회칙의 서론은 핵심 주제를 명확히 보여준다. 세기말의 사회적 배경에서 노동자들이 "노예제 자체와 거의 다를 바 없는 멍에"를 뒤집어 쓰고 있다는 점이다[RN 2]. 레오 13세는 노동에 대한 명확한 이해를 위한 담론적 틀을 제시함으로써 논의를 시작한다. 그는 먼저 자본과 노동, 부유한 자와 빈곤한 자, 지배하는 자와 종속되는 자가 대비되는 사회경제적 조건들을 설명한다. 레오 13세에게 노동의 대상과 동기는 사유재산을 획득하는 것이며, 노동자들이 자신들의 노동의 결과인 임금으로 부를 창출하는 것이다. 사유재산권의 원리는 영원한 법과 하느님의 권능 하에서 그리고 자연법에 따라 기본적인 인권으로 여겨진다. 이런 점에서 사회주의자들이 주장하는 바와 같은 사유재산의 공유화는 노동의 목적을 포기하고 그들의 권리와 희망을 약탈하는 것이다. 나아가, 그것은 교회의 관습적인 신학적 이해에 반대된다[cf. RN 4-8]. 이와 같이 레오

13세는 사유재산을 둘러싼 논쟁을 근본적인 사회문제로 보았다. 이런 점에서 교황은 마르크스의 사상에 대한 교회의 치료책의 출발점이 사유재산권에 대한 신성한 권리가 되어야 한다고 언명한다.

따라서 우리가 대중의 상태를 완화하려고 할 때, 우리의 첫 번째이자 가장 근본적인 원리는 사유재산의 불가침성이어야 한다. 이것을 확립한 후, 우리는 우리가 추구하는 치료책을 어디서 찾아야 하는지를 보여주려 한다「새로운 사태」 12.

레오 13세의 입장은 혁명의 시대를 겪은 유럽의 위협으로 등장한 사회주의에 대한 그의 거부에서 비롯되었다. 19세기 교회는 산업화의 여파로 농민들과 노동자들에게 영향을 미치려 했던 사회주의와 복잡한 사회문제, 즉 새롭게 등장하는 사회계급들 간의 투쟁, 이해 갈등, 그리고 노동자들의 소외와 착취 등과 직면하게 되었다. 이러한 흐름에 대해 일부 학자들은 「새로운 사태」를 사회주의에 대한 교회의 답변으로 받아들였다. 그러나 도르Dorr 2012, 21-22에 따르면, 양극단의 경제 체제를 부정하는 레오 13세의 입장은 그에게 상당한 이념적 여유를 제공했다. 레오 13세는 자유주의 비판자들로부터의 비판을 피할 수 있었고 동시에 자본주의가 수행되는 방식을 승인하지 않았기 때문이다. 사실 레오 13세는 여러 면에서 자유주의 자본주의와 노동자 착취에 대한 우려를 표현했는데, 채드윅William Chadwick이 지적했듯이1998, 312 통일된 이탈리아에서 레오 13세의 강력한 적들은 부르주아지였다.

이러한 관점에서 「새로운 사태」의 또 다른 강조점은 열악한 조건에서 착취당하는 노동자들의 절망적인 상황이었다. 회칙을 통해 당시 노동자들의 부담을 덜어주거나[RN 33-41] 그들의 문제에 대한 해결책을 제시하려는 레오 13세의 의도에는 의심의 여지가 거의 없지만, 그는 교회가 노동계급의 편이라고 천명하지 않는다. 그는 사회주의자들이 계급 적대감을 선동하고 계급 전쟁을 부추긴다고 비난하면서, 교회가 사회적 결속과 통합을 추구해야 한다고 제안한다. 그에게는 서로 다른 수준에서 사회적 차이와 구별이 존재하는 것이 합리적임에도 불구하고 모든 인간은 하느님 앞에서 평등하기 때문에 인간의 존엄성은 파괴될 수 없다[RN 18]. 실제로 회칙의 일부 논증들은 계층화되고 불평등한 사회 질서를 승인하는 경향을 보이는데[RN 14], 이는 레오 13세에게 사회계급들 간의 격차를 재정적으로 그리고 정서적으로 메우는 것이 핵심 관심사이기 때문이다. 이를 실현하기 위해 그는 사회적 상호관계와 호혜성에 대한 공적 인식을 제안한다. 이는 교회가 사회적 안정을 중시한다는 것을 보여준다. 도르의 분석처럼[2012, 23], 레오 13세의 사회적 영성은 상당 부분 "현실도피적"으로 보인다.

[교회는] 노동자와 일꾼들에게 자유롭게 맺어진 모든 공정한 합의를 정직하고 잘 이행하고, 결코 자본을 해치지 말며, 고용주의 인격을 모독하지 말고, 자신의 대의를 대변할 때 결코 폭력을 사용하지 말며, 폭동과

무질서에 가담하지 말고, 교묘한 약속으로 민중을 조종하고 대개 재앙과 후회로 끝나는 어리석은 희망을 일으키는 악한 원리의 사람들과 아무런 관계도 갖지 말라고 가르친다[RN 16].

회칙에서 레오 13세는 노동자들과 가난한 자들에게 폭력적인 혁명이나 무질서에 관여하지 말라고 반복적으로 요청한다. 오히려 그는 '영원한 것들'을 상기시키며[RN 16, 32, 42] 경건한 행위로 현실을 수용하고, 상대적으로 더 부유한 자들에게는 자비를 베풀라고 요구한다.

이러한 논증은 사회정의와 공동선을 요구하는 데 있어, 종교, 특히 가톨릭교회의 변화된 태도를 보여준다. 이를 다루면서 레오 13세는 기존 논의의 틀을 가난한 자들의 대표인 노동자에서 현상적 개념으로서의 빈곤으로 확장한다. 전통적으로 교회는 교육과 사회사업의 중심이었고 따라서 경제 체제로 인해 발생한 빈곤 문제에 대처해야 했다[RN 23-24]. 그러나 산업혁명의 여파로 바티칸은 빈곤에 대한 대안적 관점을 취하도록 요구받았다. 이렇게 교회는 모든 사회문제의 근저에 구조적인 원인이 있다는 것을 마지못해 받아들였지만, 여전히 가난한 사람들이 영원한 삶의 보상을 위해 자신들의 운명을 인내하는 것이 낫다고 가르쳤다. 역사적 관점에서 볼 때, 그리스도교 세계가 끝나고 세속 권력이 국가로 넘어가면서 교회는 자신의 역할을 재정의할 필요가 있었다. 빈곤은 교회가 관습적으로 가르쳤듯이 죄나 도덕적 실패의 결과가 아니라 사회구조의 문제로 여겨지기 시작했다. 만연한 빈곤은 구체제Ancien Régime의 반동적 수호자를 대표하는 교회의 책임이라는 당시 사회주의자들 사이의 팽배한 비난에 교회도 문제의식을 갖지 않을 수 없게 되었다.

이런 의미에서 「새로운 사태」는 사회문제를 다루기 위해 제한적인 국가 개입이나 협력이 필요하다고 확언한다. 그러나 회칙에서 제안된 국가의 정당한 역할 외에도, 교회는 노동자들의 형편을 완화할 구제의 역할에 더해 체계적 빈곤을 완화하고 사회 질서를 안정되게 유지하기 위한 자신의 역할이 필수불가결하다고 확신하기에 이른다RN 22.

「새로운 사태」의 중요한 기여 중 하나는 현대 가톨릭 사회교리의 기본 토대로 남아있는 인간 존엄성을 상기시킨 것이다. 커런Curran 2002, 9에 따르면, 레오 13세의 회칙이 발표된 이후로 교회는 인간 존엄성과 인간의 사회적 본성을 바탕으로 하는 현대 가톨릭 사회교리의 원칙으로서 관계적 인간학relational anthropology을 확립했다. 「새로운 사태」에서 인간 존엄성에 대한 강조와 함께 교회의 신학적, 역사적 입장의 변화는 개인주의와 자유주의 양극단에 대한 거부와 관련되어 있다. 교회에게 이러한 위험한 이념들은 19세기 경제적, 정치적 혁명의 결과로 여겨졌다. 집단주의 또한 인간 이성의 집단적 광기를 불러일으키는 원인으로 보았다. 레오 13세 시대에 개인주의와 집단주의가 유럽의 지배적 이념이었기 때문에, 급진적 사상들에 대응하여 인간 존엄성을 보호하는 것이 교회의 일차적 관심사였다. 또한 위에서 설명했듯이, 이러한 이념들의 극단을 피하는 것은 교회가 자신의 입장을 채택하는 데 더 많은 자유를 허용했다. 점차 이러한 신학적 관심은 신학적 인간학theological anthropology 으로 체계화되었고 현대 가톨릭 사회교리의 신학적 중추 역할을 해왔 다.

여기서 한 가지 흥미로운 점은 회칙을 통해 교회가 자유주의적 개인 주의를 비판한다는 사실이다. '자유주의'의 의미는 모든 형태의 정치적 절대주의에 대한 개인의 반대를 가리키므로, 바티칸의 성직자 절대주의 도 포함한다. 일반적으로 개인주의에서 합리적 존재로서의 개인은 사회 질서가 터무니없어 보일 때 정치적 억압과 사회적 일탈에 저항할 수 있 다. 따라서 자유주의적 개인주의의 대척점에 비합리성과 전통적 보편성 이 드러난 교회가 있을 여지가 있다. 이러한 위기의식은 바티칸으로 하 여금 방임주의 자유경제와 깊숙이 연관된 개인주의에 대한 비판을 가 능하게 했다. 실제로 19세기 산업화의 영향으로 개인의 가치는 경제적 의미에서 극대화되었다. 부르주아지를 위한 경쟁의 증가는 무제한적인 자유와 권리를 요구하는 계급 이념을 발달시켰고 계급투쟁을 불러일으 켰다. 결국 교회가 인간 존엄성과 인간의 사회적 본성의 '빛' 안에서 개 인주의에 대한 부정적 인식을 제시한 것은 기존의 신학적 이해와 부합 하는 것이었다.

그런데 개인주의는 개신교 신학의 발전과 밀접하다. 가톨릭 전통은 하느님과 인간의 관계에서 중재자로서의 교회의 역할을 필수적인 것으 로 여겼다. 이와 같이 인간의 사회적 또는 공동체적 본성은 신앙과 교 회 계층의 차원에서 강조되었다. 그러나 종교개혁 이후 하느님과 인간의 관계에서 개인적 영성이 강조되면서, 신앙 공동체에서 파스카 신비의 중재자로서의 교회의 역할은 명시적으로 축소되었다. 신자들에게는 성경의 중요성과 신앙의 지성주의적 경향이 강조됨에 따라 독립적이고 내적인 영성이 가능해졌고, 이후 교회의 계층적 질서와 인간의 사회적 본성은 개신교 개인주의에 의해 부정되었다. 교회는 사회에 대한 성찰로부터 신앙의 내면화와 신-인 관계의 가치에 대한 편향된 강조가 선택적 친화성에 의해 산업화, 계층화, 도시화와 같은 현대 세계의 사회문제들, 그리고 더 넓은 윤리적 문제들과 결합될 가능성이 농후하다고 결론지었다. 이런 의미에서 자기중심적이고, 현실도피적이며, 도덕적으로 그리고 영적으로 무책임하고, 분열된 신앙은 극복되어야 할 또 다른 유형의 개인주의로 인식될 수 있다.

「새로운 사태」에서 레오 13세는 관습적이고 지배적인 이념들에 도전함으로써 전향적으로 교회의 사회적 역할을 강조했다. 20세기에도 교황의 회칙들은 내부의 분열을 최소화하는 방식으로 가톨릭 사회교리의 발전의 동학이 되었다. 특히 「새로운 사태」의 영향은 예상외로 컸고 교회는 정치적, 윤리적, 신학적 관점에서 돌이킬 수 없는 변화를 목격했다. 채드윅[1998, 315]이 말한 것처럼, "그의 회칙의 우산 아래서 급진적 사상가들은 그들이 가고 싶어 하는 거의 모든 곳으로 그들의 논의를 가져갔다."

3. 분별할 수 있는 전환

교회와 신학자들은 1965년에 제2차 바티칸 공의회가 폐막하고 반세기가 넘은 시간에도 불구하고 여전히 제2차 바티칸 공의회의 현대적 함의와 사목현장에 대한 공의회의 신학적 유산을 둘러싼 논쟁에 참여하고 있다. 이는 제2차 바티칸 공의회에서 등장한 새로운 신학적 주제들과 그 미완성의 결론들이 교회의 신학적 관성과 관습적 현실 이해에 비추어 여전히 논란이 되고 있기 때문이다. 공의회는 총 16개의 문서를 공표했다. 일반적으로 이 문서들이 함께 다뤄지지만, 신학적으로 부여된 교회적 권위에 따라 독립적으로 분류될 수 있다. 제2차 바티칸 공의회의 네 개의 사목헌장이야말로 교회적으로 우월한 권위를 갖는다는 것이 통념이다. 실제로 반세기 넘게 다양한 측면에서 공의회 자체에 대한 그리고 공의회가 생산한 문서들에 대한 지속적인 연구가 있어 왔다. 여기서는 공식적으로 교회의 사회적 차원이 비로소 확인되고, 그 영향으로 교회의 사회적 활동의 신학적 공간을 열어 준 현대 세계의 교회에 관한 사목헌장으로 불리는 「기쁨과 희망」을 살펴 볼 것이다.

「기쁨과 희망」은 1965년 12월 7일에 공포되었고 공의회가 발표한 네 개의 헌장 중 단연 가장 긴 문서이다. 일반적인 흐름과는 달리, 이 사목헌장은 첫 번째 회기 동안 제안되었고 이후 전 세계 주교들과 신학자들 사이에서 지속적이고 격렬한 신학적 논쟁을 거쳤다. 신학적으로 대립하는 의견들을 정리하고 통합하여 공의회의 공식 견해를 완성하는 것은 쉬운 일이 아니었다^{cf. Hastings 1969, 15-18; O'Malley 2008, 232-238, 264-268;}
Hollenbach 2005, 270-271. 결과적으로 모두에게 만족스럽지는 않았지만, 이 공의회 문서에서 공의회는 더 넓은 사회적, 문화적 영역의 현대적 문제들에 대한 사목적 관심을 명확히 표현했다.

사목헌장은 종말론적 의미에서 이 추상적 구절 '시대의 징표'의 뉘앙스를 둘러싼 논란과 격렬한 논쟁에도 불구하고, "신학적 성찰과 사목적 행동의 맥락"을 형성한 시대의 징표를 분석하는 것으로 시작한다 Lorentzen 1994, 407; cf. Curran 2002, 59-60. 이러한 징표들은 문서가 주목했듯이 인류의 상황과 현실을 악화시켰다.

어떠한 성장의 위기에서나 그러하듯, 이 변혁에도 가볍지 않은 어려움들이 따른다. 이렇듯 인간은 자신의 힘을 그토록 널리 펼치면서도 언제나 그 힘이 인간을 섬기도록 다스리지는 못한다. 인간 정신의 내면을 더욱 깊숙이 파고들려고 노력하면서도 흔히 제 자신에 대해서는 더더욱 확신을 갖지 못하는 것으로 보인다. 사회생활의 법규는 점차 더욱 분명하게 찾아내면서도, 사회생활의 방향은 갈피를 잡지 못하고 있다^{GS 4}.

그러나 현대 사회의 변화와 갈등의 복잡한 현실을 적절히 설명하기는 어렵다. 그럼에도 불구하고 공의회가 명확히 인식하는 것은 교회가 극적인 사회 변화와 관련하여 교회와 사회 사이의 상호 이해에 기초한 사목적 접근을 채택하려고 한다는 것이다. 교회와 세상 사이에는 상호

작용이 존재한다. 교회가 세상과 분리될 수 있다는 것은 상상할 수 없고, 세상이 교회의 영향을 받지 않을 수 있다는 것도 생각할 수 없다. 본질적으로 교회와 세상은 서로 영향을 미친다. 종교적 차원에서 기존의 가톨릭 전통과 신심은 오히려 개인적이었고 교회의 구원론적 초점은 주로 그것에 있었다. 반대로 사목헌장은 하느님 나라와 하느님 백성의 개념으로 교회에 사목적이고 실천적인 태도가 왜 요구되는지를 보여준다GS 40-45; Hornsby-Smith 2006, 43. 사목헌장에 따르면, 교회는 인간 역사에서 그리스도의 사업을 계속하고 부활의 신비를 현실에 적용함으로써 세상을 개혁하고 계몽하도록 부름받았다. 본질적으로 교회는 세속 세계에서의 사회적 참여를 요구받았다Hastings 1969, 24f.

이러한 임무를 완수하고자 모든 시대에 걸쳐 교회는 시대의 징표를 탐구하고 이를 복음의 빛으로 해석하여야 할 의무를 지니고 있다. 그렇게 함으로써 각 세대에 알맞은 방법으로 교회는 현세와 내세의 삶의 의미 그리고 그 상호 관계에 대한 인간의 끝없는 물음에 대답해 줄 수 있을 것이다GS 4.

또한 「기쁨과 희망」은 현세적 문제들이 경쟁적으로 사회의 모든 영역에서 불균형을 심화시킨다고 말했다. 궁극적으로 이 불균형은 사목헌장이 현대 세계가 시달리고 있는 불균형들은 인간의 마음에 뿌리박힌 더 기본적인 불균형과 연결되어 있다고 논증하듯이 인간의 가장 내적인 문제와 연결되어 있다GS 10. 이와 같이 교회가 분석하는 인간의 조건은 물질적이거나 물리적 긴장과 대립으로 설명될 수 없다. 이런 점에서 사회적, 문화적, 정치적 불안정과 이분법은 인간에 관한 기본적 질문들을 제기한다GS 8-10. 이 질문들에 대한 응답에서, 탐구된 다양한 주제들에도 불구하고, 사목헌장의 관심은 레오 13세의 사상과 일치하여 인간 자신, 전체적이고 완전한, 몸과 영혼, 마음과 양심, 정신과 의지이다GS 3. 인간 중심적 시대 흐름 속에서 제2차 바티칸 공의회는 폐막했고 신학자들과 교회에게 새로운 신학적 주제로서 그리스도교 인간학을 제안했다.

공의회를 통해 발전한 그리스도교 인간학은 인간이 '하느님의 모상'으로 창조되었다는 신학적 확신에 기초하고 있다창세 1,27. 강한 종교적 확신의 빛에서, 모든 인간은 기본적으로 창조주에게 의존하며 그분을 인식하고 사랑할 수 있는 능력을 소유한다. 인간은 또한 그들의 가장 내적인 본성에 의해 사회적 존재들로서, 창조주와의 수직적 관계를 반영하여 다른 피조물들과 수평적 관계를 맺을 책임이 있다GS 12. 그러나 교회는 실존적 본성에서 관계적이고 사회적인 인간들이 창조 세계 안에서 하느님이 주신 자유를 남용하고 있다고 지적한다. 그 결과 인간 본성이 왜곡되고 하느님과 인간의 관계가 손상되어서 인간들은 창조주보다는 다른 피조물들을 섬기게 된다. 이것이 그리스도교 인간학의 또 다른 핵심 원리가 될 수 있다. 이러한 실존적 왜곡은 인간 본성과 다른 피조물들과의 균형 잡힌 관계의 파괴로 이어지고, 차례로 인간의 삶과 공동체는 죄의 결과를 받아들여야 한다. 이런 의미에서 인간들은 하느님과의 원래 관계의 회복과 일상생활에서 타락한 실존의 구원을 갈망하고 있다GS 13.

실제로 사목헌장에서 인간을 죄인으로 언급하는 부분은 공의회의 마지막 회기에서야 포함되었다. 교회가 사회와 대화를 수행할 때 죄의 교리를 추가하는 것은 논쟁적인 문제였다. 이런 점에서 원죄, 사회적 죄, 그리고 죄의 보편성이 명확히 언급되고 적절히 설명되지 않았기 때문에 헌장은 교리적 의미에서 비판의 소지가 있다. 그러나 공의회는 원죄와 사회적 죄가 인간 본성을 파괴할 수 없다고 주장했다. 이러한 하느님의 모상imago Dei과 죄인들hominum peccatorum; cf. 루가 24:7 사이의 대조는 인간 중심적이고 불균형한 현대 사회에서 인간의 존엄성과 비극적 현실에 기초한 신학적 관점을 제안하고 사회적 수준에서 친교를 촉진하려는 공의회의 의도를 명확히 나타낸다.

이러한 의미에서 「기쁨과 희망」의 신학적 기여는 방법론적 전환과 관련되어 있다. 간단히 말해서, 「새로운 사태」 이후로 사회문제에 관한 교회 문서들은 개념적 모호성에도 불구하고 자연법의 빛으로 인간과 사회를 해석함으로써 인간 이성이 하느님과 어떻게 연결되는지를 보여주었다. 신토미즘Neo-Thomism에 깊이 물든 현대 가톨릭 신학은 인간이 하느님의 계획에서 이해될 수 있고 그들의 본성과 보편적 계획은 원시론적 관점에서 인간 이성을 통해 드러날 수 있다고 제안했다Curran 2002, 23–25, 54–60; O'Meara 1997, 160–199. 반면 「기쁨과 희망」은 성경과 교부학적 사료들을 기초로 세상에서 인간으로서의 그리스도의 사업을 포함한 인간 경험에 기초한 역사적 인식으로 신스콜라주의에서 전통적 방법론적 '중심'을 이동시켰다Hollenbach 2005, 276-277. 결국 사목헌장이 신학적 방법론의 관점에서 성경적 증거를 철학적 구성 요소들과 통합한 것은 후기 교황 문서들에서도 그러한 태도가 명확하게 드러나는 것처럼 보편적 의미가 있다Dorr 2012, 128.

「기쁨과 희망」의 주목할 만한 다른 특징은 인간 존엄성과 관련하여 인간 이성보다는 인간 양심에 대한 적극적인 강조이다GS 16, 26, 41, 62. 인간 양심은 "인간의 가장 비밀스러운 핵심이며 지성소"로 찬양되고 인간 이성은 레오 13세의 회칙에서 "자신의 행위의 주인"으로 찬사를 받았다GS 16; cf. RN 6.

양심에 충실함으로써 그리스도인들은 다른 사람들과 결합되어 진리를 추구하고 개인 생활과 사회관계에서 일어나는 수많은 도덕 문제들을 진리 안에서 해결하게 된다. 그러므로 바른 양심이 우세하면 할수록 개인이나 집단이 무분별한 방종에서 더욱 멀어지고 객관적 도덕 기준에 부합하도록 더욱 노력한다GS 16.

인간은 원래 하느님을 향해 있으며, 하느님의 음성을 들을 수 있고 그분의 현존을 느낄 수 있다. 이것은 인간들로 하여금 하느님과 이웃에 대한 사랑과 관심을 기르고 공동체에서 도덕적 양심에 순종하도록 이끈다. 이와 같이 인간 양심은 인간 도덕성의 주관적 규범이 된다 Lorentzen 1994, 410. 또한 「기쁨과 희망」에 따르면, 인간의 도덕적 양심은 무지를 통해 오류를 범할 수 있다. 인간들은 습관적인 죄로 인해 자신들의 존엄성을 잃을 수 있다GS 16. 이런 점에서 교회는 인간 존엄성을 드러내는 가치가 성육신한 하느님의 말씀에서 발견될 수 있다고 논증한다. 그리스도는 보이지 않는 하느님의 가시적 표현이며 참되고 완전한 인간이다콜로 1,15. 성육신의 신비는 그리스도가 마리아에게서 태어났고 인간의 마음으로 우리처럼 생각하고, 사랑하고, 행동했다는 사실에 기인한다GS 22. 이런 의미에서 사회에 대한 교회의 새로운 그리스도론적 해석은 그리스도 자신이 인간의 고통, 궁극적으로는 죽음, 구조적 정치적 모순에 직면했다는 사실과, 그의 사회적 본성이 그의 역사적 맥락에서 실현되었다는 신앙에 기초한다. 결과적으로 이러한 접근은 공의회가 사목헌장에서 발전시키려고 했던 가톨릭 사회교리의 인간론적 기초를 강화하였다.

「기쁨과 희망」이 주목하는 현대 사회의 특징은 지속적으로 커져가는 인간의 상호 의존성이다. 사회적, 정치적, 기술적 진보는 인간들 사이의 상호 의존성을 촉진하기에 인간의 진보는 인간 존엄성에 대한 상호 존중에 기초하고 있다. 계시와 그리스도교 전통도 인간의 관계적 본성에 대한 이해를 공유하고 역사와 일상생활에서 인간의 영적, 도덕적 본성과 창조의 신비를 제시해 왔다. 실제로 성경은 공동체적 본성에 대한 이야기들을 포함하며 인간의 사회적 본성의 대상은 이웃과 하느님으로 명시된다GS 23-25; cf. 로마 13,9-10; 1요한 4,20. 이런 점에서 「기쁨과 희망」은 「새로운 사태」에서부터 전개된 논의의 연장선에 있다.

인본주의적 신학 또는 신학적 인간학의 측면에서, 도르2012가 지적하듯이 현대 세계에 대한 교회의 대화적 접근의 세 가지 기본 원리가 명백해진다. 첫째, 그리스도인들과 교회는 세속 세계에서 국가의 자율성을 존중하도록 요구된다. 역사적으로 서유럽 교회와 국가의 관계에서 부분적으로나마 견제와 균형을 찾을 수 있을지라도 레오 13세는 자신의 회칙에서 사회문제를 다루기 위해 국가 개입이 필요하다는 것을 인정했다. 사목헌장은 하느님 나라를 위해 교회와 국가가 "독립적이고 자율적"인 상호 존중을 유지할 때 공동선을 지향하는 교회의 사회 참여가 가능하다고 설명한다GS 72, 75, 76. 둘째, 그리스도교 전통에서 교회와 그리스도인들 세상을 종말론적으로 보는 경향이 있었다. 그러나 사목헌장에서 교회의 사회적 사명은 사회 질서를 대체하는 것이 아니라 세상을 하느님의 의로움으로 가득 채우려는 의도로 공동선을 증진하는 것이다. 셋째, 교회는 다양한 사회적, 문화적 현장에 참여할 필요가 있다. 사목헌장은 현대의 다문화 사회에 대한 편향되고 무관심한apathetic 인식이 인간에 대한 왜곡된 이해와 공동체의 해체를 가져올 수 있다고 인정한다. 이를 다루기 위해, 그리스도론의 맥락에서 계시와 은총의 강조와 동일하게 교회적 사명과 사회·문화적 차원에서도 정의와 사랑에 대한 지속적인 강조는 중요하다Dorr 2012, 128.

모든 사람이 각자 자신의 능력과 타인의 필요에 따라 공동선에 기여하고 사립이든 공립이든 인간의 생활 조건 개선에 이바지하는 단체들을 밀어주고 도와줌으로써 정의와 사랑의 의무를 더욱더 잘 이행할 수 있다. [...] 그러므로 모든 사람은 사회적 연대 책임을 현대인의 주요 의무로 여기고 이를 존중하여야 한다는 것을 인정하여야 한다. [...] 그렇게 하여 필요한 하느님 은총의 도움으로 참으로 새로운 인간, 새로운 인류의 창조자들이 나타나기를 바란다 GS 30.

「기쁨과 희망」에서는 인본주의적 신학에 기초하여 현대 가톨릭 사회교리의 두 가지 규범적 원리인 보조성과 연대성이 다양한 차원에서 진전된다. 이러한 원리들은 사목헌장에서 간략하게 제시되지만, 실제 지역교회들이 처한 특수한 사회적·정치적·문화적 맥락에서 재구성된다. 다음에서 탐구해보겠지만, 이러한 개념의 확장화는 라틴아메리카와 아시아에서 교회의 사회 참여에 막대한 영향을 미쳤다. 홀렌바흐가 지적하듯이 1994, 192 「기쁨과 희망」은 이상적 개념의 틀을 제공하면서 이러한 전통적 원리들이 상호 보완적 방식으로 이해될 필요가 있음을 보여준다 cf. GS 3, 4, 26, 30, 32, 38, 42, 43. 이 점은 현대 가톨릭 사회교리의 발전 과정에서 중요한 기여로 보인다 Lorentzen 1994, 413; cf. Boff and Elizondo 1986; Dorr 1994, 755-759; 2012, 124-177; Gutiérrez 1983; GS 63.

다음으로, 현대 가톨릭 사회교리의 지도 원리guiding principle인 연대성에 대해 살펴보려고 한다. 일반적으로 연대성 원리는 실천적 관점에서 '관통하고 연결하는' 특성으로 인해 보조성 원리와 확고히 결합되어 있다고 여겨진다Hornsby-Smith 2006, 104.

보조성 원리는 사람들을 상위 수준의 사회적 권위에 의한 남용으로부터 보호하고 이러한 동일한 권위들에게 개인들과 중간 집단들이 그들의 의무를 수행하도록 돕는 것을 요구한다. 이 원리는 모든 사람, 가족, 그리고 중간 집단이 공동체에 제공할 독창적인 무언가를 가지고 있기 때문에 필수적이다『간추린 사회교리』 187.

가톨릭 사회교리의 보조성 원리는 흔히 권력자나 국가가 개인들과 기본적 사회 집단들을 보호하고 그들의 경쟁적 이익이나 권리를 중재하는 유연한 개념으로 이해된다. 간단히 말해, 개인이 국가에 선행하고 개인은 국가를 위해 존재하지 않는다는 것이다. 오히려 국가는 개인의 자아실현과 복지를 위해 존재한다Allsopp 1994, 927. 또한 이 개념의 중심 전제는 개인과 가족과 같은 기본적 사회 단위들이 현대 세계에서 더욱 종속적이 되고 있는 현실이다. 일례로, 교회는 전통적으로 가정의 중요성과 중심성을 강조해 왔다. 그러나 현실에서 '사회의 첫 번째이며 중요한 세포'이자 생명·사랑·신앙의 요람인 가정은 해체되었고 사회적 가치와 책임은 축소되고 포기되었다cf. 『간추린 사회교리』 213-214. 이런 이유로, 기능적 의미에서 정치권력이나 공동체들이 서로 다른 사회정치적 수준에서 서로 다른 이익들을, 그리고 궁극적으로 공동선을 실현하기 위해 필요하다. 이와 같은 사회철학적 개념은 가톨릭 사회교리의 지속적이고 구별되는 원칙으로 존재해 왔다『간추린 사회교리』 185; QA 79. 레오 13세의 회칙에서부터 교회는 노동자들의 조건을 개선하기 위해 국가의 개입을 부분적으로 받아들였고, 사법적, 경제적 개입의 긍정적 측면을 인정해 왔다. 그럼에도 불구하고 교회는 과도한 국가 개입이나 무절제한 지원이 사회복지와 교육과 같은 교회의 전통적 역할을 위협하는 결과를 낳을 수 있다는 점을 주목했다. 따라서 교회는 국가의 "부당하고 과도한" 개입에 대한 안전한 한계를 설정하려고 노력한다『간추린 사회교리』 187. 이처럼 교회가 특히 노동계급이나 불안정 계층인 소외된 이들의 구조적 착취를 인정하고, 공동선의 실현과 관련된 국가 개입, 그리고 「새로운 사태」가 제기한 정의로운 사회 질서를 인정했다는 것이 일견 의미가 있다.

회칙 전반에 걸쳐 레오 13세는 인간 존엄성이 파괴되고 인권이 무시되는 인간 상황을 개선하기 위한 국가 개입을 인정했고, 점진적으로 온정주의의 중요성도 강조했다. 그럼에도 불구하고 그의 후계자들은 통제되지 않은 개입을 억제하고 교회의 사회적 지위와 정치적 안전을 증진하기 위해 국가의 적절한 역할을 재정의하려고 노력했다. 교회에게 국가는 다양한 사회적 층위에서 표출되는 결핍을 보충하기 위해 사회문제에 개입하기 위해 존재한다. 마찬가지로 개인은 하느님이 주신 실존적 가치를 위해 조직·결사의 침해할 수 없는 권리를 가진다. 그런데 국가가 이러한 권리들을 침해하고 제한하기 때문에 국가의 실존적 가치가 개인의 그것보다 우선하는 상황이 발생하게 된다. 의도치 않게, 교회는 인간 존엄성이 실존적 관점에서 사회적 본성과 갈등하고, 정치·사회적 조건의 변화가 신학적 인간학에 새로운 딜레마를 가져다주는 현실에 직면하게 되었다. 이와 같이 교회와 사회가 갈등하는 맥락에서 제2차 바티칸 공의회가 보조성 원리를 신학적 관념을 넘어서는 유연한 개념으로 현대 세계에 적용하려 시도했던 것으로 보인다. 그러나 공의회는 지역교회들의 특수한 상황에서 이러한 원리의 '약한 고리'가 남용되는 것을 막는 것이 불가능하다는 점을 인식했고 결국 가톨릭 사회교리의 지도 원리로서 관습적이지만 신학적으로 실현이 가능한 새로운 개념을 제안했다.

페쉬Pesch와 군들라흐Gundlach로 대표되는 19세기 가톨릭 사회 이론가들은 가톨릭 사회 이론을 사회주의와 자유주의로부터 구별하기 위해 연대성 원리를 주장했다. 19세기에 자유주의적 자본주의liberal capitalism가 인간을 대상화하고 교회가 관습적으로 옹호해 온 종교적, 사회적 가치들을 붕괴시키면서 교회는 도덕적 상대주의와 허무주의와 경쟁하게 되었다. 이러한 이념적 지형에서 개인을 비개성화하고, 개인의 자유와 기존 사회 질서를 부정하며, 개인을 집단 의지에 종속시키는 경향의 집단주의가 촉발되었다. 개인주의의 다원성과 집단주의의 획일성은 부정적 의미에서 국가에 대한 인식의 극적인 변화를 초래했다. 자본주의와 사회주의의 지속적인 병폐와 이념적 양극단의 갈등에서 비롯된

정치적 혼돈의 여파로, 인간의 본질적 상호성을 의미하는 연대성 개념
이 재정의되었다_{Lamb 1994, 908; Misner 1991, 324-325}.

많은 형제들의 맏아들께서는 당신의 죽음과 부활 후에 당신을 믿음과
사랑으로 받아들이는 모든 사람 가운데에 당신 성령을 주시어 바로 당
신의 몸 안에서, 곧 교회 안에서 새로운 형제적 친교를 이루게 하셨다.
그 안에서는 모든 이가 서로서로 지체를 이루고 주어진 여러 가지 은사
에 따라 서로 봉사한다. 이러한 연대는 완성되는 그날까지 언제나 증진
되어야 할 것이다. 그날, 은총으로 구원된 사람들은 하느님과 형제 그리
스도께 사랑을 받는 가족으로서 완전한 영광을 하느님께 드릴 것이다
_{GS 32}.

「기쁨과 희망」 전반에 걸쳐 공의회가 연대성 원리를 이해하는 방식
은 그리스도의 사업과 밀접히 관련되어 있다. 다시 말해 그리스도론적
관점에서 이 원리는 본질적으로 사목적이다_{Lamb 1994, 910}. 이런 의미에
서 교회는 인간의 사회적 본성과 공동체적 성격이 그리스도의 사업으
로 완성된다고 언명한다. 일상생활에서 그리스도는 아버지의 사랑을 보
여주었고 공동선으로 환원될 수 있는 아버지의 계획을 위해 자신을 희
생했다. 그리스도의 구원 사업의 빛에서, 교회는 사랑이 율법의 완성
이며 사랑 안에서 그리스도의 몸으로 존재한다<sub>GS 32; SRS 38; 『간추린 사회교
리』 196</sub>. 이런 의미에서 그리스도의 은유적 몸_{metaphorical body}인 교회와 그

의 종말론적 몸eschatological body인 인류는 상호 연결되어 있고, 이러한 이해에서 연대성의 신학적 측면이 부각된다van Klinken 2010, 446-447. 더욱이 「기쁨과 희망」에서 등장한 하느님 백성의 개념도 신자와 비신자가 현대 세계에서 연대성의 가치가 실현되는 실현의 주체이자 동시에 대상이 된다는 것을 보여준다. 본질적으로 모든 인간은 모든 인간에 대해 책임이 있다. 그리고 이러한 존재론적 확신은 연대성에 대한 형이상학적, 윤리적, 생태학적, 그리고 신학적 논의의 새로운 기초를 제공한다.

더 흥미로운 점은, 그리스도의 구원 사업이 인류를 넘어 모든 피조물로 확장될 수 있다면 인간 본성으로서의 보편적 책임과 죄의 구조에 초점을 맞춘 연대성 개념에 대한 현대적 이해는 은유나 실천의 관점에서도 확장될 수 있다. 실제로 이와 같은 논의의 연장선에서 요한 바오로 2세는 연대성 원리가 구체적 맥락에서 그리고 보편적 상호 의존성의 관점에서 실행될 수 있다고 확언한다SRS 39. 이처럼 연대성에 대한 신학적 논의는 책임의 윤리와 사회 변화로 확장될 수 있다. 이러한 개념적 변주를 장일순이 자신의 사상적 전환 과정에서 어떻게 체현하였는지 나는 5장에서 좀 더 자세하게 분석할 것이다.

장일순의 사상을 이해하는 출발점으로서, 이 장에서는 요한 바오로 2세가 결정적으로 중요한 회칙으로 찬사를 보낸 레오 13세의 「새로운 사태」와 현대 가톨릭 사회교리의 최고의 편집본인 「기쁨과 희망」에 담긴 신학적 함의와 보편적 맥락을 살펴보았다. 앞에서 거론한 것처럼 가톨릭 사회교리의 토대가 신학적 관점에서 재해석된 인간에 대한 관습적 이해에 기초한다는 점이 중요하다. 「새로운 사태」를 통해 교회는 하느님의 모상으로 창조된 인간의 권리와 존엄성이 무시되는 현실에 초점을 맞추었다. 이 과정에서 레오 13세는 인간에 대한 관습적 신학의 이해에 반대하는 공산주의와 개인주의에 대응하여 미시적 접근이었지만 교회와 사회의 관계를 재조정하였다. 레오 13세와 가톨릭 사회주의자들의 이러한 접근법은 교회로 하여금 관계적 인간학을 새롭게 인식하게 했고, 이어 교회는 제2차 바티칸 공의회에서 교회와 사회를 둘러싼 불확실성을 걷어낼 중요한 진전을 이룰 수 있었다.

「기쁨과 희망」에서 교회는 인간의 양심을 재정의하고 실존적 조건을 재규정하려는 '시대의 징표'를 읽고, 그리스도의 구원 사업의 빛에서 본질적으로 이 문제들을 다루려고 했다. 이를 위해 공의회는 관습적이고 상징적인 교회의 역할을 분석했고, 도전했고, 어느 정도는 이탈해야 했다. 한 걸음 더 나아가, 「기쁨과 희망」은 인간의 사회적 본성을 강조하면서 가톨릭 사회교리의 두 지도 원리의 발전을 위한 길을 열었다. 보조성과 연대성의 개념들은 라틴아메리카와 아시아의 독재에 반대하는 교회들 사이에서 발전되고 상황화contextualization되었다. 역사는 지역교회들이 자신들의 사회적, 정치적 상황에 응답하려고 어떻게 노력해 왔는지를 보여준다. 실제로 1970년대와 80년대 한국 가톨릭교회는 회피할 수 없는 사회·정치적 장의 한가운데에서 분명한 한계에도 불구하고 이러한 원리들의 구현을 지향했다.

2016년 4월 프란치스코 교황의 사도적 권고가 발표되었지만 125년 전 레오 13세의 시대와 마찬가지로 현실과 교회의 가르침 사이에는 가까워질 수 없는 인식의 간극이 여전히 존재하고 있어 보인다. 일견 가톨릭 사회교리는 가톨릭적이지 않은 것으로 보이며, 오히려 교황권의 단순한 제안에 불과하다는 제임스 오코넬의 지적을 고려하지 않을 수 없다[1994, 71]. 여러 측면에서 교회는 방어적이거나 애매한 방식으로, 또는 사목적 필요에 따라 논쟁적인 사회문제들을 다뤄왔다. 그럼에도 불구하고 사회는 종종 교회가 권력과 병렬적으로 존재하는 한국과 같은 나라에서 교회에게 사회적 책임을 지고, 도덕적 지침을 제시하라는 드문 요구를 하기도 한다.

실제로 계시와 은총의 빛에서 교회의 사회적 소명과 실존적 목적이 지역교회들의 특수하고 구체적인 맥락에서 실현되는 것은 자연스럽다. 교회와 사회의 관계에 대한 논의의 연속성을 음미해보면, 1970년대와 80년대 한국의 정치적 현장에서 전면에 나섰던 교회는 최근 상대적으로 보수적이고 순응적conformist 경향을 갖게 되었다. 이런 점에서 오코넬의 제기한 논의처럼, 가톨릭 사회교리의 영속성과 의도는 한국적 맥락에서 여전히 의문스럽다. 몇 가지 역사적 경고caveats에도 불구하고, 교회적 관점에서 지금까지 제기된 가장 중요한 점은 제2차 바티칸 공의회의 사회적 가르침과 실천적 유산이 실제 현장에서 늦게 다루어졌고, 사회 참여의 배경에는 교회가 아니라 오히려 공의회에 영감을 받은 개인들이 있었다는 것이다.

다음 장에서는 19세기 한국의 사회적 혼돈의 한가운데에서 등장한 동학과 장일순에게 있어 그 영향들을 다룰 것이다. 물론 장일순이 말년에 동학의 두 번째 지도자였던 해월의 사상에 영향을 받아 그와 같아지려고 했다는 점은 그의 삶과 사상에서 가장 논란이 되는 주제 중 하나이다.

사람이 일상생활에 있어서 만 가지를 다 헤아리고 갈 수는 없는 거지요. 그러나 자기가 타고난 성품대로 물가에 피는 꽃이면 물가에 피는 꽃대로, 돌이 놓여 있을 자리면 돌이 놓여 있을 만큼의 자리에서 자기 몫을 다하고 가면 모시는 것을 다하는 것이라고 저는 생각해요. 그렇다고 해서 딴 사람이 모시고 가는 것을 잘못됐다고 할 수도 없지요. 있음으로써 즐거운 거니까. 동고동락 관계거든요. 요샌 공생이라고도 하는데 본능적으로 감각적으로 편하고 즐거운 것만 동락하려고 든단 말이에요. 그런데 '고'가 없이는 '낙'이 없는 거지요.

-무위당 장일순

3장

만물의 기원
존재의 씨앗

이 장은 『한국학』 제163호 277-311쪽에 수록된 저자의 논문 「장일순에게 있어서 동학의 영향에 대한 소고: 해월 최시형의 철학을 중심으로」를 수정·보완한 것이다.

1. 장일순 안의 동학

장일순은 1991년 위암 진단을 받았다. 그는 병문안을 오는 이들에게 암도 생명의 일부이기에 자신은 암과 함께 살아간다고 말했다^{이용포,} ^{2011, 184-185쪽}. 장일순에게 생명이란 만물의 기원이며 존재의 씨앗이었고, 우주 만물 역시 서로 분리될 수 없는 하나의 생명에서 비롯된 것이었다^{장일순, 2009, 146쪽}. 따라서 죽음은 그가 생명의 시원으로 돌아가 평생 확신했던 다른 형태의 생명을 영위하는 것으로 이해될 수 있었다. 일반적으로 장일순의 생명에 대한 이해의 근저에는 동학東學의 인간론이 자리하고 있다고 알려져 있다^{Chung, 2007, p. 100}. 실제로 장일순은 1946년 대학에 들어가 처음으로 동학을 접했다. 아마도 원주의 천도교 포교소에서 일했던 그의 형제의 지인을 통해 동학을 접하게 되었을 것이다. 초기부터 동학은 민중이 중심이 되어 사회 개혁과 해방을 지향했던, 당시 사회적으로 급진적이고 이단적 사유를 품은 한국 고유의 사상이었다.

역사적으로 동학은 사회적 차별과 국가적 위기를 마주했던 민중이 보국안민輔國安民의 기치 아래 1894년 봉기했던 동학농민 운동의 사상적 기반이기도 하였다. 동아시아에서 서구 제국주의 세력이 급속히 확장되던 19세기 중반, 조선은 수천 년 동안 동아시아 정치와 문화의 중심이었던 중화의 몰락을 지켜볼 수밖에 없었다^{Kallander, 2013, pp. 16-23;} ^{Beirne, 2009, pp. 24-26}. 지정학적 질서와 권력의 향배가 급변하던 시기, 조정의 지속적인 박해에도 불구하고 서학이라 불리던 천주교는 조선 사회의 다양한 층위로 전파되고 있었다. 그러나 조선은 새롭게 등장한 외부로부터의 종교적 사회적 도전에 맞설 권력도, 그것을 내부에서 문화적으로 수용하거나 재해석할 사유의 깊이도 남아 있지 않았다. 조선 사회에서 유교가 가진 사상의 주도권은 기층에서부터 흔들렸고 오백여 년간 조선의 체제를 지탱해 온 가치도 점차 희미해지기 시작하고 있었다. 사회정치적으로는 관료주의의 타락과 지배 계급의 착취로 민심의 이반을 가져왔고, 19세기 내내 민중들의 봉기가 계속되어 왕권은 약화되고 위협받는 상황이었다. 그뿐 아니라 주변 제국주의 열강들은 침략의 야욕을 노골적으로 드러내고 있었다. 이러한 내외부적 조건에서 동학은 조선 사회의 도덕적 타락을 개탄하는 동시에 외국의 사상을 배외하고 사상적 독립과 자율성을 확보하려 시도한 종교 운동이었다^{Beirne, 2009,} ^{pp. 15-18}.

사상적으로 동학은 봉건 사회와 근대 사회의 이념적 격차를 해소하기 위한 철학이었으며, 태생적으로 결정된 개인의 사회 계급과 관계없이 진정한 평등을 추구하였던 사회개혁적 종교 운동이었다. 이러한 의미에서 최시형의 철학은 실존적이며 보편적인 평등을 강조하고 있다^김 ^{용휘, 2012, 10쪽;『해월신사법설』13}. 이러한 본질을 공유하는 이들의 자율적 참여에 기반한 동학의 사회적 급진성은 민중의 현실과 조우하면서 대안적 삶의 원리와 새로운 종교 운동으로 발전할 수 있었다. 실제로 동학은 이를 기존 사회 질서의 대안으로 기꺼이 받아들인 사람들에 의해 역사적 저항의 원동력이 되었다. 종교적으로 동학도들은 초기부터 동학의 교리를 유연하고 느슨하게 유지하였다. 동학도들은 상충되는 것으로 보이는 기존의 종교 사상들마저 동학 내부로 흡수하려 시도하였지만, 한편으로 이들의 목표가 사회적 차원에서 급진적이라는 점을 부인할 수는 없었다_{김영철, 2014, 248쪽}. 무엇보다 동학도들은 유교적 질서에 기반한 조선 사회 체제에서 배제되고 사회적으로 타자화된 이들이었다. 결국 태생적으로 동학사상은 사회정치적 관점에서 급진적이었고 동시에 종교적 관점에서는 포괄적이면서도 독창적인 철학이었다고 할 수 있다.

이러한 배경에서 장일순의 철학과 동학사상의 관련성을 밝히려 시도한 기존의 학계에서는 장일순이 동학사상을 현대적으로 재해석하면서 전반적인 동학사상을 한살림 운동이라는 특정 생명 운동의 시작과 전개의 과정에서 실천적으로 적용을 시도했다고 이해하는 목적론적 관점이 지배적이다[조성환, 2019; 황도근, 2019; 김재익, 2019 등 참조]. 이 글에서는 기존의 연구가 주목하지 않았던 최시형 철학의 '밥', '양천주', '향아설위'의 개념을 중심으로 그의 철학이 장일순에게 어떠한 영향을 주었는지 알아보려고 한다. 이를 위해 최시형 철학의 급진적 저항적 측면을 우선 검토하고, 최시형이 장일순의 사회변혁에 대한 의지와 사유의 전기轉機를 마련하는데 철학적으로 어떠한 영향을 주었으며, 장일순은 최시형의 철학을 어떻게 재해석하였는지 추적할 것이다. 먼저 큰 틀에서 동학을 종교 운동으로 보는 일반적 이해로부터, 최시형 철학에 내포된 개혁적이고 급진적인 측면을 검토할 것이다.

2. 향아설위에 숨겨진 저항의 원칙

최시형1827-1898은 몰락한 양반이었던 스승 최제우1824-1864와는 다르게 유학이나 서학에 대한 지식과 전반적인 학식이 많지 않았을 것이다. 그러나 최제우는 1863년 동학의 계승 의례인 단전밀부單傳密符를 통해 최시형에게 도통을 전수하였다. 최제우는 최시형이 제자들 사이에서 배움이 미숙하고 부족한 것으로 보였지만, 최시형이 "내면에서 도를 알고 기쁘게 행하는" 영적 경지에 도달하였다는 사실을 인정하였다윤석산, 2014, 73-74쪽; 『해월신사법설』 7.3. 1864년 창도 4년 만에 최제우는 혹세무민惑世誣民과 좌도난정左道亂正의 혐의로 대구에서 참수당했다. 신흥 종교였던 초기의 동학을 조정이 민란에 대응하는 정치적인 방식으로 탄압했다는 점은 주목할 만하다. 조정은 초기부터 최제우와 그의 추종자들을 조선 왕조와 체제를 전복하려는 역도로 여겼다오문환, 1996, 55-56쪽. 여기에는 동학의 특정한 사상이나 교리가 당시 사회의 엘리트들을 불안하고 난편하게 만들었기 때문이다. 최제우가 처형되고 삼십육 년 동안 최시형은 포덕布德을 위해 전국을 다녔고, 동학은 들불처럼 퍼져나갔다. 동학은 평범한 사람들의 마음을 변화시키고 그들의 비참한 삶에 희망을 심어 준 개혁과 혁명의 가능성을 품은 철학이자 종교 운동이었다. 동학의 역사는 최시형이 스승의 처형 이후 계속된 박해를 피해 동학 경전을 출판하고 포덕을 계속하려 노력했음을 보여준다. 동학이 조직된 종교로서의 정체성과 조직을 형성해가는 과정에서 최시형은 중요한 역할을 감당했다. 당시 조선의 문맹률이 매우 높았음에도 불구하고 경전이 보급되자 동학은 신비로운 공동체에서 사회의 변화와 개혁을 추구하는 대중적인 종교 운동으로 성장할 수 있었다. 최시형의 영향 아래에서 동학 공동체는 운동의 역할, 방향, 목표를 재검토하고 스스로를 새롭게 정의했다. 경전을 읽고 소통하며 현실에 적용해가는 과정에서 동학은 이상주의적 상상을 실현하기 위해 사회적으로나 철학적으로 점차 급진적으로 변해갔다. 이렇게 최시형의 활동과 철학은 역사적 상황에 따라 변용되었다. 이러한 이유로 최시형 철학에서 개념적 통일성을 찾기는 쉽지 않지만, 그 기본 원칙은 아래로부터 사회구조적 혁명을 지향하고 내면으로부터 실존적 변화를 구현하는 것이었다. 여기서는 시천주를 토대로 양천주에 담긴 함의와 최시형 철학의 급진적 성격을 드러내는 두 가지 개념인 '밥'과 '향아설위'의 의미를 살펴볼 것이다.

양천주에 담긴 함의

시천주侍天主 개념은 교조 최제우의 가르침과 동학사상의 기본 원리로 천주를 모신다는 의미이다전호근, 2015, 126쪽, 138-139쪽. 먼저 동경대전에 따르면, '시侍'는 "내 안의 생명內有神靈"과 "나와 소통하는 나 밖의 모든 생명外有氣化"을 인식하고 소통하여 한울생명을 실천하는 삶을 의미한다라명재, 2017, 42-43쪽. 나아가 '시'는 두 가지 언어적 의미significance를 갖는다. 하나는 특정 장소에 둔다는 의미이며, 다른 하나는 성실하게 봉사한다는 의미이다. 전자는 실존적 의미로 이해할 수 있고, 후자는 도덕적 또는 윤리적 의미로 이해할 수 있다. 최제우에게 천주란 1860년 신비한 체험을 통해 만난 한울을 의미한다. 한울 개념에 대한 일치된 합의는 존재하지 않지만, 한울이라는 용어를 이 글에서 어떻게 사용할지 간단히 정의할 필요가 있다. 일반적으로 한울은 하늘이나 우주를 의미하지만, 여기서는 범박하게 우주에 내재하는 영적인 기운인 지기至氣와 초월적 존재인 천주를 지칭하는 개념으로 이해하여 혼용할 것이다. 최시형 역시 한울을 우주의 근원이자 궁극적인 근인으로 이해한다. 최시형에게서는 한울의 내재성이 확장되고 강조되면서, 한울, 천주, 지기가 생명의 다양한 존재 양식과 양태로 이해된다『해월신사법설』 4.1. 22; 『논학문』 12. 동학사상은 이러한 한울의 특성을 인간의 관계적 본성과 연관시켜 한울이 인간의 마음에서부터 만물을 "간섭"한다고 가르친다『해월신사법설』 3.12. 최제우는 인간의 실존적 상황으로부터 시천주의 의미를 찾는다. 이러한 맥락에서 이재봉은 시천주를 존재Sein와 당위Sollen의 개념으로 이해할 수 있다고 설명하기도 한다이재봉, 2015, 317–342쪽 참조. 시천주 안에서 존재와 의무는 상호보완적으로 해석되어 동학 인간론과 동학 윤리의 토대가 된다. 이처럼 최제우는 시천주의 실존적 측면을 강조하고, 최시형은 실천적 측면을 강조한다.

최시형은 사회정치적 맥락에서 스승의 시천주 개념을 실현하기 위해 양천주養天主 개념을 제시한다. 드러나는 문자적 의미의 차이에도 불구하고 한울에 대한 최시형의 이해는 최제우의 초기 사유의 연장선에 있다. 양자에게 한울은 신앙의 대상이자 존재의 본질이다. 최시형은 한

울을 모시고侍 한울을 키우면養 동학의 이상향인 인시천人是天의 세계가
실현될 수 있다고 생각한다. 일차적으로 최시형의 양천주는 민란의 소
용돌이 속에서 인간이 한울이 되고 인간의 마음이 한울의 마음이 되는
사회를 상상했던 동학도들에게 존재와 일상의 윤리를 다시 생각하게
만든 존재론적 도전이었다. 또한 최시형은 시천주에 내포된 관계성에
주목한다. 이러한 이해는 인간이 세상의 기원이며 생명의 뿌리인 한울
과의 관계 안에서만 존재할 수 있다는 인식에서 비롯된다. 최시형은 관
계성의 전망 안에서 생명이 실존의 근인으로 존재하는 점에 주목하여,
한울과 인간의 관계를 현실로 확장하고, 인간과 한울의 존재론적 차이
를 구별하는 대신 관계론적 특징에 초점을 맞춘다. 한울은 우주에 내
재하는 영적 에너지로서 사람들의 일상을 통해 드러나고 영위되어야만
한다. 교난 중인 신흥 종교의 유리하는 지도자로서 최시형은 최제우가
처형되고 개인과 공동체의 실존적 위기에 직면했다. 최시형에게는 해체
되고 박해받는 종교 공동체를 재건하기 위해 초기 동학의 신비적이고
샤머니즘적 측면을 극복하고 스승의 교리를 현실에 맞게 변용하는 과
정이 필요했을 것이다. 따라서 스승의 사상적 유산을 계승하고자 했던
최시형의 철학은 실질적이고 실천적인 배경에서 현실과 직결되는 가르
침이 주를 이룬다. 삼십육 년간의 도피 생활 중에 최시형은 삼정의 문란
이 가져온 수탈과 착취에 시달리며 어려움을 겪는 민중들을 만났다오문
환, 1996, 58쪽. 개인적 경험으로부터 당시 민중들의 현실을 이해하고 있던
최시형은 동학의 가르침을 현실에서 구현하는 문제가 동학의 미래와 연

관되어 있음을 의식하였다. 이를 통해 초기 동학이 개인적 차원에서 강조해 온 누미노제의 경험은 사회적 차원으로 점차 확장되었다. 민중의 가혹한 현실과 직결되어 발전했던 동학의 역사적 특수성은 시천주 개념으로부터 사회의 진보와 변화를 위한 종교적 참여를 가능하게 만들었다. 최제우는 인간의 마음과 만물 사이의 인과 관계를 강조하고, 최시형은 이 관계를 기초로 인간의 마음이 만물의 주체가 된다는 사실을 강조한다. 그렇다면 인생의 화복禍福을 짓는 것도 인간의 마음이다『해월신사법설』 4.8, 37.18. 이러한 가르침은 당시 조선의 역사적 조건에서 어떻게 동학과 같은 종교 운동이 등장하여 탄압에도 성장할 수 있었는지 말해준다. 동학은 19세기 후반 사회적 요구에 민감한 종교 운동으로 유교와는 사회 개혁의 입장에서 차이가 있었다. 유교는 인간의 마음과 수양을 강조하여 역동적이기보다 가치에 의해 주도되는 안정된 사회를 지향한다. 그러나 동학은 개인의 체험과 변화에서 비롯된 능동적 사회 진화와 개혁의 당위성을 주장한다.

앞서 언급했듯이 최제우가 처형당하고 동학을 재건하는 과정에서 최시형은 스승의 시천주 개념을 실천적으로 계승하기 위해 양천주 개념을 제시한다Kallander, 2013, pp. 100-112. 형이상학적이면서도 실천적인 역설적 개념의 양천주는 시천주를 이해하고 일상에서 실현할 방안이다. 그래서 양천주는 삼경三敬으로 구체화된다. '경'은 유교에서 흔히 사용되는 윤리적 개념으로 '의도적인 태도', 다시 말해 '존경의 대상을 진지하게 대하는 방식'으로 이해할 수 있다Chan, 2006, p. 240. 반면에 동학에서는 한울이 인간 존재의 또 다른 표현임을 의식하여 이루어지는 인간 마음의 행위를 의미한다. 최시형은 유기체적 세계관의 입장에서 만물과 인간의 근원적 관계를 재구성한다. 삼경은 경천敬天, 경인敬人, 경물敬物의 세 가지 원칙으로 구성되며, 그 대상은 각각 한울, 인간, 자연이다오문환, 1999, 115쪽. 이들 개념에는 인간과 우주가 영원성 안에서 근원적으로 결합하여 있다는 가정이 내포되어 있다. 최시형은 이러한 존재론적 가정을 기초로 주체와 대상, 양인과 천인, 남성과 여성, 교리와 실천과 같은 기존의 이원론적 접근을 초월하고자 시도한다『해월신사법설』 21.

나아가 최시형은 효孝의 연장선에서 양천주의 의미를 해석한다. 효는 조선 시대 사회구조와 정치체제의 기반이며 신유교를 지탱하는 윤리의 기반이었다. 주자는 『논어집주』를 통해 효의 기본은 부모를 존중하고 잘 섬기는 것으로 해석하였다Gardner, 2003, p. 71. 베버는 효를 모든 인간관계를 제어하는 기본 원칙으로 묘사했다Weber, 1951, p. 157. 최시형은 "천지는 곧 부모요 부모는 곧 천지니, 천지부모는 일체"라고 가르쳤다『해월신사법설』 2.1. 천지만물이 부모라는 생각은 한울이 우주의 모든 사물에서 다르게 표현되는 영적 에너지로서 인간의 마음과 만물에 내재한다는 동학의 가르침에서 비롯된다. 해월에 따르면, 천지부모 네 글자가 함축하고 있는 것은 한울이며, 한울이야말로 천지만물에 내재하는 생명력이자 생명활동으로 모든 것을 생산하고 키우는 우주적 차원의 부모이다『해월신사법설』 3.1. 여기서 우주 만물의 뿌리는 한울이며, 인간에게 가장 가까운 뿌리는 부모이고, 인간이 한울이며, 한울이 인간의 마음에 있다는 최시형 철학의 역설적 주체성이 드러난다. 요컨대 동학의 인본주의는 일차적으로 유교의 효孝와 경敬의 연장선에 있으면서도 인仁과 치治를 극복하고자 했음을 보여준다『해월신사법설』 2.4, 4.8, 10.1, 21.2. 이러한 철학은 인간 사회의 모든 층위에서 부모(와 같은 이)를 존중하고 따라야 한다는 유교의 윤리적 이상이 흐려진 조선 후기의 현실이 반영된 결과물이라고 할 수 있다. 초기 동학의 철학은 조선 사회의 급진적 변화뿐 아니라 도덕적 성찰과 공동체의 윤리적 회복에도 무게를 두었기 때문이다. 이후에 다시 논의하겠지만 이러한 점은 1970년대 후반 장일순의 사상적 도약과 연관하여 살펴볼 필요가 있다.

‘밥’과 ‘향아설위’의 급진성

최시형 철학에서 발견할 수 있는 가치 있는 사회적 특질은 저항이다. 19세기 후반 최시형의 가르침은 조선 사회의 구조적 모순을 개혁하고 조선 후기의 암울한 역사적 현실에 저항했던 민중들이 사회 갱신을 추동할 원동력이 되었다. 이러한 저항은 단지 쇠락하는 봉건 왕조와 지배 세력의 차별적 억압에 대한 정치적 저항과 조선의 개항을 강요하는 제국주의 세력에 대한 철학적 저항을 넘어서는 근원적으로는 시천주의 실현을 가로막는 내적 장애물에 대한 영적 저항을 포함한다. 동학의 가르침에 의하면 한울과의 만남은 인간의 마음에서 시작되므로 존재론적 변화의 기치는 개인에서 공동체로 확장된다.

최시형에 의하면 한울은 만물 안에서 만물을 통해 일하며, 우주의 만물을 창조하고 화해시키는 일을 한다. 사회적으로 개혁과 변혁을 위한 저항처럼 인간의 마음이 "동하고 정하는 것"도 한울의 일이다『해월신사법설』 4.3. 이는 인시천에 기초한 동학 인간론을 구체화한 것으로 한울의 일이 곧 인간의 일이며 한울의 일은 인간사와 분리될 수 없다는 의미이다. 만사가 한울의 일이라면 모든 일은 신성하고, 만사에 생기를 불어넣는 한울의 일은 인간의 일이 된다. 인간을 포함한 우주 만물은 한 생명과 실존적 가치를 공유하기 때문이다. 한울의 존재 원리는 인간 존재의 본질과도 밀접한 관련이 있다. 인간이 고통받을 때 한울도 고통받는다는 이해가 공동체로 확대되면서 한울은 공동체와 함께 신음하는 존재가 된다. 최시형 자신은 민중들의 고통을 직접 경험하면서 19세기 후반 역사적 상황에서 한울도 고통 속에 있다는 것을 경험적으로 입증하였다. 이러한 이유로 최시형의 철학은 현실에 대한 초탈과 묵인을 넘어 태생적으로 사회적 억압과 실존적 위기에 대한 저항을 강조한다.

한울은 생명을 통해 일한다. 이런 의미에서 천지만물이 일하여 만든 밥 한 그릇은 생명의 가치와 원리를 보여주는 실례이다. 최시형은 밥 한 그릇에 대하여 먹는 이치를 아는 것이 만사를 아는 것이라고 주장한다『해월신사법설』 2.11. 일상에서 사용하는 언어의 관점에서, 한국인들은 요리와 농사를 언급할 때 '짓다'라고 표현한다. 우리는 밥을 짓고 농사를 짓는다. 또한 우리는 죄, 짝, 표정, 결단과 같은 인간사를 묘사할 때도 '짓다'를 사용한다. 예나 지금이나 동일하지만 조선 후기에도 밥은 민중의 삶과 직결되어 있었다. 밥은 사람들의 사회적 지위나 계층의 고하와 상관없이 매일 마주해야 하는 식사의 기본 요소였고, '젯밥'이라 하여 제사의 필수 제물이었다. 이런 의미에서 밥은 신비mystery와 일상ordinariness, 성스러움numinous과 현실physical world의 매개체의 역할을 한다. 제사의 경우, 마지막 음복의 순서가 되면 참석자들은 밥을 포함한 제사 음식을 나누어 먹는다. 이것은 차안此岸과 피안彼岸, 과거와 현재, 삶과 죽음이 같은 시공간에서 일시적으로 연합하는 것을 상징하는 종교 의례의 중요한 절차이다. 종교적 관점에서 밥에는 일상과 신비가 동시에 내포되어 있고, 가장 신성sacred하고 가장 속profane된 것이 어우러지는 의례적 속성을 지닌다. 밥을 통해 사회적, 문화적 동질성이 생성되며, 계층 구조를 극복하는 정서적이지만 일시적인 평등도 이루어진다. 음복의 과정은 참석자들과 조상의 영혼이 만남을 상징한다김미영, 1999, 220-224쪽. 이때 밥을 매개로 이승과 저승의 공간적 경계, 과거와 현재의 시간적 경계가 사라진다. 모든 인간이 직면하는 죽음과 망각에 대한 두려움은 삶의 경외감과 만나 영적, 정서적 위로를 제공한다. 의례라는 반복되고 학습된 영적 경험을 통해 참석자들은 망각의 두려움을 극복하고 이후에 자신들도 기억되리라는 공동체적 믿음을 얻게 된다. 이 모든 과정이 밥을 매개로 이루어진다. 밥을 매개체로 하는 의례에 참석하여 사람들은 영적 신비에 다가서고 일상 속에서 인간의 조건을 극복하는 공동체적 위로를 받는다. 이처럼 밥에는 현실의 기쁨과 슬픔을 나누고 다가올 미래를 함께 준비하도록 참석자들의 공동체성을 강화하는 종교적 문화적 의미가 들어있다.

최시형 역시 종교적 신비가 일상 속에서 구현되도록 돕는 매개체인 밥의 역할에서부터 이원론적 차별과 구별이 없는 공정하고 평등한 세상을 상상한다. 모든 생명과 만물이 평등하다면, 조선 사회의 신분제는 동학의 가르침에 위배된다. 최시형 철학의 저항적 성격은 억압받고 차별받는 현실과 이러한 계급과 질서를 내재화하고 강화하는 의례에 대한 부정에서 출발한다. 여기에는 인간이 한울이라는 위험한 가르침과 밥이 한울이라는 급진적인 저항의 정신이 담겨 있다.

앞서 언급한 것처럼 최시형은 밥 한 그릇을 종교적 관점에서 재해석한다. 최시형은 조선 사회 종교와 문화의 기반이었던 제사에 만연한 문제를 지적한다. 조선 사회의 유교는 예禮를 사회통합을 위한 중요한 원리로 여겼다. 전통적으로 유교에서 예의 본질은 사회통합과 안정을 보장할 분리와 구분의 내면화였다. 이러한 이유로 의례가 제정되어 실행되었고, 제사는 유교 의례의 근간이자 중심이었다. 제사의 중요한 기능 중 하나는 가부장적 유교 사회의 질서를 확립하고 체제를 정당화하는 것이다. 그래서 제사의 형식과 절차는 사회적 신분에 따라 차별적으로 적용된다. 인간은 제사를 통해 특별한 방식으로 저 너머의 세계와 소통한다.

최시형은 제사 절차에 담긴 드러나지 않는 비정상성, 비일상성의 부당함과 폐단을 지적하고 정상화, 일상화의 대안을 보여주었다. 그 절차적 대안은 지금 여기에서 신적인 만남과 신비 체험의 가능성을 열어주고자 하는 시도였다. 그는 제사 중에 모시는 신위의 방향과 위치 개념에 수정을 가하여 이분법적 세계관에 대한 근본적인 이해의 전환을 모색하였다. 이것은 조선 사회의 기초를 급진적이고 대중적인 방식으로 뒤흔드는 것이었다. 전통적으로 설제設祭하며 사람들은 신위를 벽을 향해 놓는 이른바 향벽설위를 따랐다. 여기에는 조상의 의식이 참석자들과 다른 편에 존재하며 제사를 통해 초월 세계로부터 영적 존재를 불러들이고 만나는 신비가 실현될 수 있다는 관념이 자리 잡고 있다. 그러나 최시형은 인시천을 바탕으로 더이상 신위를 벽을 향해 두지 말고 제사를 베푸는 이들을 향해 두는 이른바 향아설위向我設位를 제안하였다. 이것은 이 세상 너머의 한울이 아니라 지금 여기에서 이미 내재하고 있는 한울을 모셔야 한다는 동학의 사상이 반영된 것이었다. 관습적으로 유교 의례는 전제정專制政 안에서 민중의 종속을 정당화할 위험성이 존재한다. 향아설위는 시천주와 양천주에 담긴 사회적 함의가 의례의 차원에서 실천적으로 재정의되면서 등장하였다. 이렇게 최시형 철학의 숨겨진 저항의 원칙은 향아설위를 통해 드러난다. 그에게 저항은 개인적 차원에서는 만물 안에 있는 한울을 향한 태도와 언어를 통해 표현되고, 사회적으로는 비협조와 비폭력 운동을 통해 실현되어야 한다. 종교적으로 의례의 독창성에 교리의 수직적 해석에 대한 의심이 더해진 향아설위의 개념은 당시의 역사적 상황 속에서 공동체적 저항정신으로 발전하였다.

일반적으로 종교는 내부의 개혁 과정 중에 기존의 사회 질서, 세계관, 가치 등과 외부적 충돌을 일으킨다. 1880년대 후반 최제우의 처형이 가져온 실존적 위기에 직면했던 동학도들은 유교를 근간으로 확립된 조선의 체제와 질서에 대해 의구심을 품기 시작했다. 게다가 이들의 다수는 착취당한 농민과 몰락한 양반이었기에 최시형의 가르침을 자신의 상황에 맞추어 차별적으로 해석했다. 1880년대 중반부터 1890년대 초까지 다양한 사회적 배경을 가진 동학도들의 직간접적 포교로 동학 신앙이 전국으로 확산되었다_{황선희, 2009, 63쪽}. 수탈을 참지 못해 폭력을 수단으로 현실의 급진적 개혁을 지지하는 일군의 동학도들이 내부적으로 등장했던 시기, 일본을 비롯한 제국주의 열강들은 의도적으로 조선에 대한 군사적 행동을 시작했다. 결국 내외부의 불안정한 상황은 1894년 동학농민혁명으로 이어졌다. 동학의 기록에 따르면 향아설위 개념은 1897년 동학농민혁명이 실패한 이후에 도입되었다_{황선희, 2009, 59-60쪽}. 최시형은 왜 동학도들이 중심이 되어 일으킨 농민 운동의 실패 이후 의례의 개혁을 시도했을까? 그리고 저항은 새로운 의례 안에서 어떻게 구현되었을까? 범박하게 말해, 동학농민 운동의 실패는 종교 운동으로서의 동학의 실패는 아니었다. 따라서 그 해답도 종교 운동 안에서 종교적인 방식으로 찾아야 했다. 기존의 의례와 가르침의 수정을 통해 공동체를 추스르는 것이 최시형에게는 최우선의 과제였다. 물론 또 다른 이유도 있다. 향아설위는 본래 동학의 초기 가르침에 뿌리를 두고 있다. 동학의 근본 경험에서 비롯된 철학은 한울을 섬기는 일을 근본적 도道로 삼았다. 이것은 표면적으로 한울을 섬기는 것이 아니라 자신들의 마음을 공경하는 것에서 시작된다. 만약 사람들이 마음을 공경하고 한울을 섬기

면, 한울과 생명에 관한 진리를 깨닫게 될 것이라고 최시형은 생각했다
『해월신사법설』 21.1. 만물이 형제라는 사실을 깨닫게 되면, 수단과 방식은 달
라지겠지만 유교적 신분 사회의 불공정과 불평등에 저항하는 것은 불
가피한 일이었다. 앞에서 언급한 것처럼 동학은 시천주를 이루어가는
민중 안에 시대의 문제를 극복할 힘이 있다는 사실을 재확인한다. 동
학은 인간의 마음에서 시작된 개벽開闢을 거쳐 공동체와 우주의 개벽이
이루어진다는 점을 강조한다윤석산, 2014, 240쪽. 실패한 사회 개혁의 경험에
서 최시형은 먼저 시천주를 신앙하고 실천하지 않고서는 시대의 모순을
극복하고 개벽을 이룰 수 없다는 사실을 알게 되었다.

결론적으로, 최시형의 철학에 내포된 저항의 원리는 이원론적으로
세상을 바라보는 전통적인 의례의 개념을 혁명적으로 수정하면서 발전
하였다. 유교 의례는 조상과 후손, 신과 인간, 죽음과 삶, 과거와 미래의
이원론을 사회와 존재의 본질로 규정한다윤석산, 2014, 279쪽. 이로 인해 구
조화된 종속, 이데올로기화된 규율, 내면화된 억압이 생겨난다. 향아설
위의 개념은 이렇게 왜곡된 현재에 대한 저항과 완전한 부정을 의미한
다. 인간이 한울이라는 가르침을 바탕으로 한 최시형의 철학은 억압, 지
배, 구별, 차별이 존재하지 않고, 만물이 조화를 이루어 한 생명을 공유
하는 세상을 지향한다. 결국 최시형이 말하는 개벽 세상을 향한 근인
은 인시천을 거부하는 인간의 마음과 만물의 존엄성을 위협하는 세상
에 대한 저항에서 찾을 수 있다.

3. 모든 생명은 연결되어 있다.

　문제를 문제로 보는 것이 희망의 출발점인 것처럼, 장일순의 삶은 한국 현대사 속에서 구체화되기 어려운 희망으로 점철되어 있다_{한완상, 1980, 174-180쪽}. 그는 사회에 만연한 개혁을 왜곡하는 이데올로기적 편향성을 회피하기 위해 꾸준히 주변의 현상적 본질을 보려고 노력했다. 그에게 희망이란 민중의 일상에 대한 공감에 바탕을 두고 있었기 때문이다. 여기서는 아래로부터 한국 사회의 패러다임을 개혁하고 전환하려 시도했던 장일순의 희망의 철학과 앞서 논의한 최시형 철학의 급진성과 개혁성 사이에 어떠한 연관성이 있는지 검토할 것이다.

역사적 맥락

　장일순에게서 최시형 철학의 영향을 정리하기에 앞서, 시대적 배경과 장일순의 고민을 간략히 정리할 필요가 있다. 일반적으로 장일순이 오창세라는 친구를 통해 동학을 처음 알게 된 것은 1946년경 혹은 한국전쟁 무렵으로 알려져 있다_{장일순, 2009, 156쪽; 박맹수, 2014, 28쪽}. 물론 장일순의 막내아들 장동천의 회고에 따르면, 장일순이 일반적인 동학이 아닌 최시형의 삶과 철학에 본격적인 관심을 갖게 된 시기는 1980년대 후반이라고 한다_{장동천과 저자의 인터뷰, 2014년 7월 24일}. 앞서 논의한 바와 같이, 장일순의 철학은 1970년대 중반을 지나며 유신체제와 개발독재가 가져온 부정적인 사회적 결과를 통해 변용되기 시작했다. 실제로 1977년 장일순은 일방적인 개발주의와 일련의 국가 주도 농촌개발 프로젝트로 인해 붕괴된 농촌공동체와 환경파괴의 현실을 마주하며 기존 방식의 농민 운동이 한계에 이르렀다고 판단했다. 그는 원주에서 진행된 농민 운동과 반독재 민주화 운동을 반추하며 마르크스주의 운동의 패러다임을 극복하는 새로운 사회 운동을 준비하기로 결정하였다^{장일순, 2009, 155-156쪽, 163쪽}. 그러나 연이은 군사정권의 폭압에 기존의 사회 운동 그룹은 배타적이고 급진적인 운동의 패러다임을 고수할 수밖에 없었다. 장일순과 원주그룹 내부에서도 이념적 노선과 운동의 방향에 대한 갈등이 발생했고, 정치적 투쟁에 지친 일부는 원주를 떠나거나 장일순과 함께 당시 사회 운동의 한계를 넘어서기 위한 공생과 협력의 패러다임으로 장기적인 전환을 추진하였다. 장일순은 1985년 원주에서 신자유주의 경제체제에 맞서고 왜곡된 사회 경제적 가치에 종속되기 시작한 농촌을 살릴 도농직거래 소비자협동조합의 설립을 추진했다. 당시는 한국 사회의 민주화를 상징하는 87년 체제의 형성 전후로 86년 아시안게임과 88년 올림픽이 개최되었고 한국 사회는 개혁과 성장을 동시에 지향하는 사회경제적 전환기였다^{박영자, 2007; 조희연, 2013 참조}. 동유럽 공산주의와 소련의 붕괴를 마주하며 당시의 운동권도 1980년대 후반부터 새로운 전환을 모색했다. 당시 장일순은 사회적 진보와 발전의 이면에 숨겨진 이념적 투쟁의 한계를 발견하고 최시형의 철학에 천착하기 시작한 것으로 보인다. 그는 1890년대 후반 실패했던 동학농민혁명을 연구하면서 동학의 투쟁 방식과 사회 개혁적인 철학에는 관심을 돌리지 않았다. 그는 오히려 시천주의 이상이 평범함 속에서 성취되는 인시천의 유토피아를 발견했다. 이상주의적으로 보였지만 장일순은 인간이 한울이고 모든 생명은 연결되어 있다는 최시형 철학의 본질에 매료되었다^{김용우와 저자의 인터뷰, 2014년 6월 13일}. 실제로 남겨진 서화와 강의를 통해 장일순이 최시형의 사유에 얼마나 큰 관심을 가졌는지 알 수 있다. 장일순은 평생 최시형의 철학을 자신의 주변에서부터 구현하려고 노력했다^{장일순, 2009, 162쪽}. 여기서 몇 가지 의문이 생긴다. 장일순은 최시형 철학의 어떠한 점에 초점을 맞추었을까? 장일순은 최시형의 삶에서 어떠한 면을 따르고 싶었을까? 장일순은 실제 현실에서 이러한 점들을 깨닫거나 실현했을까? 민주화 운동, 협동조합 운동, 생활 운동과 같이 장일순이 참여했던 운동에 최시형이 끼친 영향은 무엇이고, 그 사상적 맥락을 추적할 수 있을까? 한 걸음 더 나아가, 최시형의 삶은 각기 다른 권력에 대한 일련의 저항이었다. 이러한 사실이 장일순에게 사회 참여의 동기를 부여하고 영감을 주었을까? 그렇다면 어떻게, 왜 그리고 무엇에 저항해야 할까? 최시형이 장일순에게 남긴 문제이자 장일순이 자신이 처한 사회적 조건 속에서 직면한 문제였다. 그러나 장일순의 질문과 관심은 적어도 지금까지는 체계적으로 정리되어 구체화되지 못했다. 황도근의 주장처럼, 장일순의 철학은 "삶의 철학"이었다^{황도근과 저자의 인터뷰, 2014년 6월 9일}. 그러나 이러한 정의가 단순히 역사와 사회에 대한 장일순의 태도가 사색적이었음을 의미하는 것은 아니다. 오히려 장일순의 철학은 최시형의 가르침처럼 삶에 대한 태도의 중요성을 강조한 것으로 볼 수 있다^{이용포, 2011, 23쪽}.

장일순은 시천주의 원리가 그가 발견한 '모심'의 원리를 통해 실현될 수 있다고 믿었다. 따라서 저항과 모심이라는 어울리지 않는 개념의 조합에서부터 장일순의 철학을 읽어가야 한다. 장일순은 최시형의 양천주 개념처럼 시천주를 실천적으로 구현하는 일에 관심을 가졌고, 장일순을 통해 최시형의 철학은 한국 현대사의 현실에서 재정의되었기 때문이다. 끝으로, 장일순의 가르침은 현학적인 지식이나 관습적인 학습이 아닌 따르고 살아가는 삶의 방식으로만 설명할 수 있다. 이러한 점에서 장일순의 철학은 영성적이라고 할 수 있다. 장일순이 강조하는 것은 언제나 현실에 대한 존재론적 인식에서 비롯된 일상에 대한 태도이기 때문이다Sheldrake, 2012, p. 5. 이런 의미에서 삶과 현실에 대한 그의 전일적 태도를 사회적 영성으로 이해하는 것이 가능하다황도근과 저자의 인터뷰, 2014년 6월 9일. 장일순은 동시대를 살았던 인물들과 달리 글을 남기거나 애써 대중 앞에 나서지 않았다. 오히려 그는 말과 행동을 일치시키고자 노력했고, 격렬한 이념 논쟁에서 비껴나 있었다. 논쟁의 여지가 있지만, 이러한 연유로 최시형의 태도가 동학농민 운동과 관련하여 비판받았던 것처럼, 말년의 장일순도 '회색분자'라는 비판에서 자유롭지 못했다. 이제는 최시형의 저항이 장일순의 가치중심적 사회활동에서 어떻게 구현되었는지 그리고 최시형의 종교적 도덕적 가르침이 장일순에게 어떠한 방식으로 사유와 활동의 동기를 부여했는지 살펴볼 것이다.

'삶 속의 도리'로서의 저항

앞서 논의한 내용을 돌이켜보면, 최시형과 장일순의 삶에서 사회 현실을 개혁하려는 시도는 실패로 끝났다고 볼 수 있다. 1894년 최시형이 어떤 식으로든 연관된 동학농민혁명은 잔인하게 진압되었고, 장일순은 1958년과 1960년 두 번의 국회의원 선거에서 낙선했다. 또한 동학농민군에게 행해진 잔혹한 진압에도 무기력할 수 밖에 없었던 최시형처럼, 장일순도 1980년 5월 광주의 소식을 듣고 아무것도 할 수 없었다. 역사적 사건은 실체가 되어 이들의 생각에 근본적인 변화를 가져왔다. 이들이 택한 저항의 방식은 민중의 일상이 바탕이 된다. 장일순은 민중들의 삶에서 자연과 인간을 포함한 생명을 경멸하는 문화를 바꾸고자 하였다. 그를 기억하는 이들은 장일순이 민초들과 평생을 함께한 "민초들의 친구"로 회상한다정인재와 저자의 인터뷰, 2014년 6월 10일. 이러한 연유에서 그는 제자들이 정치에 발을 들이지 않기를 바랐던 것으로 보인다장동천과 저자의 인터뷰, 2014년 7월 24일; 이경국과 저자의 인터뷰, 2014년 6월 10일 참조. 실제로, 최시형이 동학도들에게 마음을 기르고 삶을 위한 일상에 집중하라고 요청했던 것처럼, 장일순은 현실을 개혁하고 극복하기 위해 개인과 공동체가 일상에서부터 변화해야 한다고 믿었다. 현실 속에서 이들이 경험했던 실패는 전통적인 세계관과 이념에 기반한 혁명적 시도의 전제를 내면에서부터 기각하게 만들었다. 이들의 관점에서 저항의 본질은 윤리나 도덕적 사유가 아니라 일상에 기반한 실천이었기 때문이다.

추가적으로 장일순과 최시형이 저항을 이해하고 현실에 적용하려

했던 방식에서도 특정한 유사성을 찾을 수 있다. 최시형에게 저항은 그의 존재론적 필요에서 비롯된 산물이라고 볼 여지가 있다. 그의 철학은 인간은 한울이라는 혁명적 세계관에 뿌리를 두고 있으며, 존재의 본질은 만물이 하나의 생명을 공유한다는 사실이다^{장일순, 2009, 105쪽}. 비슷한 맥락에서 1970년대 장일순의 전환적 사유의 배경은 개발독재와 산업화가 가져온 사회경제적 파괴의 실상에 대한 저항에서 찾을 수 있다. 그에게 독재는 사회 공동체에 내재된 생명의 존엄성을 억압하는 것이고, 개발의 이데올로기로 무장한 경제 발전의 논리는 폭주하는 열차처럼 자연의 신성을 짓밟고 생명을 도구화하는 것이다. 산업화 역시 인간 내면의 가치를 부수고 생명을 물화物化하는 것과 마찬가지다^{장일순, 2009, 77쪽, 105쪽}. 이로부터 장일순은 우주에 내재된 생명의 원리를 인간이 실현하고 그 활동에 인간이 참여한다는 의미인 시천주의 개념을 재해석하고, '창조적인 참여'의 개념을 발전시킨다. 어떤 의미에서 이 개념은 그의 저항의 본질적 원리로서 그가 생명의 가치를 보호하기 위해 정권에 비폭력과 비협조를 주장한 이유라고 볼 수 있다. 이른바 "창조적인 참여"의 개념은 그의 1989년 강의에서 드러난다.

그런데 해월 선생은 "시는 무위이화다". 이런 말씀을 하였어요. 공자는 또 이런 말을 했습니다. "하늘이 뭔 얘기가 있더냐. 그래도 사철은 돌아가고 있다. 그렇기 때문에 만물이 나지 않느냐." 그러면 무위이화 속에서 사람은 어떻게 해야 하나. 그 조화속이란 것이 무위이화란 이야긴

데, 그 속에서 사람은 그 이치를 알고 참여하는 것, 그러니까 일컫자면 창조적인 참여라고나 할까요. 사욕을 차리기 위해서 하는 것이 아니라 온 우주가 본원적으로 가지고 있는 그 이치를 깨달아 자기도 거기에 동참한다는 것입니다장일순, 2009, 78쪽.

장일순이 인용한 무위이화無爲而化는 기본적으로 아무것도 하지 않고 스스로 실현된다는 뜻이다. 이는 유교에서 군주제가 덕으로 통치할 때 백성이 따른다는 것을 의미한다. 장자에게 이것은 있는 그대로 두어 인간의 모든 일을 배제하는 것을 말하며, 노자에게는 아무것도 하지 않지만 실제로는 무언가를 하는 것을 말한다. 그러나 장일순의 이해는 전통적인 이해와는 사뭇 다르다. 장일순은 개발주의에 파괴적 경향성이 내포된 것처럼, 자본주의도 기본적으로 경쟁과 혼란을 야기하는 이념으로 이해한다. 일견 이러한 주장은 반독재 민주화 운동에 참여했던 그의 경험에 미루어 경험적 타당성을 갖는다고 볼 수 있다. 1990년 한 강연에서 장일순은 최시형의 무위이화가 시천주를 현실에서 실현하는 것이라고 주장했다장일순, 2009, 90-94쪽. 그는 아무것도 하지 않는다는 것은 자신의 이익을 계산하지 않는다는 것을 의미한다고 덧붙였다. 결국, 이들에게 저항의 본질은 공통적으로 일상에 대한 삶의 태도이다황도근과 저자의 인터뷰, 2014년 6월 9일. 이렇게 볼 때, '창조적인 참여'는 장일순이 최시형을 이해하는 방식이 사회체제에 대한 저항과 구조적 비판을 넘어선다는 것을 의미한다.

사람이 일상생활에 있어서 만 가지를 다 헤아리고 갈 수는 없는거지요. 그러나 자기가 타고난 성품대로 물가에 피는 꽃이면 물가에 피는 꽃대로, 돌이 놓여 있을 자리면 돌이 놓여 있을 만큼의 자리에서 자기 몫을 다하고 가면 모시는 것을 다하는 것이라고 저는 생각해요. 그렇다고 해서 딴 사람이 모시고 가는 것을 잘못됐다고 할 수도 없지요. 있음으로써 즐거운 거니까. 동고동락 관계거든요. 요샌 공생이라고도 하는데 본능적으로 감각적으로 편하고 즐거운 것만 동락하려고 든단 말이에요. 그런데 '고'가 없이는 '낙'이 없는 거지요^{장일순, 2009, 77쪽}.

장일순에게 '창조적인 참여'는 공생을 통해 실현되고, 그 실현의 장소는 사회적 조건과 모순에 대한 단순한 저항의 차원과는 다른 동고동락^{同苦同樂}이 실현되는 일상이다. 이러한 연유에서 장일순은 자신을 감옥에 보낸 박정희도, 1980년 5월 광주에서 민간인 학살을 자행한 전두환도 사랑한다고 말했다. 물론 필자와 인터뷰했던 대부분은 장일순의 이 발언을 쉽게 받아들이지 못했다^{장동천과 저자의 인터뷰, 2014년 7월 24일}. 이후로 수많은 비판에 직면했지만, 장일순은 1980년대 민주화 운동에 참여했던 학생들에게도 비슷한 맥락에서 조언했다.

사회를 변혁하려면 상대를 소중히 여겨야 해. 상대는 소중히 여겼을 적에만 변하거든. 무시하고 적대시하면 더욱 강하게 나오려고 하지 않겠어? 상대를 없애는게 아니라 변화시키는 것이 중요하다면 다르다는 것을 적대 관계로만 보지 말았으면 좋겠다. 이 말이야^{최성현, 2004, 156쪽}.

1977년을 즈음하여 장일순은 다른 차원의 저항이 필요함을 인식했다. 갈등과 적대를 바탕으로 기존의 운동을 지속한다면 민중의 일상과 사회 운동은 점점 더 유리될 공산이 크다고 생각했기 때문이다. 아마도 그는 인간의 마음이 한울이라는 최시형의 철학을 통해 사유의 기반을 찾았을 것이다^{『해월신사법설』 4.8}. 장일순은 최시형이 요청하였던 저항이 인간의 마음에서 시작되고 끝난다는 사실을 인정한다. 그리고 그는 저항이란 "삶 속의 도리"로 실현되어야 한다고 결론짓는다^{『해월신사법설』 7.11, 8.1, 9.2, 10.7; 무위당을 기리는 모임, 2004, 124쪽}. 이처럼, 장일순에게 저항의 본질은 단순히 인본주의적 사고를 넘어 삶의 현실과 만물에 대한 인식의 변화와 이에 따르는 실천으로 재정의된다.

'삶 속의 도리'의 사회영성적 가능성

사상적인 면에서 최시형과 장일순을 대비하여 보면, 두 가지 근본적으로 공유하는 특질이 있다. 첫째는 저항이며, 둘째는 영성이다. 무엇보다 이 둘의 생각에서 공유되는 세계에 대한 개방성과 변화의 주체성은 사회 현상을 철저하게 분석하고 사회 개혁에 적극적으로 참여하려는 경향과 관련이 있기 때문이다^{박맹수, 2014, 23-32쪽}. 이는 장일순의 철학이 현실과 유리된 낡은 철학이 아닌 실천적 지향을 지닌 사회적 영성의 측면에서 해석될 수 있음을 시사한다.

인간은 영적이며 그 본성은 한울의 신성한 본성에서 비롯된다『해월신사법설』37.8. 이러한 동학 인간론의 본질은 시천주의 존재론적 함의와 연관하여 이해할 수 있다. 초기 동학은 한울의 내재성을 설명하면서 인간은 영적이라는 점을 강조한다. 동학은 한울의 신비적이고 주술적인 차원이 강조되는 것을 막기 위해 관습적인 은유로 한울을 묘사한다. 그 과정에서 한울의 인격적이고 초월적인 특성보다는 인간의 영성에 초점을 맞춘 독특한 종교성이 드러나기 시작한다. 인간의 마음에 내재하는 신성과 영성을 강조하는 초기 동학의 인간론은 인간을 객관화하기보다 인간을 한울의 또 다른 형태로 생각한다. 따라서 동학에서 이야기하는 이상적인 사회는 동질적 존재 간의 협력과 이질적 존재 간의 연대로 구성된 보편적이고 우주적이며 유기적인 사회를 의미한다. 동학사상은 인간을 우주의 일부가 아니라 전체로서의 우주와 동일하게 여긴다. 이것은 인간이 세상의 모든 것과 동일한 본성을 공유한다는 뜻이다.

인간과 만물은 같은 본성을 공유하는 상호 관계에 속한다. 따라서 인간은 만물과 신성한 본성을 공유하고 편재하는 영적 에너지로 인해 살아가는 영적 존재로 묘사된다오문환, 1996, 263쪽. 헤겔 철학자 윤노빈은 동학의 인간중심사상을 분석하며, 신이 인간의 마음에 살고, 인간은 신 안에 산다고 지적한다. 그는 이러한 신인관계를 진정한 우정으로 간주하여, 동학 인간론의 급진적 관념이 현대 한국 사회에서 인간의 존엄성에 대한 인식을 높였다고 결론짓는다윤노빈, 2003, 360-362쪽. 본질적으로 한울과 인간의 상호 관계는 동학 인간론의 핵심이다. 앞서 여러 번 언급했듯이, 한울이 인간의 마음에 존재하기에 인간의 마음, 즉 인간의 본성은 한울과 같다『해월신사법설』 4.8. 한울의 영적이고 신성한 본성은 인간을 영적으로 만든다. 이러한 면에서 보면, 인간의 입장에서 존재론적 구원을 얻기 위해 중요한 것은 영, 즉 한울이 살아가는 마음을 양養하는 것이다『해월신사법설』 8.11, 9. 그런데 장일순은 아이러니하게도 인간이야말로 악한 존재라고 말한다. 아마도 모든 사회 문제에 대한 근본적 해결은 너와 나를 분리하는 현상의 세계를 극복하고 인간의 영적 본성과 만물의 신적 본성을 인정해야 가능하기 때문일 것이다장일순, 2009, 32쪽, 76쪽, 92-97쪽.

생명이란 것은 보이지도 만질 수도 냄새 맡을 수 있는 것도 아니지만, 그렇지만 분명히 있단 말이지. 그 덕에 모든 것이 살아가니까. 유교가 중국에서 일단 참패를 본 게 무엇 때문일까. 영성이 빠졌기 때문에. 공자는 안 보이는 것에 대해서는 인정하지 않았거든장일순, 2009, 209쪽.

장일순은 영성을 논하며, 보이지 않는 것에 초점을 맞추는 것은 인간의 마음과 만물에 내재된 신성을 존중하는 것임을 말한다. 인간은 모든 것에 내재하는 보이지 않는 생명을 포용하고 그들과 복잡다단한 관계를 갖는 존재이다. 그는 이것을 인간 존재의 완전성으로 제시한다. 생명의 기원이 하나임을 인정하면, 우주는 하나의 실체로 존재하고 전체도 하나이다. 따라서 논리적으로 개벽이 개인의 계몽으로부터 시작될 수 있다는 동학 인간론의 결론에 이르게 된다. 1960년대 중반부터 농민 운동을 비롯한 다양한 사회 운동에 참여하였던 장일순은 박정희의 이른바 개발독재정권의 절정이었던 1977년 자신의 운동 방식과 변화에 대한 태도를 바꾸기로 결심하였다. 전체주의가 심화되는 와중에 대다수 사회 운동은 특정 이념에 경도되기 시작하였고 점차 민중의 일상에서 괴리되었다. 장일순은 인간에 대한 자신의 성찰을 바탕으로 기존 운동의 비전과 메커니즘에 대해 근본적으로 비판적인 태도를 보였다. 그는 이념적 논의를 형성하거나 사회정치적 권력을 통해 사회를 개혁하는 것을 지향하지 않았다. 오히려 그의 변화의 배경에는 인간의 마음에 내재된 '삶 속의 도리'에 대한 긍정과 사회적 구원에 대한 희망이 존재한다. 앞서 보았듯이 그의 생각은 인간의 존엄성에 대한 동학의 이해에 기반을 두고 있다. 전반적으로 유교의 영향하에 있던 전통적인 조선 사회는 엄격한 신분제도를 발전시켰고 인간의 존엄성은 사회 계급에 따라 차별적으로 적용되었다. 따라서 인간의 존엄성은 사회체제를 구현하고 사회를 안정시키기 위해 주어지는 것이었다. 그러나 서학은 인간이 '신의 모상imago dei'으로 창조되었다는 믿음에서 출발하여 인간이 다른 피조물들과 구별되는 독특한 지위를 부여받았다고 강조했다. 따라서 인간 존재의 존엄성은 초월적 존재인 서학의 천주와의 신비로운 관계, 즉 신앙 안에서 유효하다. 그러나 동학사상은 이를 유교의 이해와 대조적으로 해석한다. 시천주의 개념에 따르면, 인간의 존엄성은 특정 공동체 안에서 주어진 가치가 아니라 한울의 본질에 근거한 만물과의 유기적 관계 속에서 자연스럽게 부여되는 인간의 본질이다. 사회의 다양한 층위에서 갈등이 폭증하던 시대를 살았던 장일순은 인간의 존엄성을 어떻게 유지할 수 있는지 물었고, 최시형의 생각을 통해 답을 찾았다. 종교적 언어로 시천주는 인간의 종교성으로 설명할 수 있고, 양천주는 시천주가 실제로 실현되는 방식을 설명하는 영성으로 볼 수 있다. 최시형에게 한울은 인간의 마음과 동일하므로, 한울을 기르는 것은 인간의 마음을 기르는 것과 다르지 않다『해월신사법설』 25. 그렇다면 인간의 마음 속에 신성한 본성을 깨닫고 그것을 따르려는 인간의 노력은, 일상에서 영적인 자각을 통한 도덕적 실천으로 실현될 수 있다. 실제로, 장일순은 1980년대 사회 운동이 주체와 대상에 대한 관습적인 이원론적 태도를 고수한다고 강하게 비판했다. 이러한 의미에서, 장일순은 동학의 관계적 인간론의 두 가지 원리인 시천주와 양천주를 우리말 '모심'과 '살림'으로 정의한다. 이처럼 최시형 철학의 실천적 측면은 장일순이 '모심'과 '살림'으로 명명한 사회적 영성으로 발현되었다.

4. 두 사람이 아닌 한 사람

이상에서 살펴본 바와 같이 최시형의 삶과 철학은 장일순의 생각과 활동에 지대한 영향을 끼쳤다. 이 글을 시작하며 관습적으로 때로는 피상적으로 언급되고 이해되는 최시형과 장일순의 관계를 이들을 둘러싼 사회적 역사적 환경에 비추어, 일반적인 동학이 아닌 최시형의 철학이 장일순에게 근본적인 영향을 미쳤음을 보여줄 수 있기를 바랐다. 비슷한 맥락에서 동학 연구자인 박맹수는 장일순과 최시형이 한 사람인 것처럼 느껴지는 이유를 이 둘에게서 민중들을 향한 "따뜻한 애정과 무한한 관심"이 드러나기 때문이라고 말했다^{박맹수, 2014, 33쪽}. 실제로, 최시형과 장일순은 무능력하고 억압적인 정치 세력과 민중의 절망이 가져온 사회적 현실을 마주해야 했다. 최시형에게는 조선 후기의 학정, 유교의 도덕적 실패와 계속된 민란의 그림자가, 그리고 장일순에게는 박정희 정권의 개발독재와 유신 이후에도 끝나지 않은 권위주의 정권의 망령이 주변을 떠돌고 있었다. 이러한 배경에서 이들의 철학은 아이러니하게도 사회정치적 맥락이 아닌 일상의 요인을 반영하고 일상의 개혁을 요청한다. 민중의 관점에서 시대를 읽고 민중으로 살았던 최시형은 무너지는 조선 사회와 수탈을 일삼는 체제가 아닌 인간의 마음과 인간의 본성에 담긴 한울을 외면하려는 태도에 저항하도록 제안한다. 장일순은 부당한 권위와 폭압적인 체제에 저항하면서도 운동의 대상을 비인격화하는 사회 운동의 패러다임으로부터 전환을 시도한다.

이렇게 장일순은 시공간을 초월하여 최시형의 생각을 받아 안는다. 1977년부터 새로운 운동의 방향과 방식을 찾았던 장일순은 기존의 운동권으로부터 공개적으로 비난을 받았다. 그리고 장동천의 기억대로라면 1980년대 후반 능동적이고 실존적인 결단으로 최시형의 삶과 철학에 천착하였다. 1988년 장일순의 서화 전시회에서 장동천은 그 변화를 감지했다고 한다. 그림마당 '민'에서 열린 전시회에서 장일순은 과거의 패러다임을 개인적으로 극복하고 안정과 도약을 자신의 작품을 통해 표현하였다장동천과 저자의 인터뷰, 2014년 7월 24일. 장동천의 해석에 무게를 둔다면, 1980년대 후반 장일순에게 일어난 것으로 보이는 변화도 최시형의 영향과 무관하지 않을 것이다. 실제로, 장일순은 역사적 의미의 동학농민혁명이나 종교로서의 천도교에는 그리 관심을 기울이지 않았다. 오히려 장일순은 최시형의 삶을 따르고 최시형의 철학에서 발견한 이상들을 시대에 맞게 재해석하여 현실에서 구현하려 시도하였다황도근과 저자의 인터뷰, 2014년 6월 9일; 장동천과 저자의 인터뷰, 2014년 7월 24일. 이러한 장일순의 동학에 대한 양가적 태도는 기존의 단편적 이해를 넘어 장일순과 최시형의 관계가 재조명되어야 할 이유가 된다. 장일순에게 미친 영향과는 별개로 최시형 철학의 가치는 그동안 최제우나 손병희와 비교하여 제대로 평가받지 못한 경향이 있다. 이제 남은 질문은, 장일순이 최시형의 철학을 한국 사회에 새롭게 소개하고 그 가치를 계승하고 실현하려 했던 노력들이 현재에도 그 적실성을 갖느냐는 것이다.

풀 한포기에 대한 존경심이란, 마음에 들지 않는 사람을 만나면 사라져버리는 그러한 것으로는 곤란합니다. 잘못된 생각을 가지고 있는 사람도 또한 한포기의 풀과 같이 존경하지 않으면 안됩니다. 본래 전부 위대한 것입니다. [...] 풀 한포기의 아름다움이란 우주 전체의 생명이 깃들어 있기 때문입니다. 솔로몬의 도시보다도 한포기의 백합 쪽이라고 하는 성서의 언어를 젊었을 때는 지나친 말이라고 생각했습니다만 나이가 들면서 진짜라는 것을 알았습니다. [...] 시간적으로나 공간적으로 떨어져 있어도 아름다운 이야기는 그 역할을 다합니다. 복음이란 것은 만남 속에 있는 것으로, 그 밖에는 없습니다.

-무위당 장일순

4장

모든 상황의
주인이 되어라,
장일순 안의
선(禪)

1. 보이지 않는 것과 보이는 것의 차이, 불성

모든 상황의 주인이 되어라. 그러면 네가 서는 곳이 바로 진리이다^{임제,} ^{『임제록』 XII}.

앞선 장들에서는 현대 가톨릭 사회사상과 동학, 특히 장일순과 해월의 관계에 주목하여 장일순 사상의 형성 과정을 종교적 관점에서 추적해보았다. 해월의 경우 그의 사상이 사회·역사적 인식과 적용을 통해 시대와 어떻게 상호작용했는지를 읽어낼 수 있고, 장일순의 경우에는 시공간적 차이에도 불구하고 해월과의 무의식적 동화나 친화성을 통해 그의 삶과 사상을 전반적으로 이해할 수 있다. 실제로 장일순의 사상을 조명하기 위해서는 이러한 종교 사상을 포함하여 그가 영향을 받은 것으로 보이는 다양한 종교 사상들을 다루어야 한다. 그러나 이러한 견해에 동조하는 학자들 사이에서도 장일순의 사상을 불교적 관점, 특히 선불교의 관점에서 분석하려는 시도는 다소 제한적이고 그다지 유용하지 않을 것이라는 의견이 있다.

장일순의 사상과 관련해서 선과 연관된 유의미한 사료와 기록은 많지 않다. 이러한 어려움에도 불구하고 선이 그의 사상을 설명하는 데 중요하다고 주장하는 이유는 역사적 맥락 속에서 장일순 사상의 형성 과정을 불교, 특별히 선불교의 특정 개념들을 통해 더 잘 설명할 수 있기 때문이다. 선과 장일순의 연관성은 그의 삼남 장동천과의 인터뷰에서 언급되었다.

> [아버지는] 많은 불교 경전을 읽으신 것 같다. 암과 투병하면서 송대 선
> 불교에 관한 책들을 요청하신 적도 있다. 아버지께서 불교 전반에 관심
> 이 있으셨다고 생각하지는 않는다. 선이 그분의 특별한 관심사였다^{장동천 2014}.

장동천의 증언에도 불구하고 송宋을 포함한 특정 시대의 선과 관련한 기록들은 찾기는 쉽지 않다. 그의 강연과 서예 작품 중 소수의 선시와 일화들만이 등장할 뿐이다. 우선은 장일순이 생애 말년에 왜 선에 관심을 갖게 되었는지에 대한 의문이 제기된다. 그리고 그가 불교 전반과는 구별되는 선의 독특한 성격에 관심을 가졌다는 점이다^{장동천 2014}.

선은 넓은 의미의 불교 용어로 내적 자각, 즉 불성에 대한 강조를 특징으로 한다. 특히 한국 선이 중국 선의 남종과 조사선에서 유래했다고 가정할 때, 그 교리적 기반은 여래장如來藏, 불성과 반야바라밀般若波羅蜜, 완전한 초월적 지혜에 있다고 할 수 있다^{김재성 2011, 78}. 따라서 선의 정체성이 불성 개념과 밀접하게 연관되어 있고, 이는 존재론적이고 실천적인 가능성으로 설명할 수 있다.

선은 현상과 교리에 머물지 않는 경향이 있기 때문에 텍스트 중심이 아닌 실천 중심이라고 말할 수 있다. 또한 불성 개념의 존재론적 측면에

초점을 맞추고 그 개념으로부터 실천 방법을 발전시킨다. 물론 장일순이 선 수행을 했다는 기록은 없다. 따라서 그가 중국, 일본, 한국과 같은 동아시아 국가들의 사회·정치적 환경에서 나타난 선의 특정한 요소들에 더 주의를 기울였다고 보는 것이 타당할 것이다. 이와 관련하여 그의 제자와의 대화에서 언급된 내용은 중요한 의미를 갖는다.

> 생명이란 것은 보이지도 만질 수도 냄새 맡을 수 있는 것도 아니지만, 그렇지만 분명히 있단 말이지. 그 덕에 모든 것이 살아가니까. 유교가 중국에서 일단 참패를 본 게 무엇 때문일까. 영성이 빠졌기 때문에. 공자는 안 보이는 것에 대해서는 인정하지 않았거든. 불교가 들어와서 영성을 집어넣지 않았어요? 장일순 2009, 209

장일순은 1990년대 한국 사회의 사회 운동에 대해 언급하면서 중국에서 유교가 역사적으로 실패한 이유를 설명한다. 그는 유교가 정치적 측면을 제외하고 종교적 관점에서 사회주의를 통해 현대에 이미 종교적, 철학적 헤게모니를 잃었다고 주장하며, 이는 영성의 장기간 부재 때문이라고 본다. 앞서 언급했듯이, 그는 영성을 보이지 않는 것을 받아들이는 것으로 규정한다. 실제 중국 사회의 영적 공백은 유교가 종교적 가치를 잃었기 때문에 종교적 포용과 사회적 평등과 같은 불교적 태도로 채워졌다. 따라서 '보이지 않는 것'에 대한 그의 관심은 불성 사상에 기반한 불교 존재론의 개념적 확장을 의미한다고 추론할 수 있다.

이 장의 목적은 장일순과 선의 관계를 새롭게 조명하고 그가 선의 특성들을 어떤 방식으로 내재화했는지를 규명하는 것이다. 이를 다루면서 불성에 내재된 선의 사회적 함의와 그 사회적 은유에 초점을 맞춘다. 먼저 동아시아 선의 중심 교리로서 불성 사상을 살펴볼 것이다.

불성佛性: 존재론적 가능성의 편재성

역사적으로 5세기 초 『열반경』과 함께 인도에서 중국으로 전래된 불성 개념은 동아시아 불교 철학에서 중요한 역할을 담당해 왔다Cole 2005, 197. 간단히 말해서, 불성 개념의 핵심은 모든 중생이 불성을 지니고 있다는 것이다. 이러한 관점에서 동아시아 불교는 유정有情과 무정無情 모두가 부처가 될 수 있다는 논쟁적인 결론에 이르게 된다. 이와 같이 발전 초기 단계부터 일반적으로 엘리트 계층과 국가의 후원을 받던 중국 불교는 교리적이고 철학적인 논쟁에 개방적이었다Fujii 2015, 306-7. 실제로 이 개념의 교리적 토대는 인도 불교의 여래장如來藏 tathāgatagarbha 개념을 바탕으로 확립되었다. 불교사상사의 관점에서 여래장 개념은 현교顯敎와 밀교密敎 사이의 교량 역할을 하는 것으로 알려져 있다. 한편, 이 개념 안에는 역사적 전환기에 대립했던 사상들이 포함하거나 혼재될 수도 있었다. 이러한 교리적 변용은 내적으로 교리적 긴장과 외적으로 사회적 대립을 통해 표출될 수 있었다. 따라서 불성 사상을 다룰 때, 이러한 대립적 성격을 고려할 필요가 있다. 여기서는 불성 개념을 보다 명확히 이해하기 위해 여래장 개념을 좀 더 자세히 검토할 것이다. 일반적으로 동아시아 불교의 맥락에서 여래장과 불성 사이에는 개념적 구별이 존재하지 않는 것으로 받아들여지고 있기 때문이다_{Shimoda 2015, iii-iv}.

여래장과 그 교리적 의미

일반적으로 여래장 개념이 『여래장경』에서 처음 설명되었다고 인정되지만, 현대 학계는 그러한 견해에 의문을 제기했다_{cf. Zimmermann 2002; Cole 2005}. 이 경전의 관심은 모든 중생이 불변하고 순수한 불성을 갖고 있음을 제시하는 아홉 가지 비유에서 드러난다.

첫 번째 비유에서 여래는 시든 연꽃 위에 앉아 있는 것으로 묘사된다. 연꽃은 경전에서 가장 흔한 상징 중 하나다. 실제로 석가모니 부처는 자신의 정체성을 설명하면서 자신을 연꽃에 비유했다. 이러한 이미지를 사용함으로써 이 비유는 시든 연꽃 위의 여래[tathāgata]가 존재할 수 있는 것처럼 타락한 중생들도 여래를 소유하고 있음을 보여준다. 이러한 이미지와 용어들은 경전의 편집자들에 의해 의도적으로 첫 번째 비유에 포함된 것으로 보인다. 시든 연꽃의 연화장[蓮花藏 padmagarbha]과 모든 중생의 여래장 사이의 대조는 이 용어의 조어 과정에 담긴 의미를 보여준다. 산스크리트어에서 장[garbha]이라는 용어는 씨앗, 태아, 본질, 모태, 심지어 사원의 성소를 나타내므로 생물학적 이미지에 영향을 받은 해석이 지배적이었다.

반면 지머만은 아홉 비유에 대한 분석을 통해 개념적 측면에서 경전의 엄밀한 독해가 여래장의 전통적 함의를 뒷받침하는지 의문을 제기한다. 또한 경전의 특별한 맥락과 실천적 분위기와 관련하여 이 개념의 교리적 동기는 신도들의 교화였다는 점을 분명히 한다^{cf. Zimmermann 2002, 40-75}. 이렇게 모든 중생이 여래의 깨끗하고 불변하는 본성을 갖고 있다는 종교적 관념은 기존 사상들과 통합되었고, 불교의 새로운 실천적 특징이 교리적 영역에 침투했다.

불교와 관련해 여기서 한 가지 확인하고 넘어가야 할 것은 종교의 구원론이 인간성 상실을 가져온 이원론적 뿌리에 근거하고 있다는 장일순의 주장이다^{장일순 2009, 28}. 불교도 윤회와 열반, 보살과 중생과 같은 세계에 대한 이해를 이원론적 방식으로 개념화한다. 따라서 불교적 관점에서 그 구원론적 목표로서의 깨달음은 이원론적 세계관에 통합적 관점을 제안하는 것이다. 또한 이 생각을 사유하고 재해석함으로써 중생과 보살, 또는 살아있는 존재와 부처 사이의 존재론적 간극을 메우는 것이다. 이러한 해석의 연장선에서, 여래장 개념은 불교의 기존 구원론적 특징에 반대하지 않는다. 오히려 이 개념은 구원론의 주체와 그 방편^{upaya}을 재정의하는 경향이 있다. 실제로 부처와 중생 사이의 존재론적 차이를 부정하고 불성의 구원론적 잠재성에 초점을 맞출 때, 방편으로서의 불교 수행은 무의미해진다. 중국 불교의 초기 단계에서와 마찬가지로 현재의 학자들도 이러한 교리적 약점을 비판해 왔다. 이러한 이유로 여래장 개념은 부처를 해석의 중심에 위치시킨다. 간단히 말해서, 부처 자신이 모든 중생이 여래의 성품을 지니고 있다고 선언한다는 것이다. 물론 여래장이 모든 중생의 내재적 특성이긴 하지만, 그것이 모든 중생에게서 자연스럽게 드러난다고 말하기는 어렵다.

여래장의 해석과 관련해서는 여래장이 어떻게 나타나는지를 설명하기 위해 여래가 우주의 삼계에 존재한다고 가정한다. 첫째, 법계의 여래는 모든 중생이 자신과 동일하다고 선언한다. 여래의 법신法身이 윤회에 들어가 여래장이 된다. 동시에 모든 중생은 그 호명에 응답함으로써 여래로 동화될 수 있고, 결국 여래장을 획득한다. 이런 점에서 법신은 모든 중생에게 침투하는 여래로 해석된다. 법신으로서의 여래는 모든 중생에게서 실현되는 미래의 상징이다. 이러한 해석에 비춰볼 때, 중생은 여래의 잠재성이라고 이해될 수 있다. 여래는 모든 중생의 잠재성을 실현하기 위해 현실성에서 잠재성으로의 변화를 받아들인다.

여기서 여래장 사상의 모호성과 그 교리적 모순을 발견할 수 있다. 부처가 현실성으로 존재한다면, 모든 중생은 유일한 고정된 목표를 갖는다. 실천적 측면에서 많은 비판자들은 이 개념이 결과적으로 현실을 긍정하고 차별을 은폐한다고 주장한다. 그러나 실제로는 이 사상이 모든 수준에서 변화의 가능성을 포용한다는 점에 주목할 가치가 있다. 인간 본성의 각성이나 변화 안에 모든 중생이 나아가 부처가 될 잠재성이 내재되어 있다는 현실의 의미를 묻고 사유하는 행위에 달려 있다는 것이 중요하다.

모든 중생을 위해 여래의 본질로서 여래장을 드러내기 위해서는 번뇌로부터 해탈하려는 실천적 의지가 선행되어야 한다. 이러한 해탈은 다양한 수행의 방편과 보리심bodhicitta을 통해 실현될 수 있다. 마찬가지로 이 사상은 종교적 차원과 사회적 차원 모두에서 현재의 목적론적이고 기계론적 세계관에 대한 대안이 될 수 있다.

동아시아에서 불성의 개념적 변화

불성 교리가 5세기 초 『열반경』과 함께 중국에 소개되면서, 주로 종교 텍스트의 전파와 번역에 초점을 맞추었던 기존의 중국 불교는 교리적으로 갈림길에 서게 되었다. 초창기 중국 불교에서는 기존의 유사한 개념과 철학을 차용하고 새로운 사상들을 동화시키기 위해 기존 것들에 대한 유추적 이해를 적용하려 했다. 불성 개념과 마찬가지로 기존 종교 개념들의 유추가 그 개념화에 적용되었다고 가정하는 것이 합리적으로 보인다. 중국 불교의 이러한 태도는 불교 교리의 현실적 경향을 촉진하는 것으로 이해된다 김진무 2015, 85-97. 초기 중국 불교는 세계를 부정적이고 엄격하게 rigoristic 이해하는 경향이 있었다. 그러나 전통 사상의 유비적 analogical 이해를 통해 대중에게 그 교리를 설명하고 발전시킬 수 있었고, 결과적으로 불성 교리와 그 실천적 측면이 강화되었다. 불성 사상을 다루는 데 있어서 지금까지의 많은 연구들은 여래장을 불성보다 더 포괄적이고 완전한 개념으로 이해하여 여래장이라는 용어를 선호해 왔다. 이러한 견해를 지지하는 학자들은 불성 개념이 특정한 시공간의 영역이나 특정한 이념적 경향에 심각하게 국한되어 있다고 비판해 왔다 Matsumoto 2015.

그러나 동아시아 불교사상사에서 불성 佛性 교리의 출현은 중국 불교의 맥락화와 결부되어 있었다는 점을 지적해야 한다. 이 개념에는 철학적 배경, 특히 동아시아 문화에서 공유되는 유교적 동질성이 존재한다고 할 수 있다. 문자 그대로 불성이라는 용어는 부처佛의 본성性을 의미하며, 다시 말해 중국 불교는 여래장의 '장'garbha이라는 용어를 번역하기 위해 성性이라는 용어를 채택했다. 따라서 불성 개념이 인간 본성에 대한 유교적 이해의 근거에서 해석되어야 한다는 주장은 우연이 아니다 김영일 2006, 283. 유교 철학의 관점에서 본성지성本然之性이라고도 불리는 성性은 고유한 인간 본성을 가리킨다. 공자에게 있어서 모든 인간은 이러한 평등하고 고유한 본성을 갖고 있지만, 그들은 인간 본성으로부터 멀어져 있다. 그럼에도 불구하고 유교 철학은 학습과 인仁의 실천을 통해 인간 본성을 획득할 수 있다고 설명한다. 간단히 말해서, 불성 개념이 '불성佛性'이라는 용어가 창안된 때부터 유교 철학을 암묵적으로 공유하고 있다는 것은 매우 분명하다.

공자에 따르면, 인간은 성性을 지니고 있지만 습習이 그들을 서로 다른 삶으로 이끈다고 하였다『논어』 17.2. 성에 대한 이러한 기본적 이해는 그것이 하늘에 의해 부여된 내재적 본질이라는 관념에 근거하고 있으며, 인간의 본성은 보편적이고 가치중립적이지만 운명론적이라는 것이다강신석 2012, 435-436. 더욱이 이러한 개념의 함의는 인간을 비인간 존재들로부터 구별한다는 것이지만, 불성 사상을 발전시키면서 중국 불교는 이러한 유교적 관점을 수정했다Zhang 2002, 367-8. 만약 불성이 그러한 차별적 특질이라면, 그것은 전체 세계의 관점에서 불평등의 척도 역할을 할 수 있다. 이 교리는 유정有情과 무정無情 모두가 불성을 갖고 있다는 생각을 지지했으므로, 평등의 가치를 포용하는 것으로 이해되었다. 실제로 이러한 급진적인 주장은 이데올로기적 혁명으로 여겨졌고, 유교가 수백 년 동안 사회·종교적 헤게모니를 유지해 온 중국 사회에 영향을 미쳤다. 또한 이 교리는 엘리트 불교에 불만을 가진 대중들 사이에서 불교사상 확산의 주요 동력이 되었다.

불성 교리가 인간 본성에 대한 유교적 이해와 깊이 관련되어 있다는 점에 비추어, 인간 본성의 함양에 초점을 맞춘 유교 도덕철학의 영향을 고려할 필요가 있다. 첫째, 유교 철학은 하늘을 도덕의 근원으로 개념화하므로, 도덕성은 하늘에 의해 인간에게 주어진다. 공자는 도덕성이 인仁에 기초한다고 설명한다. 마찬가지로 인은 인간 본성의 실현을 통해 드러날 수 있으며, 불성의 현현은 그 실현에 대한 불교적 등가물이 될 수 있다. 공자에게 있어서 인간 본성의 자각은 학습, 실천, 지도와 같은 후천적 노력을 통해 얻어질 수 있다. 맹자는 인간이 자연적인 내적 가능성들을 소유하고 있다고 관찰하며, 인간 본성이 실천을 통해 드러날 수 있다고 결론짓는다. 인간성에 대한 이러한 보편적 접근과 도덕성에 대한 확신은 불성 사상에서도 볼 수 있다. 성에 대한 유교적 이해가 개념적 차원이 아닌 실천적 차원에서 발전한 것처럼, 중국 불교는 불성이 어떻게 존재하는가보다 왜 존재하는가를 묻는 것 같았다.

둘째, 유교 철학에서 성은 인을 통해 드러날 수 있으며, 그 본질은 효孝이다. 효는 성의 도덕적 실천이다. 앞서 논의한 바와 같이, 효의 기본

교리는 주희가 정의한 대로 부모를 존경하는 것이다. 여기서 효의 관계적 함의에 더 밀접하게 초점을 맞추고자 한다. 기본적으로 효는 부모와 자식간의 관계를 가리키며 그 전제는 자신을 존중하는 것이다. 더 나아가 이러한 존중은 절대 군주제의 틀에서 통치자와 신하의 관계로 확장될 수 있다. 본질적으로 동아시아에서 효의 중요성은 공동체적 가치의 관점에서 긍정적 확장성에 있다. 인이 인간 본성의 사회적 회복으로 특징지어질 수 있을 때, 그 본질은 도덕적 구현에 두어야 한다. 본질적으로 인은 사회적 관계와 질서의 모든 차원을 확립하고 안정화할 수 있다. 마찬가지로 효의 관계적 개념은 사회구조의 윤리적 기초가 된다. 유교 철학에서 인간의 품위는 관계에 대한 확장된 개념 이해에서 시작한다. 이상의 논의에 비춰볼 때, 불성의 현현은 개인적, 사회적 수준 모두에서 부처의 참된 본성인 자비慈悲의 계시로 개념화될 수 있다.

불성 교리의 변화를 가져 온 또 다른 지점은 중국 사회에 오랜 시간 내재된 현세적 전통이다. 이러한 관습의 사상적 기원은 기원전 12세기 『주역』으로 거슬러 올라간다. 『주역』에 따르면, 절대적이거나 불변한 실체는 존재하지 않으며, 음양의 균형이 세상을 변화 가능하게 만든다. 이러한 세계관은 인간의 관점에서 무한한 가능성을 제시했고, 불성을 중국 사회에 적용하는 데 철학적이고 의식적인 근거를 제공했다. 더욱이 이러한 생각은 이후 현재를 중시하는 선불교의 평상심시도平常心是道의 가르침으로 발전하였다김진무 2015, 13-18. 따라서 불성 교리는 역사성에 초점을 맞춘 인간 불교human Buddhism로서 동아시아 불교의 이미지를 공고히 했다고 할 수 있다.

이런 점에서 교리에 녹아든 유교적 관념들은 불성의 다양한 차원을 조명하는 데 유용한 단서를 제공할 수 있다. 앞서 언급했듯이, 동아시아 불교철학은 유교적 개념들로부터 일부 실천적 측면들을 계승한다. 따라서 실천의 관점에서 불성에 대한 전통적 비판은 유교의 실천론에 의해 재검토될 수 있다. 역사적 관점에서 불성 교리는 중국 불교의 전래 이후 한국과 일본에서 토착화와 문화화를 겪었다. 한국과 일본 사회에는 특별한 역사적, 사회적 필요와 상황이 존재했기 때문이다. 이러한 이유로 동아시아의 맥락을 고려하는 것은 불성 사상의 출현과 변용 과정에서 매우 중요하다. 요약하면 여래장은 당시의 역사·사회적 맥락과 조응하며 발전한 개념으로 그 과정에서 현실적 요구를 효과적으로 반영하고 있다.

6세기 불교가 일본에 전래되면서 불성 개념은 장기간 교리적 논쟁을 통해 변화되고 맥락화되었다. 실제로 식물의 성불이라는 개념이 일본 문화와 조응하며 등장하였다. 이 개념은 중국 천태종에서 유래했지만 헤이안 시대 일본 불교의 천태종에서 널리 받아들여지고 지속적으로 발전하였다. 중국 불교 삼론종의 승려이자 학자인 길장은 모든 것이 인간 마음의 현현이라는 유식 교리에 근거하여 『대승현론』에서 이 개념을 주장했다. 그에게는 모든 현상이 인간 마음의 그림자이기 때문에 의보依報와 정보正報 사이에 상대적 차별이 없다. 따라서 모든 중생과 우주 자체가 완전한 깨달음과 무량한 삼매로 개념화된다. 이 개념은 또한 삼계가 오직 마음의 현현이라는 『화엄경』의 사상에 근거한다수에키 2005, 161-3. 실제로 천태종 제6조 담연의 논쟁적인 가르침이 일본 불교의 초목성불론에 상당한 영향을 미쳤다는 것은 주목할 만하다. 그는 불성이 무정물에서도 발견될 수 있다며 관습적인 불성 이해와 상반되는 가르침을 전파했다. 그에게 있어서 중생뿐만 아니라 무정물도 직간접적인 조건에서 불성과 연결되어 있다. 나아가 그는 법계가 법신으로 가득 차 있기 때문에 불성이 우주의 만물에 내재한다고 주장했다. 이는 불성이 진리와 마찬가지로 편재한다는 사상에 기초한다최동순 2006. 천태종의 가르침에서 파생된 이러한 불성론이 일본 불교에 소개되었고 헤이안 시대 안넨이나 료겐과 같은 초기 천태종의 사상가들에 의해 일본 문화와 조응하며 주요 교리로서 받아들여지게 된다. 이후 일본 불교 전반과 세속 문학에서 이 사상의 영향을 찾을 수 있다.

일본 불교에서 초목성불론은 보다 급진적인 양상을 갖게 되었다. 예컨대 하나의 식물이나 나무 자체가 깨달음을 성취한다는 것이다. 이 사상을 관습적인 것과 결정적으로 구별하는 것은 현상 세계의 개별 존재가 있는 그대로 깨달음을 얻는다는 점이다. 료겐에 따르면, 초목은 형태의 단계들발생, 지속, 쇠퇴, 소멸을 지나며 이러한 상태들은 각각 깨달음을 얻으려는 큰 서원, 수행, 최고의 깨달음, 열반과 동일시된다수에키 2005, 158-165. 이는 법계로서의 현상 세계를 극도로 긍정하는 태도를 가져왔다. 만약 불교적 관점에서 순간적이고 비존재적인 세계가 긍정된다면, 종교적 관점에서 수행이나 선행 모두 무의미하며, 사회적 관점에서 구조적 문제들이 용인될 교리적 공간이 생기게 된다. 실제로 천태종은 지적 엘리트에 의해 지배되었고, 정치적 목적을 따라 현실에서 해석되고 적용될 수 있었다. 그럼에도 불구하고 초목성불론은 불성을 지닌 모든 중생과 무정물의 내재적 가치와 그 함의를 옹호한다고 할 수 있다.

마지막으로 한국 불교에서 문자 그대로의 마음의 본성, '부처의 마음자리'라고 흔히 불리는 불성의 개념적 의미를 비교할 것이다. 이러한 표현의 동기는 1500년 전에 이 용어를 번역하려 했던 중국 불교의 윤리적 또는 도덕적 의도의 연장선 상에 있다. 동아시아 불교는 인간이 성불한다는 사상을 포용해 왔으며 유교 철학과의 교리적 상호관계를 통해 불성 개념을 고유한 인간 본성으로 이해해 왔다. 앞서 언급했듯이, 불성은 유교적 관점에서 인간 본성과 강한 교리적 연관성을 갖고 있으며, 불성의 현현은 유교적 관점에서 인간 본성의 발전이나 회복과 유사하다. 본질적으로 유교 철학이 긍정하듯이, 인간 본성의 회복은 관계적 개념인 효를 본질로 하는 인을 통해 실현되며, 이 개념의 사회적 차원은 수직적이 아닌 수평적 또는 상호적이다. 이러한 점에서 불성 사상도 존재론적 평등의 가치를 제안한다. 우주의 모든 것들이 있는 그대로 불성과 부처의 완전한 모습을 갖고 있기 때문이다.

이러한 논쟁적이고 이상주의적이며 다소 급진적인 개념은 현실에서 이데올로기적이고 영속적인 구별을 부정한다. 불성 교리에 비춰볼 때, 중생과 무정물 모두에게 그들의 존재 이유는 성불을 위해 노력하는 것이다. 이런 의미에서 불성 교리는 모든 존재가 도구적 가치가 아닌 내재적 가치를 갖고 있다고 제안한다. 이것이 우리가 인간이 아닌 존재들, 심지어 무생물까지도 은유적으로 그리고 실천적으로 법의 형제자매로 받아들이는 이유다. 따라서 불성의 확장된 해석은 다른 차원으로 강화될 수 있다. 불성 교리가 제안하는 것처럼 모든 존재가 동등한 고유 가치를 공유한다면, 사회적 관점에서 개인들이 보편적 가치를 공유한다고 주장할 수 있다. 이러한 주장에 비춰볼 때, 여기서 도출될 수 있는 결론은 모든 존재 간의 대립을 가정하는 지배적이고 관습적인 개념이 모든 존재가 부처의 잠재적 형태가 될 수 있다는 사상에 근거하여 재평가, 재정의, 재구성 될 수 있다는 것이다. 다음에서는 선의 사회적 의미를 파악하기 위해 한국 선의 간략한 역사와 조선 중기 선사 휴정의 선 이해에 대해 살펴볼 것이다.

2. 사회적 영성으로서의 선禪

한국 선禪의 개관

'선禪'은 산스크리트어 디야나dhyana나 팔리어 자나jhana의 번역어로 여겨지며, 명상이나 정신적 집중을 의미한다Faure 1997, 1. 선禪과 관련해서는 이 용어가 고대 중국에서 선양이나 하늘 숭배의 의미도 전달했기 때문에, 그 의미를 명확히 하기 위해 선정禪定이라는 말이 만들어졌다는 견해가 있다. 이것은 선과 정定, 안정되고 고요하며 정지된 상태를 유지한다는 의미의 결합이므로, 선에 대한 종교적으로 고정관념화된 이미지들인 공적 무관심, 종교적 은둔, 편협함까지 포함된다. 그럼에도 불구하고 선은 순전히 실천적 이유에서 등장한 것으로 여겨지며 그 발전과정도 강한 실천적 경향을 드러낸다.

역사적으로 볼 때, 인도의 디야나명상는 6세기 달마에 의해 중국에 전해진 것으로 여겨진다. 선의 전래에 대한 합의가 있었지만, 그것이 중국 선이 단순히 달마와 그의 유산으로부터 발전했다는 것을 의미하지는 않는다. 오히려 중국 선이 송대까지 중국적 다원주의의 맥락에서 특별한 수행으로 발전하고 토착화되었을 가능성이 높다Hershock 2005, 67. 7~8세기 사이에 제5조 홍인의 두 주요 제자인 신수神秀와 혜능慧能에 의해 북종과 남종이 시작되었다. 한편으로 신수를 따르는 사람들은 『능가경』의 불성 개념에 기초하여 선을 수행했지만, 다른 한편으로 혜능을 따르는 사람들은 『금강경』의 공空 개념을 강조했다.

소위 남종선이라 불리는 혜능의 제자들은 불립문자不立文字 문자에 의존하지 않음, 교외별전教外別傳 경전 밖의 특별한 전승, 직지인심直指人心 마음을 직접 가리킴, 견성성불見性成佛 인간 본성을 깨닫고 부처가 됨의 교리들에 기울었다. 이러한 신념은 깨달음을 얻기 위해 문자와 경전을 중시하지 않는 선의 비논리적 경향을 의미할 수 있다. 선의 관점에서는 자신의 본성이 불성임을 깨달아 깨달음에 이를 수 있다. 실제로 혜능의 추종자들은 장기간의 수행과 경전을 통해서가 아니라 단순히 좌선을 통해서만 불성을 깨달을 수 있다고 주장했다. 이뿐만 아니라 그들은 명상을 수행하지 않더라도 평범하고 일상적인 행동들이 부처의 것이 될 수 있다고 주장했다. 반면 북종 내의 신수의 후계자들의 수행은 대승불교의 형이상학과 관련 교리들에 근거하고 있었다. 따라서 그 목표는 모든 번뇌로부터 자신의 본래 순수한 영적 본성을 정화하는 것이었다Dumoulin 1988, 109. 또한 북종은 선사들이 어떻게 행동했고 무엇을 말했는지를 강조했다. 후에 이것들이 수집되고 체계화되어 선 수행의 핵심 방편으로 사용되었다. 공안公案은 스승과 제자 사이의 대화를 의미하지만, 이것은 지적이고 설명적이거나 교훈적인 대화와는 달랐다Faure 1993, 359–363.

한국 불교가 일반적으로 간화선으로 알려져 있다는 사실과 중국의 토착적인 선 전통祖師禪에 깊이 뿌리를 두고 있다는 점은 의심의 여지가 없다. 간화에서 중국어 간看은 불성의 핵심을 조명함으로써 작은 오해도 없이 보고 읽는다는 의미이다. 다시 말해, 그것은 지식과 실천, 철학과 삶, 마음과 수행의 통일 상태이다. 조사선에서는 현명함과 어리석음, 혼란과 침착함, 이론과 실천 같은 상대적 대립을 극복한 자에게 적용되며, 본성이 본래 상태로 회복된 이들은 선사라고 불린다. 조사선의 중심 교리는 종지宗旨로 알려져 있고 종지를 함양하는 방법이 종풍宗風이다. 조사선의 종지는 다음과 같다.

첫째, 불사선불사악不思善不思惡은 선종 제6조 혜능으로부터 나온 것으로, 선악의 생각을 모두 중단한다는 의미로 선악의 분별이 없는 인간 본성으로 돌아간다는 뜻이다. 둘째, 즉심즉불卽心卽佛은 선에서 가장 인기 있는 구절 중 하나로, 마음이 바로 부처라는 의미다. 이는 인간의 마음에 불성이 있다는 확신 때문에 모든 인간이 부처가 될 수 있다는 것을 함의한다. 자신의 본래 마음이 불성이므로, 마음을 되찾는 자가 부처가 된다. 셋째, 비심비불非心非佛은 문자 그대로 마음도 아니고 부처도 아니라는 의미다. 부처인 바로 그 마음이 마음도 아니고 부처도 아니지만, 마음을 떠나서는 부처가 없고, 부처를 떠나서는 마음이 없다. 마음의 역전이 부처다. 마조는 마음이나 부처 어느 것에도 집착하지 말라고 경고했다. 넷째, 평상심시도平常心是道는 문자 그대로 평범한 마음이 도라는 의미다. 이는 조주와 남천 사이에 일어난 대화의 주제다. 도, 깨달음, 열반, 그리고 부처의 마음은 집착, 갈망, 분별이 없는 일상의 마음과 다름없다; 부처의 마음은 특별한 것으로 여겨지지 않는다. 다섯째, 임제가 말한 살불살조殺佛殺祖는 그 자리에서 부처와 조사를 죽이라는 의미다. 그것은 인간의 마음 밖에서 부처와 조사를 찾지 말라는 엄중한 경고로 이해될 수 있다. 마지막으로, 무위진인無位眞人 역시 『임제록』으로부터 나온 것으로, 일반적으로 선의 핵심으로 여겨진다. 『임제록』에서 임제는 무위진인이 무엇인지에 대한 질문에 "무위진인이 무슨 마른 똥덩어리냐!"라고 답한다 Kirchner 2009, 4에서 인용.

선이 통일신라 시대668-935 7세기 중반에 승려 법랑에 의해 한국에 전해졌다는 것이 널리 받아들여지는 견해이다. 그는 중국 선의 제4조 도신道信으로부터 배우고 당나라에서 돌아왔다. 법랑의 제자 중 한 명인 신행은 당나라에 들어가 신수의 후계자들과 함께 공부했다. 그는 831년에 돌아와 북종선의 가르침을 소개했다. 그러나 통일신라의 불교

주류는 교학적이고 귀족적이었다. 따라서 북종선은 크게 대중화되지 않았다. 당시 교종은 사회 문제를 무시하고 모든 면에서 보수적인 태도로 불교 경전의 주석에 몰두하는 경향이 있었다. 더 나아가 이러한 형태의 불교의 우세는 궁정과 귀족의 후원 하에 왕권을 강화하는 지배 이데올로기로 작용했다.

신라 말기에 궁정과 귀족 사이의 정치적 갈등이 커지면서 정치적 권력의 중심이 서서히 수도에서 지방으로 이동했다. 권력 투쟁에서 밀려난 일부 지방 세력들이 새로운 기회를 찾아 중국으로 갔으며, 그들 중에는 승려들도 있었다. 승려들에게는 법통이 매우 중요했기 때문에 중국에서 공부해야 할 현실적인 이유가 있었다. 실제로 신라 말기에 선종을 창시한 저명한 선사들의 대부분은 선종이 이미 확립된 중국에서 공부했다. 한국 선의 창시자인 도의道義도 남종선의 가르침을 공부했다. 그는 821년에 돌아와 남종의 가르침을 퍼뜨렸다. 선의 급진적 측면과 개별적인 명상 수행이 사회 변화와 일치했기 때문에 선은 대중과 지방 세력들 사이에서 광범위한 인기를 얻었다. 결과적으로 수도 밖에 아홉 개의 독립된 산사가 설립되었고 이것들이 구산선문九山禪門으로 알려져 있다.

선종의 시작 이후 교종과 선종 사이의 갈등이 표면화되었다. 선은 개별적 수행을 강조한 반면, 교종은 연대를 강화하고 교리 공부에 집중했다. 이 문제는 논쟁적이지만, 한국 불교의 관점에서 선과 교의 관계는 상호 배타적이지만 분리 불가능하다. 역사적으로 이러한 경향은 12세기에 선이 부활한 이후 한국 불교에 정착했다. 따라서 깨달음 과정의 체계화를 목표로 하는 선의 가르침이 사회 전반의 역학에 의해 긍정적이지만 다소 강제적인 화해rapprochement를 받아들일 가능성이 존재했다.

그러나 고려 시대918-1392에 국가state-sponsored 불교는 급속히 세속화되었다. 왕실과 귀족이 사찰 경영에 관여하면서 불교는 지금까지 가져본 적 없는 권력과 부를 획득했다. 또한 고등 승과 제도를 통해 배출된 승려 엘리트들이 국가 정치에 적극적으로 개입하기 시작하였다. 따라서 고려 초기부터 권력 상층부에 가까워진 불교는 권력과 부를 추구하며 세속화되고 타락하게 되었다. 그러나 12세기에 무신 정권이 권력을 잡고 귀족과 왕실을 제거하는 과정에서 이들과 밀접하게 연결된 교종이 표적이 되었다. 무신 정권 하에서 빠르게 종교적 권력의 중심이 선종으로 이동하게 되었다.

반면에 조선 왕조1392-1910는 지배 이데올로기가 성리학이었고 불교를 공식적으로 승인하지 않았지만, 왕실의 종교에 대한 태도는 양면적이었다. 지속적인 탄압 정책 하에서 불교 교리의 논의나 발전은 제한되었고 불교 소유의 대규모 토지가 몰수되었다. 대부분의 도시 사찰들이 폐지되어 불교 승려들은 산으로 추방되어 고립되었다. 이러한 상황이 한국 불교에서 선의 법통의 불연속성을 야기했다고 해도 과언이 아니다.

그러나 이러한 탄압이 한국 선에 가져온 긍정적인 측면도 고려해야 한다. 일견 조선 시대의 선은 종교적 박해의 희생자로 여겨진 반면, 통일신라와 고려 시대에는 장기간의 종교적 헤게모니를 홀로 점했던 국가

후원 불교였다. 이러한 교학적이고 귀족적인 특성은 불교를 민중의 종교성과 단절된 엘리트 종교로 만들었고, 조선 왕조의 탄압으로 불교는 공식적인 사회적 장에서 종교적 헤게모니를 급속히 잃게 되었다. 그 결과 은둔한 사찰들이 선 수행의 공동체적 번영의 중심이 되면서, 선은 민중과 강한 유대를 발전시킬 수 있었다.

선사 휴정: 깨달음의 실천적 의미

한국 불교에서 선의 중요성은 부인할 수 없다. 여전히 다소 논쟁적이지만, 호국불교護國佛教도 또 다른 중요한 전통으로 여겨진다. 휴정休靜 1520-1604이 조선 시대의 저명한 선사이자 호국불교의 지도자였다는 것이 널리 받아들여지는 견해다. 여기서 그가 불교에 대한 적대적 정책을 뒤집기 위한 시도로 임진왜란1592-1598 동안 3년간 승병을 모집하고 이끈 세속적 엘리트 승려였다는 전통적 견해를 재평가할 것이다. 실제로 그는 20세에 승단에 합류한 이후 60년 넘게 불교 승려였다김성수 2012, 181-182.

그러나 어떤 면에서 수행자로서의 휴정은 선 또는 넓은 의미의 깨달음이 전쟁의 소용돌이 속에서 중생들의 현실과 고통에 어떻게 응답하는지에 대한 방법을 제시했다. 장일순2009, 209에 따르면, 이것이 휴정이 어떻게 행동했는지 또는 그가 무엇을 믿었는지의 배경이 영적이었던 이유일 수 있다. 그의 사상과 행동에서 휴정은 한국 역사를 통해 무시되고 다르게 대우받아온 '보이지 않는 자들'에 대한 관심 없이는 깨달음이

헛된 것임을 보여주었다.

휴정의 어린 시절에 대해서는 알려진 것이 거의 없다. 그의 속성俗姓은 최씨로 평양 동쪽의 안주에서 태어났다. 그는 열 살 이전에 부모를 잃었고 안주 목사 이사정이 그를 돌보았다. 열두 살에 휴정은 그의 도움으로 국가 최고 교육 기관인 성균관에 들어갔다. 하지만 그는 유학 공부에 관심이 없어 보였다. 과거에 한 번 낙방하고 그는 성균관을 떠나기로 결정했다. 그리고 그는 지리산으로 유람을 가서 불교를 만나게 된다. 삼 년이 지난 뒤, 그는 승가에 합류하기로 결단하였다. 그가 왜 혼란스럽고 불확실한 미래를 선택하고 모든 것을 뒤로 했는지는 알려지지 않았지만 이 시기 그는 선 수행에 몰두한 것으로 여겨진다. 당시 불교는 왕실의 후원 하에 복원되었다. 15세기 중반의 섭정 기간 명종1545-1567의 어머니인 문정왕후1501-1565는 정치 권력을 유지하기 위해 불교 엘리트를 양성하고자 반세기 동안 폐기되었던 승과를 다시 가져왔다. 휴정은 승과에 합격하여 선교양종판사의 지위에 임명되었지만, 곧 사임하고 전국을 여행하며 다시 수행에 전념한 것으로 알려져 있다. 한편 문정왕후가 1565년에 사망한 후 조선은 다시 불교를 굴복시키기 위해 사상적, 경제적으로 무자비하게 탄압하였다cf. 김풍기 2013, 18-33. 역설적으로 불교 부흥 기간 동안 지속적인 부패와 착취로 인해 민중의 현실은 황폐화되었다. 휴정이 시대의 징조를 읽었는지 여부에 관계없이, 그는 관직에 들었던 것을 후회하여 단순한 불교 승려로 돌아갔다. 이후 그는 사회 현실에서 불교의 축출을 목격하면서 깨달음의 사회역사적 의미에 대해 성찰하게 된 것 같다.

박해가 시작된 이후 한국 불교는 다시 사회적 지위, 종교적 헤게모니, 대중적 지지를 빠르게 잃었다. 1592년 일본이 한반도를 침입했고 왕실은 수도를 버리고 도망쳤다. 선조는 선종과 교종 모두의 지도자로 봉사했던 선사 휴정에게 일본과의 전쟁에 참여할 것을 요청했다. 당시 국내 불교의 상황을 고려할 때 왕의 요청은 이해하기 어려울 수 있다. 불교는 더 이상 왕실의 보호를 받지 않았다. 실제로 승단의 소유물은 국가로 환수되었고 한때 높았던 승려들의 사회적 지위는 천민의 지위로 떨어졌다. 그러나 그는 응답했고 불교 승려들이 전쟁에 참여하도록 격려했다.

하지만 그의 결정의 이유는 명확하지 않으며 그가 의도적으로 전쟁을 통해 선의 위치를 재정립하려 했는지도 의문이다. 그럼에도 불구하고 그가 그러한 역사적 상황에서 민중에게 선 수행이 무엇을 의미하는지, 즉 선이 어떻게 역사성을 회복할 것인지를 고려했다는 것은 분명하다. 일견 그의 결정은 선의 전통적 가르침에 근거하고 있다. 앞서 논의한 바와 같이, 선의 독특한 교리 중 하나는 교리와 계율에 의존하지 않고 깨달음을 얻기 위해 자신의 마음을 직접 가리킨다는 의미의 직지인심이다. 여기서 직지인심은 부처의 현현을 위해 불성을 관찰하는 것일 수 있다. 또한 무위진인의 개념은 선의 영역에서 개인을 규정하는 역사적, 사회적 조건들이 무의미하다고 제안한다 김풍기 2013, 140-144. 이와 같이 선은 내적으로 성찰하고 외부를 배제하며 오직 마음만이 존재한다는 사실을 자각할 수 있게 하는 수행이다. 기본적으로 선 수행자들은 내적 평화를 유지하기 위해 외적 조건과 상황에 관계없이 마음에 집중해야 한다. 실상에서 수행자들은 정치적·사회적 사안으로부터 무관심의 공을 추구한다. 선의 또 다른 교리인 평상심시도 또한 일상생활에서 마음을 돌보아야 한다는 것을 의미한다. 이러한 원칙들은 중생이 아미타불이고 세속 세계가 정토라는 것을 함의한다.

선사 휴정에게 전쟁의 소용돌이에서 수행자와 중생의 구별은 의미가 없다. 부처와 모든 중생이 동일하다는 근거에서 중생들의 일상생활에 관여하지 않고는 선 수행자들이 성불할 수 없다는 결론에 도달한 것 같다. 따라서 그는 계율을 어길 위험에도 불구하고 불교 승려들을 전장과 일상생활로 몰아넣었다. 그에게 그것이 대승과 선의 본질이었다. 마찬가지로 조선 시대 초기부터 종교적 헤게모니를 잃었던 한국 불교는 장일순이 지적하듯이[2009, 209] 깨달음의 공동체적 책임과 '보이지 않는 이들'의 사회적 의미를 발견했다. 전쟁의 소용돌이에서 휴정은 깨달음이 은둔과 이념이 아닌 실천과 참여를 통해 실현되어야 한다는 선의 사회적 영성을 발견했다. 결국 한국 선은 깨달음을 위한 수행과 중생 구제 사이에 우선순위가 없다는 사상에 깊이 뿌리박힌 실천 전통을 확립했다. 무엇보다 선 수행의 본질적인 장소는 중생의 현실이었다.

3. 당신의 일상생활이 잘 되어가는가?

앞에서 살펴본 바와 같이, 한국 선불교는 개인적 수행을 넘어서 사회적 실천과 역사적 참여를 통해 그 의미를 구현해왔다. 특히 휴정의 사례에서 보듯이, 진정한 선적 깨달음은 현실 도피가 아닌 적극적인 현실 참여를 통해 실현된다. 이러한 한국 선불교의 전통적 특성은 장일순의 사상과 실천에서 현대적으로 계승되고 발전된다. 그의 선 이해는 단순히 개인적 종교 체험에 머물지 않고, 사회 변혁과 공동체적 깨달음을 지향하는 실천적 영성으로 구현되었다.

그간 장일순에 관한 대부분의 연구들이 불교 사상이 장일순의 삶과 사상에 미친 영향에 거의 주의를 기울이지 않았지만, 여기서 그의 말년의 논쟁적이거나 심지어 극적인 전환을 좀 더 가깝게 추적하기 위해 선의 특정한 성격을 탐구하려한다. 이제 논의할 바와 같이, 불성 개념에 기초한 실천으로서의 선은 그 영적 측면이 필연적으로 사회적, 역사적 참여로 이어진다는 사상을 지지한다.

불성의 은유: 풀과 '보이지 않는 것'에 대한 직관

장일순이 생애 말년에 이르러 선불교, 특히 송대 선종에 관심을 갖게 된 것은 우연이 아니다. 그의 아들 장동천의 증언에 따르면, 장일순은 "많은 불교 경전을 읽으신 것 같다. 암과 투병하면서 송대 선불교에 관한 책들을 요청하신 적도 있다"_{장동천 2014}. 여기서 주목할 점은 장일순이

"불교 전반에 관심이 있으셨다고 생각하지는 않는다. 선이 그분의 특별한 관심사였다"는 사실이다. 이는 장일순이 불교의 다양한 종파 중에서도 특별히 선종의 독특한 성격에 주목했음을 의미할 것이다.

우선 그의 선에 대한 관심은 반복적으로 강조하듯이 '보이지 않는 것'에 대한 깊은 직관에서 비롯되었다. 그는 녹색평론의 김종철과의 대담에서 다음과 같이 말했다.

생명이란 것은 보이지도 만질 수도 냄새 맡을 수 있는 것도 아니지만, 그렇지만 분명히 있단 말이지. 그 덕에 모든 것이 살아가니까. 유교가 중국에서 일단 참패를 본 게 무엇 때문일까. 영성이 빠졌기 때문에. 공자는 안 보이는 것에 대해서는 인정하지 않았거든. 불교가 들어와서 영성을 집어넣지 않았어요? 그런데 이 시대라는 게 전부가 눈으로 뵈는 것, 있다가 없어지는 것만을 계산하다가 보니까 이 지경으로 되었단 말이지 장일순 2009, 209.

이러한 언명에서 장일순은 현대 사회의 근본적 한계를 '보이지 않는 것'에 대한 무감각으로 진단한다. 그에게 있어서 '보이지 않는 것'이란 곧 불성의 다른 표현과 같다. 앞에서 논의한 바와 같이, 불성은 모든 존재에 편재하지만 감각적으로 파악될 수 없는 존재론적 가능성이다. 생명은 만질 수도, 볼 수도, 냄새 맡을 수도 없다는 그의 천명은 불성의 비가시적이면서도 편재적인 특성을 직관적으로 표현한 것이다.

한 걸음 더 나아가 그가 이러한 '보이지 않는 것'의 부재를 단순히 개인적 차원의 문제가 아닌 사회적, 역사적 차원의 문제로 인식했다는 점이다. 유교가 중국에서 영성이 없었기 때문에 그 가치를 잃었다는 그의 진단은 사상이나 제도가 궁극적 실재와의 연결고리를 잃을 때 발생하는 공허함을 지적한 것이다. 이는 선불교의 핵심인 직지인심의 현대적 해석이라 할 수 있다.

장일순의 이러한 직관은 여성신학자 정현경과의 대화에서 더욱 구체적으로 드러난다. 정현경이 "불교에서는 좌선을 한다거나 하고, 기독교에서는 기도도 하고 금식도 하고 그러는데, 선생님은 어떤 방법으로 자신을 닦습니까? 질문하자 장일순은 이렇게 대답했다.

주로 혼자서 걸어요. 밖에 나가서 사람을 만나 술도 마시고 이야기도 하다가 돌아올 때는 대개 강가로 난 방축 길을 걸어서 돌아와요. 방축 길을 걸으며 '오늘 또 내가 허튼소리를 많이 했구나.' 하고 반성도 하고, '이 못난 사람을 사람들이 많이 사랑해 주시는구나.' 하고 감사도 하고 그럽니다_{최성현 2004, 226-227쪽에서 인용}.

종종 장일순은 강변을 걸으며 마음을 성찰하고 수양한다고 했다. 그러면서 걸을 때마다 그를 깨우친 것은 풀이었다고 이야기했다. 그의 서예 작품 중에도 백초시불모_{百草是佛母 모든 풀잎이 부처의 어머니}를 쓴 작품이 있다. 실제로 풀은 그의 사상에서 중요한 이미지일 수 있으며, 어떤 면에서 그것은 불성의 은유로 보이는데, 이는 풀에 대한 그의 인식이 풀이 대변하는 현실에 새로운 빛을 비출 수 있기 때문이다. 은유적인 방식에서 풀은 그가 자주 만난 쉽게 짓밟히거나 '보이지 않는' 사람들을 가리킬 수 있다. 앞서 논의했듯이, 동아시아 불교에서 불성 개념은 사회적으로 급진적인 사상으로 여겨졌다. 같은 맥락에서 장일순은 풀 안에서 부처의 본성을 보았고 동시에 풀이 자신을 이해로 이끄는 것이 이미 부처임을 깨달았다. 1990년 여름 일본에서 온 방문자들을 만나 장일순은 다음과 같이 말했다.

풀 한포기에 대한 존경심이란, 마음에 들지 않는 사람을 만나면 사라져 버리는 그러한 것으로는 곤란합니다. 잘못된 생각을 가지고 있는 사람도 또한 한포기의 풀과 같이 존경하지 않으면 안됩니다. 본래 전부 위대한 것입니다. [...] 풀 한포기의 아름다움이란 우주 전체의 생명이 깃들어 있기 때문입니다. 솔로몬의 도시보다도 한포기의 백합 쪽이라고 하는 성서의 언어를 젊었을 때는 지나친 말이라고 생각했습니다만 나이가 들면서 진짜라는 것을 알았습니다. [...] 시간적으로나 공간적으로 떨어져 있어도 아름다운 이야기는 그 역할을 다합니다. 복음이란 것은 만남 속에 있는 것으로, 그 밖에는 없습니다 장일순 2009, 150-151쪽.

그 해 한국 사회는 정치적인 면에서 극적인 변화에 직면했다. 1990년 1월 군사 정권과 기존 민주화그룹이 통합되어 다수의 보수당을 형성했다. 결과적으로 지역주의가 고착화되었고 한국 사회는 점차 우경화되었다. 이 기간 동안 1980년대 중반에 소비자협동조합 운동을 시작했던 장일순의 극적인 전환이 비판받았다. 하지만 그는 여전히 비판적인 방식으로 민주화 그룹을 지지했고 활동가 그룹들에 대해서도 우려의 목소리를 냈다_{황도근 2014; 김용휘 2014}.

이런 점에서 장일순이 "마음에 들지 않는 사람"을 언급했을 때, 그것은 도덕적 당위의 관점보다는 자신들의 이익을 위해 충성을 바꾼 일부 변절자들이나 그의 지인들의 현실과 관련이 있어 보인다. 실제로 그는 1980년대 후반부터 종종 정치인들을 날카롭게 비판했다. 그는 그들이 자신들의 책임을 무시하고 자신들에게만 집중하는 경향이 있다고 지적했다_{무위당사람들 계간지 5, 12쪽}.

그럼에도 불구하고 장일순은 다른 사람들에게 그들을 풀 한 포기처럼 존중하라고 말했다. 이것은 그가 자신의 상황에 비추어 불성 개념을 어떻게 실천적으로 내재화하는지의 예가 될 수 있다. 흥미롭게도 그는 독재자 박정희와 전두환을 모두 사랑할 것을 제안했다_{김용휘 2014; 장동천 2014}. 더 나아가 그는 관련한 '정란유래정희공情蘭由來正熙公 나의 순수한 난초가 박정희로부터 온다는 의미'의 서예 작품을 남겼다_{최성현 2004, 281}. 황도근은 장일순이 인간성의 본성을 미워하지 않았다고 설명함으로써 장일순의 '사랑하라'는 역설적인 언명의 이유를 해석했다_{황도근 2014}. 불교적 관점에서 그는 인간성의 본성이 부처의 본성과 동일하다는 확신을 가졌을 수 있다. 따라서 1977년부터 그의 사상적 전환을 설명하기 위해 동아시아 불교의 불성 개념이 종교적 배경을 제공할 가능성이 있다.

앞서 논의했듯이, 동아시아 불교에서 불성 사상은 실천적 방식으로 논의되었고 그것이 어떻게 존재하는가보다 왜 존재하는가를 강조했다. 따라서 중생의 사회적 현실과 부처의 잠재성으로서의 그 존엄성을 모두 인정하는 경향이 사회 전반에 나타났다. 풀의 이미지에 대한 그의 사상에서 장일순은 중생이 부처의 본성을 가진 잠재성이면서 동시에 번뇌에 집착하는 현실성이라고 가정한다. 어떤 면에서 그는 부처로서 인간성의 본질에 집중하지만, 그의 사상은 부처의 본성이 현실과 역사의 부정이 아니라 현재 이 순간의 긍정, 즉 평범한 삶에 대한 책임 있는 태도라고 제안한다. 부처의 본성이 시든 연꽃 위에 앉은 여래의 이미지에서 드러나는 것처럼, 장일순은 강변에 심긴 풀의 이미지를 통해 현실 속의 부처를 묘사하려 한다.

선과 역사성: 평상심시도의 현대적 실현

이 장의 시작에서 언급했듯이, 장일순에게 영성은 '보이지 않는 것'을 받아들이는 것을 의미한다장일순 2009, 209. 이런 의미에서 한국 선은 그 역사가 보여준 것처럼 영적일 가능성이 높다. 이론적 관점에서 선은 중생들 안의 '보이지 않는' 불성을 받아들였고, 실천적 관점에서는 선사 휴정이 보여준 바와 같이 사회적으로 '보이지 않는' 민중의 현실을 무시하지 않았다. 휴정에게는 고해苦海에서 중생을 구제하기 위한 보살행이었고, 장일순에게는 현대 한국사회의 역사적 현장에서 영성을 회복하기 위한 삶의 철학이었다cf. 황도근 2014.

선과 역사성의 관계를 이해하기 위해서는 먼저 선불교의 핵심 교리들이 어떻게 현실 참여의 근거를 제공하는지 정리해 볼 필요가 있다. 앞에서 논의한 바와 같이, 조사선의 종지 중 하나인 평상심시도는 평범한 마음이 도라는 의미로, 특별한 깨달음의 상태와 일상적 마음 사이에 본질적 차이가 없음을 가르친다. 이는 깨달음이 현실을 도피하는 것이 아니라 현실 그 자체 속에서 실현되어야 한다는 것을 의미한다. 마찬가지로 즉심즉불의 가르침은 마음이 곧 부처라는 것으로, 이는 깨달음의 가능성이 모든 존재에게 이미 현재적으로 주어져 있음을 시사한다.

이러한 선의 교리들은 장일순에게 있어서 개인의 내적 체험과 사회적 실천을 분리하지 않는 통합적 접근의 근거가 되었다. 그가 강조한 일상의 중요성은 바로 이러한 평상심시도의 현대적 해석으로 볼 수 있다. 앞에서 살펴본 바와 같이, 동아시아 불교는 현세적 전통과 결합하면서 현재 이 순간을 중시하는 사상으로 발전했다김진무 2015, 13-18. 장일순의 사상에서도 이러한 경향이 뚜렷하게 나타나는데, 그는 미래의 이상향이나 추상적 원리보다는 지금 여기의 구체적 현실에서 변화의 가능성을 찾았다.

이뿐만 아니라 휴정의 사례는 장일순의 역사성 이해에 중요한 참고가 된다. 휴정이 전쟁이라는 극한 상황에서 깨달음이 은둔과 이념이 아닌 실천과 참여를 통해 실현되어야 한다는 선의 사회적 영성을 발견했듯이, 장일순 역시 현대 한국의 사회·정치적 위기 상황에서 선적 깨달음의 역사적 의미를 재발견했다. 하지만 두 인물 사이에는 중요한 차이점도 존재한다. 휴정이 직접적이고 가시적인 방식으로 역사에 개입했다면, 장일순은 더욱 은밀하고 간접적인 방식으로 역사성을 실현하고자 했다.

정리하면, 선이 함의하는 사회영성의 목표는 종교적 깨달음의 사회적 의미를 찾는 것이다. 더 나아가 이것은 마음과 시대를 성찰하는 실천을 통해 평범한 삶에서 '보이지 않는' 자들의 역사성을 상기시키는 것과 동일한데, 이는 파켄하임의 주장처럼 역사는 인간 조건의 일부이기 때문이다Fackenheim 1961, 1. 이런 점에서 선의 사회영성은 의지의 문제가 될 수 있다. 실천이 선의 근본에 있고 실천은 의지로 시작한다. 역사성이 의지와 관련되어 있다면, 사회학자 앤드류 애벗이 지적했듯이 개인의 역사성이 역사적 과정의 원동력이라는 것은 설득력 있는 논증이 될 수 있다Abbott 2005, 3.

이러한 맥락에서 불성 개념의 교리적 의미를 다시 살펴볼 필요가 있다. 여래장 사상에 따르면, 모든 중생을 위해 여래의 본질로서 여래장을 드러내기 위해서는 번뇌로부터 해탈하려는 실천적 의지가 선행되어야 한다. 그래서 불성의 현현은 단순한 존재론적 사실이 아니라 의지적 실천을 통해 실현되는 과정이다. 장일순에게 있어서 이러한 실천적 의지는 개인적 차원을 넘어서 사회·역사적 차원에서 구현되어야 할 과제였다.

더욱이 앞에서 검토한 유교적 영향도 중요한 의미를 갖는다. 불성 개념이 인간 본성에 대한 유교적 이해의 근거에서 해석되어야 한다는 점에서, 장일순의 선적 실천은 단순히 개인적 수양이 아니라 사회적 관계의 윤리적 기초를 마련하는 작업이기도 했다. 유교에서 인(仁)이 인간 본성의 사회적 회복을 의미하듯이, 장일순에게 불성의 현현은 공동체적 각성과 사회적 변혁을 통해 실현되는 것이었다.

장일순의 경우, 그의 주변 상황으로 인해 사회영성의 그러한 측면들을 이론적으로 체계화하지 않았고 할 수 없었다. 오히려 그에게 평범한 삶에 참여하거나 변화의 중심 세력으로서 역사성은 일련의 역사적 사건들을 통해 그의 사상 안에서 발견될 수 있다. 이는 앞서 논의한 선의 특성, 즉 텍스트 중심이 아닌 실천 중심의 태도와도 일치한다. 선이 현상과 교리에 머물지 않는 경향을 갖는 것처럼, 장일순의 선적 실천 역시 추상적 이념보다는 구체적 행동을 통해 표현되었다.

1993년에 장일순은 풀뿌리 문화 운동에 참여했던 최준석 교수와 거의 마지막으로 여겨지는 담화를 나누었는데 당시 통일 운동에 대해 다음과 같이 말했다.

요즘 나를 보러 오는 사람들은 통일 운동에 관여하고 있다. 그래서 나는 그들에게 말한다. '당신들은 북한과 함께 행동하는가? 남한의 사람들과 함께 일하지 않으면서 왜 북한과의 운동에 관여하는가? 그리고 우리 민족이 지역주의로 얼마나 고통받고 있는지 아는가? 우리 민족조차 통일하지 못하면서 북한과의 통일?' [...] 우리는 통일을 통해 명예를 따를 수 있다거나 공이 튀기 전에 잡을 수 있다는 착각을 버려야 한다.

실제로 수년간 나에게 와서 이야기했거나 운동의 지도자들과 이야기할 때, 그들은 불가능한 위치에 있었다. 그렇다면 문제가 무엇인지 아는가? 당신의 일상생활이 잘 되어가는가? 마음과 전체적 관점에서 그것을 정리해야 한다. 나는 이것이 매우 중요하다고 생각한다무위당사람들 계간지 5:9에서 인용된 장일순 1993.

이 발언에서 장일순이 강조하는 "당신의 일상생활이 잘 되어가는가?"라는 질문은 평상심시도의 핵심을 보여준다. 그는 거대한 정치적 목표나 이념적 구호보다는 개인의 일상적 실천과 내적 정리가 우선되어야 한다고 본 것이다. 이는 앞에서 논의한 조사선의 가르침, 즉 집착, 갈망, 분별이 없는 일상의 마음이야말로 부처의 마음과 다름없다는 인식에 기반한다.

더욱 중요한 것은 장일순이 통일 운동의 한계를 지적하면서도 그 근본 원인을 개인의 마음과 전체적 관점의 문제로 파악했다는 점이다. 이는 직지인심의 현대적 적용이라 할 수 있다. 선불교에서 마음을 직접 가리킨다는 것은 외적 권위나 교리에 의존하지 않고 자신의 내적 실상을 직면하는 것을 의미한다. 장일순에게 있어서 진정한 사회 변혁은 이러한 내적 성찰과 일상적 실천에서 시작되어야 하는 것이었다.

또한 "남한의 사람들과 함께 일하지 않으면서 왜 북한과의 운동에 관여하는가?"라고 묻는 것은 앞에서 논의한 유교적 영향, 특히 효의 관계적 개념과 연결된다. 효가 부모와 자식 간의 관계를 가리키며 그 전제는 자신을 존중하는 것이고 더 나아가 이러한 존중은 확장될 수 있다고 했듯이, 장일순은 가까운 이웃과의 관계도 제대로 정립하지 못한 채 원거리의 통일을 논하는 것의 모순을 지적한 것이다.

이러한 맥락에서 불사선불사악의 의미도 새롭게 해석될 수 있다. 선악의 분별이 없는 인간 본성으로 돌아간다는 것은 이념적 대립이나 정치적 진영 논리를 넘어서 보다 근본적인 차원에서 문제에 접근하는 것을 의미한다. 장일순이 독재자들까지도 사랑할 것을 제안한 것은 바로 이러한 선악 분별을 넘어선 불성에 대한 신뢰에서 나온 것으로 볼 수 있다.

장일순의 가장 가까운 동반자였던 지학순 주교가 세상을 떠나자 장일순은 큰 충격을 받았다^{정인재 2014}. 얼마 지나지 않아 같은 해 장일순은 건강이 급속히 악화되어 다시 입원했다^{이용포 2011, 194}. 90년대 장일순을 둘러싼 내외부의 변화가 가져온 결과는 개인적 차원에서 감당하기 어려운 일들이었다. 한국은 1992년 중국과 외교 관계를 수립했고 한국전쟁 이후 40년간 지속되었던 양국 간의 적대적 관계를 끝냈다. 또한 정치의 장에서 한국은 1948년 이후 직접 선거에 의한 첫 번째 민주 정부를 갖게 되었다.

이러한 개인적 상실과 사회적 변화는 장일순의 역사성 이해에 더욱 깊은 차원을 부여했다. 앞서 살펴본 휴정의 경우와 마찬가지로, 장일순 역시 개인적 고통과 사회적 위기가 교차하는 지점에서 선적 깨달음의 의미를 재발견했다. 하지만 휴정이 전쟁이라는 극한 상황에서 직접적 행동을 선택했다면, 장일순은 보다 내재적이고 장기적인 관점에서 역사성을 사유했다.

그러한 사회정치적 상황은 1980년대 후반에 표류했던 운동가 그룹들이 사회 운동의 새로운 패러다임으로서 통일 운동에 눈을 돌리게 만들었다. 장일순이 통일 운동의 당시 분위기를 잘 알고 있었던 것은 확실해 보인다. 그러나 장동천에 따르면, 운동가 그룹들이 급격히 좌경화되면서 장일순은 그것을 부정적으로 보았다. 장일순은 두 나라 간의 조화와 균형에 대한 논의가 우선되어야 하고 통일은 형식의 문제가 아니라고 믿었는데, 그의 삶이 보여주듯이 그는 중립적 통일을 공개적으로 주장하여 감옥에 갔을 정도로 통일의 열정적인 지지자였음에도 불구하고 그랬다무위당사람들 계간지 7, 14; 장동천 2014; 김용휘 2014. 이는 왜 그가 기존의 통일 논의에 대한 태도를 바꾸고 심지어 그것을 비판했는지에 대한 의문을 제기한다.

이러한 변화는 또한 앞서 논의한 비심비불의 가르침과 관련하여 이해할 수 있다. '마음도 아니고 부처도 아니다'라는 이 역설적 표현은 '마음이나 부처 어느 것에도 집착하지 말라'는 경고를 담고 있다. 장일순이 과거 자신이 열정적으로 추진했던 통일 운동에 대해 비판적 거리를 두게 된 것은, 바로 이러한 무집착의 지혜에서 나온 것으로 볼 수 있다. 그는 통일이라는 이념 자체에 집착하기보다는, 통일의 본질적 의미와 실현가능한 조건들을 다시 성찰하고자 했던 것이다.

장일순은 1980년 5월 광주 항쟁의 참혹한 결말을 목격했고 '더 깊은 세계'를 지향하며 그의 의지를 숨기는 저항으로서 역사성을 사유했다장동천 2014; 무위당사람들 계간지 4, 14-15쪽. 실제로 이것이 그가 기회주의자로 비판받아 온 논쟁적인 점이며 다음 장에서 자세히 논의할 것이다. 또한 그것은 400여 년 전 휴정이 전장에서 깨달았던 선의 역사성이 그의 사상에서 나타나는 지점이기도 하다. 휴정은 이 선이 중생의 현실에서 실현되어야 한다고 믿었지만, 장일순은 선의 역사성의 또 다른 측면을 발견했을 수도 있다. 이러한 장일순의 역사성 이해는 결국 동아시아 불교의 현세적 전통과도 연결된다. 『주역』의 영향으로 절대적이거나 불변한 실체는 존재하지 않으며, 음양의 균형이 세상을 변화 가능하게 만든다는 사고는 장일순에게도 중요한 철학적 배경을 제공했다. 그가 통일 운동의 급진화를 경계하고 조화와 균형을 강조한 것은 음양 사상과 같은 한국 불교의 현세적 태도를 현대적으로 적용한 것으로 볼 수 있다.

더욱이 앞서 검토한 한국 선의 역사적 전개 과정도 장일순의 선택을 이해하는 데 중요한 단서를 제공한다. 조선 왕조에서 종교적 박해의 희생자로 여겨진 선불교가 오히려 민중과 강한 유대를 발전시킬 수 있었다는 사실은, 가시적 권력에서 소외될 때 더욱 깊은 영적 영향력을 발휘할 수 있음을 보여준다. 장일순이 1977년 이후 직접적 참여에서 거리를 두면서도 지속적으로 사회적 영향력을 유지할 수 있었던 것은 바로 이러한 한국 선불교의 전통적 특성을 체현한 것이라 할 수 있다.

또한 중국 불교의 맥락화 과정도 장일순의 접근법을 이해하는 데 시사하는 바가 크다. 기존의 유사한 개념과 철학을 차용하고 새로운 사상들을 동화시키기 위해 기존 것들에 대한 유추적 이해를 적용했던 중국 불교처럼, 장일순 역시 서구의 근대적 사회 운동 이론이나 마르크스주의적 계급 투쟁론을 그대로 수용하기보다는 한국적 맥락에서 재해석하고 변용하고자 했다. 이런 관점에서 보면, 장일순의 의지를 숨기는 저항은 소극적 회피가 아니라 적극적 개입이었다. 교외별전의 정신, 즉 '경전 밖의 특별한 전승'이라는 개념처럼, 그는 기존의 정치적 담론이나 이념적 프레임워크 밖에서 새로운 사회 변혁의 가능성을 모색하고자 했던 것이다.

특히 여래장 사상의 모호성과 교리적 모순의 측면은 장일순의 복합적 태도와 내적 모순을 극복했던 방식을 이해하는 열쇠가 된다. 부처가 현실성으로 존재한다면, 모든 중생은 유일한 고정된 목표를 갖는다는 비판처럼, 만약 통일이나 혁명을 절대적 목표로 설정한다면 그 과정에서 개인의 자율성이나 다양성이 억압될 수 있다. 장일순이 통일 운동의 경직성을 비판한 것은 바로 이러한 우려에서 나온 것으로 볼 수 있다. 반면 이 사상이 모든 수준에서 변화의 가능성을 포용한다는 여래장 사상의 긍정적 측면은 장일순의 낙관적 역사관을 뒷받침한다. 그가 독재자들까지도 사랑할 것을 제안하고, 적대자들을 '풀 한 포기'처럼 존중하라고 한 것은 모든 존재가 변화 가능하다는 불성에 대한 신뢰에서 나온 것이다. 앞서 검토했던 여래장 사상의 교리적 함의는 여기서 중요한 의미를 갖는다. 여래가 모든 중생의 잠재성을 실현하기 위해 현실태에서 가능태로의 변화를 받아들이는 것처럼, 장일순 역시 가시적 활동에서 잠재적 영향력으로 자신의 역할을 전환시킨 것으로 볼 수 있다. 이는 표면적으로는 소극적 태도로 보일 수 있지만, 실제로는 보다 근본적이고 장기적인 변화를 위한 선택이었다. 이렇게 장일순은 선의 역사성의 또 다른 측면을 발견했을 수도 있다.

이러한 맥락에서 휴정과 장일순의 차이점도 더욱 명확해진다. 휴정이 선 수행의 장소는 중생의 현실이라고 하며 직접적 현실 참여를 강조했다면, 장일순은 선의 역사성의 또 다른 측면으로서 간접적이고 내재적인 참여 방식을 선택했다. 이는 시대적 상황의 차이이기도 하지만, 동시에 선불교 내부에 존재해 온 다양한 접근 방식을 보여주는 것이기도 하다.

끝으로, 불성이 어떻게 존재하는가보다 왜 존재하는가를 묻는 중국 불교의 실천적 경향은 장일순의 사상적 전환을 이해하는 핵심이다. 그가 통일 운동의 방법론보다는 그 근본 동기와 목적을 문제 삼은 것, 그리고 '당신의 일상생활이 잘 되어가는가?'라는 실존적 질문을 던진 것은 바로 이러한 실천적 불교의 전통 위에 서 있는 것이다. 결국 장일순의 선과 역사성에 대한 이해는 단순히 개인적 깨달음과 사회적 실천의 결합을 넘어서, 시대적 상황에 따른 실천 방식의 변화와 적응을 포함하는 역동적 개념이었다. 그는 선불교의 핵심 교리들을 현대적 맥락에서 재해석하여, 직접적 정치 참여와는 다른 방식의 사회적 영향력과 변혁을 추구했던 것이다.

마치 '무위진인이 무슨 마른 똥덩어리냐!'라는 임제의 일갈처럼, 장일순의 더 깊은 세계의 지향은 기존의 사회 운동 패러다임이나 정치적 역할에 매이지 않는 자유로운 정신을 추구하는 것이었다. 의지를 숨기는 저항의 정신은 바로 이러한 무위진인의 현대적 구현으로 이해할 수 있다.

　이 장의 시작에서 제기된 질문으로 돌아가면, 이제 그의 사상이 선에 담긴 사회영성에 영향을 받았다고 말할 수 있다. 장일순에게 선은 단순한 종교적 교리나 개인적 수행법이 아니라, 사회 변혁의 동력이자 공동체적 깨달음의 방법론으로 기능했다. 그는 선불교의 핵심 개념들을 현대적 맥락에서 재해석하여, 개인의 해탈과 사회의 변화를 하나로 통합하는 독특한 실천 철학을 완성했다. 특히 '보이지 않는 것'에 대한 그의 직관은 불성 사상의 현대적 해석으로서 중요한 의미를 갖는다. 장일순이 생명은 만질 수도, 볼 수도, 냄새 맡을 수도 없다고 했을 때, 이는 여래장 사상의 비가시적이면서도 편재적인 특성을 직관적으로 표현한 것이었다. 그는 이러한 '보이지 않는 것'의 부재를 현대 사회의 영성적 위기로 진단하고, 이를 극복하기 위한 사회적 실천의 근거로 삼았다. 풀의 이미지를 통해 표현된 불성의 은유는 '보이지 않는 자들'에 대한 관심과 사랑으로 구현되었고, 이는 그의 사회 실천의 근본적 동기가 되었다.

　또한 그의 역사성 이해는 선불교의 평상심시도 개념과 깊이 연결되어 있다. 그가 통일 운동 활동가들에게 일상의 안녕에 대해 물었을 때, 이는 거대한 정치적 목표보다는 개인의 일상적 실천이 우선되어야 한다는 평상심시도의 현대적 적용이었다. 즉심즉불의 사회적 실현 역시 그가 어떻게 개인의 각성과 사회적 연대를 결합시켰는지를 보여준다. 이런 점에서 그의 협동조합 운동과 같은 사회 운동은 모두 즉심즉불의 사회적 확장으로 이해할 수 있다.

무엇보다 주목할 점은 그가 직접적 정치 참여에서 간접적이고 내재적인 참여방식을 긍정하는 방향으로 전환한 것이다. 이는 1980년 광주항쟁 이후 '더 깊은 세계'를 지향하며 의지를 숨기는 저항을 선택한 것으로, 기존의 사회 운동 패러다임과는 다른 역사성 이해와 실천을 보여준다. 이러한 변화는 비심비불의 가르침, 즉 마음이나 부처 어느 것에도 집착하지 말라는 무집착의 지혜에서 나온 것으로 볼 수 있다.

이처럼 장일순의 선불교 이해가 갖는 현대적 의미는 전통적인 산중불교나 개인적 수행 중심의 선불교를 넘어서, 사회 참여적이고 공동체적인 새로운 선불교의 가능성을 제시했다는 점에 있다. 그의 삶과 사상은 현대 사회에서 선불교가 어떻게 사회적 영성으로 구현될 수 있는지를 보여주는 중요한 사례다. 특히 휴정의 경우와 비교할 때, 장일순은 400년의 시간적 간격을 뛰어넘어 한국 선불교의 사회 참여적 전통을 현대적으로 계승하면서도, 동시에 시대적 상황에 맞는 새로운 실천 방식을 창조해 냈다는 사실이 중요하다. 장일순의 선불교는 나아가 과거 전통의 관습적 반복이 아니라, 현대적 맥락에서의 창조적 재해석이었다. 그는 불성의 존재론적 가능성을 현실적 사회에서 구현하기 위한 전환의 구체적 방법론을 제시했고, 한국 선불교의 역사적 전통을 현대적 상황에 맞게 발전시켰다. 특히 그의 '보이지 않는 것'에 대한 신뢰와 일상성에 기반한 사회 변혁의 '드러냄'을 극복하려는 불성적 의지는 현대 사회의 다양한 위기 상황에서도 여전히 유효한 대안적 사고의 틀을 제공한다.

결론적으로 장일순 사상에서 선불교의 의미는 과거와 현재를 잇는 가교 역할을 했다고 할 수 있다. 그는 전통 선불교의 핵심적 통찰들을 자신의 내적성찰과 외적경험을 투영한 현대적 언어와 방식으로 표현하여, 동시대인들이 이해하고 실천할 수 있는 형태로 제시하고 때로는 이끌었다. 이는 단순한 종교적 개종이나 전통의 회귀가 아니라, 현대인의 영적 갈증과 사회적 위기에 대한 실질적인 종교적 응답이었다. 다음 장에서는 그동안 살펴본 종교의 내재적 토대 위에서 그의 사상이 현대 한국의 사회·정치적 현장에서 가톨리시즘과 어떻게 상호작용했는지를 장일순 사상의 발전과 변용 과정에 비추어 살펴볼 것이다.

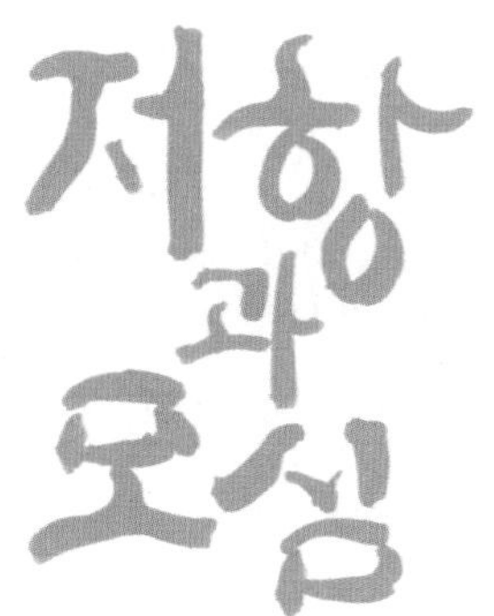

60년대 중반이 좀 넘어 옥살이를 하고 나와서, 군사정권의 횡포를 상대해서 그것을 대적할 만한 힘을 어떻게 구축해내야 할까를 가만히 생각해 보니까, 불교는 회중이 자주 모이지 못하고, 천주교나 개신교나 이런 예수를 믿는 교파들은 일주일에 한 번씩 모이니까 예수의 건전한 말씀의 뜻을 따르는 생활 유도를 하면 삶의 에너지가 되지 않겠는가 하는 생각이 들었어요. [중략] 그런 생각을 하고 있는데 마침 그 무렵에 천주교 원주교구가 준비 중이었고 지학순 주교가 사람을 만나고 싶어 하던 와중에 물색하고 물색하다가 나를 만나게 된 거죠. 그때 지학순 주교가 교회를 제 모습으로 이끌어가야 할 텐데 어떻게 하는 것이 좋겠냐고 그러데요. [중략] 그래서 이제는 교회가 하느님을 믿는, 예수를 믿는 사람 모두의 교회가 되어야 하지 않겠냐고, 그러려면 교육이 선행되어야 할 것이라고, 또 하나는 교회 자체가 자치의 틀로 질서가 바뀌어야 될 것이라고.

-무위당 장일순

5장

장일순 안의 가톨리시즘

이 장은 『교회사 연구』 제58집 193-228쪽에 수록된 저자의 논문 「장일순 안의 가톨리시즘, 1953~1980」을 수정·보완한 것이다.

1. 지학순 주교, 그 특별한 만남

한국은 종교의 자유가 보장된 국가들 가운데 종교인구의 비율이 상대적으로 낮은 나라에 속한다"6 facts about South Korea's growing Christian population,"Pew Research Center. 이러한 사실과는 별개로, 한국 사회에서 천주교를 포함한 주요 종교들의 교세는 지속해서 하락하고 있다. 범박하게 말해, 교세 하락의 근인은 여러 가지가 있겠지만, 한국 사회의 다양한 층위에서 이루어진 변화의 결과로 볼 수 있다. 그러나 외부 환경이 천주교회에 불리하게 변화하고 있다는 수동적인 진단은 문제 해결에는 그리 도움이 되지 않는다. 오히려 한국 천주교회가 현대 사회에서 사목의 의미를 근본적으로 재성찰하는 것이 필요해 보인다. 사목의 방향과 목적에 대해 다시 생각하는 것은 전통적으로 사목의 대상이 누구인지에 대한 질문과 연관되어 있다. 1980년대 이후 한국 천주교회는 사회복음화를 전면에 내세웠음에도 불구하고 바티칸과 내부의 보수화가 진행되는 과정에서 과거에 비해 상대적으로 사회적 영향력이 왜소화되었다. 역사적으로 한국 천주교회는 1970년대 태동하던 민중 운동의 중요한 한 축으로 반독재 민주화 운동을 비롯한 사회 운동의 일선에 서 있었다. 다양한 사회적 층위에서 교회는 자신이 가진 자원을 자발적으로 동원하여 적극적으로 사회문제에 참여하고 저항하였다. 이 글은 이러한 역사 속에서 교회가 현재를 진단할 수 있는 함의를 찾을 수 있을지도 모른다는 가정에서 출발했다. 프란치스코 교황이 2015년 바티칸을 방문한 한국 주교단에게 역사적으로 한국 천주교회가 평신도들에게서 시작되었음을 기억하라고 말했던 것처럼, 한국 천주교회는 평신도들의 자발성에 기초하여 사회변혁을 지향했던 실천적 평신도 영성의 전통 위에 서 있다_{황경훈, 2015, 186~187쪽}. 그리고 이러한 평신도 영성은 1970년대 한국 천주교회의 정치적 저항과 사회참여의 배경에도 존재하고 있다.

장일순은 1928년 원주에서 부유한 집안의 6남매 중 차남으로 태어났다. 지역에서 두루 인심을 얻었던 그의 조부 장경호張慶浩는 장일순이 평생 스승으로 생각했던 인물로, 서울을 오가며 독립운동가들과도 교분이 있었다_{김삼웅, 2019, 35쪽}. 장일순은 어려서부터 이 집안의 식객이었던 차강 박기정朴基正, 1874~1949에게 서화를 배웠다. 불교를 신앙하는 집안이었지만 장일순이 아홉 살 되던 해, 세상을 떠난 형의 유언에 따라 그의 가족은 차례로 천주교로 개종하였고 장일순 역시 평생을 천주교 신자로 살았다. 해방을 한 해 앞둔 1944년 장일순은 배재중·고등학교를 졸업하고 경성공업전문학교에 입학하였다. 그러나 국립 서울대학교 설립안 반대 투쟁에 참여하여 제적되었고, 1947년 서울대학교 미학과에 다시 입학하였다. 한국전쟁 이후 그는 고향 원주로 돌아와 대성학교 설립에 힘을 모았고, 1958년 무소속으로, 1960년 사회대중당 후보로 국회의원 선거에 출마하여 낙선하였다. 1961년 5월 장일순은 과거 정치 참여 전력과 중립화통일론中立化統一論 주장을 이유로 쿠데타를 일으킨 군부에 의해 구속되었고, 3년여 만에 출옥하여 원주로 돌아왔다. 그리고 천주교 원주교구 초대 교구장 지학순 주교와의 만남을 계기로 협동조합 운동, 평신도 사도직 운동, 반독재 민주화 운동, 농민 운동, 생명 운동과 같은 다양한 형태의 사회 운동을 배후에서 이끌다가 1994년 지병으로 세상을 떠났다.

최근까지 장일순에 관한 연구들은 동양사상의 관점에서 그의 활동과 생각을 읽고 재구성하려는 경향이 뚜렷하다_{정홍규, 2014; 박맹수, 2014; 전호근, 2016; 김소남, 2017; 이나미, 2019; 김재익, 2020 등 참조}. 동양철학자 전호근田好根이 한국 현대 철학자의 한 사람으로 장일순을 소개하며 언급한 내용은 장일순에 대한 기존 연구의 큰 틀을 규정하는 것 같다_{전호근, 2015, 801쪽}. 한국 현대사에서 사회정치적 상황이나 역사적 조건의 변화에 따라 장일순의 생각을 구분하여 검토하려는 일련의 시도들은 실제로 그와 가까웠던 이들이 바라보는 시각과는 차이가 있다. 일례로 그의 삼남 장동천은 장일순의 생각을 이론화하거나 시기를 구분하고 체계화하여 정리하는 것이 가능하지 않다고 말한다_{김영주와 저자의 인터뷰, 2014년 6월 11일; 장동천과 저자의 인터뷰, 2014년 7월 24일}.

이 글에서는 기존의 연구가 사료적 빈곤을 포함하여 다양한 이유로 놓치고 있던 한국전쟁 이후 장일순의 활동과 생각의 변화 과정을 가톨리시즘이라는 특정한 관점에서 검토하려고 한다. 논의를 시작하기에 앞서 이 글에서 제기하는 '가톨리시즘'이란 무엇을 의미하는지 간단히 정의하려고 한다. 『한국가톨릭대사전』에 따르면, 가톨리시즘이란 "예수 그리스도에 의해 계시되고 세상 끝까지 존속토록 정해진 역사적 현실로서의 로마 가톨릭교회의 믿음, 전례, 도덕"을 아우르는 천주교회의 모든 가르침을 의미한다「가톨리시즘」, 한국가톨릭대사전. 따라서 본고는 1950년대부터 1970년대의 원주라는 제한된 시공간 안에서 가톨릭 신자 장일순이 '하느님의 신비'이며 세상과 유기적으로 상호작용해야 할 의무와 권리를 지닌 천주교회의 가르침을 바탕으로, 어떠한 활동을 전개하였고, 이를 통해 그의 생각이 어떻게 변화하고 발전하였는지 검토하였다. 이를 위해 그의 삶에서 중요한 전환점이 된 지학순 주교와의 만남이 이루어진 1965년을 기점으로 시간을 구분하여, 가톨릭 신자 장일순의 활동과 사유 안에서 가톨리시즘의 특징과 요소들이 어떻게 태동하였고 또한 변용되었는지 추적하였다.

2. 태동 : 1953~1965

정치적 도전과 실패

정전협정이 난항을 거듭하던 시기, 거제도에서 군속으로 복무하던 장일순은 1953년 고향으로 돌아왔다. 그는 원주에서 중등 교육을 받을 여유가 없는 초등학교 졸업생들을 위한 비인가 학교인 성육고등공민학교에서 학생들을 가르치기 시작했다. 그러나 여기서 공부한 학생들은 졸업장을 받을 수도 없었고 고등학교로 진학할 수도 없었다. 장일순은 기존의 교장이 학교를 떠나자 교사들과 함께 학교를 인수하여, 1954년 3월 대성학교로 이름을 고치고 직접 운영에 참여하였다. 이러한 교명은 아마도 일본이 동아시아에서 침략과 식민지배의 마수를 공개적으로 드러내던 시기, 1908년 평양에 대성학교를 설립한 안창호安昌浩 1878~1938의 무실務實 정신을 계승하고자 하는 의미였던 것으로 보인다. 안창호는 국권 회복과 민족을 위해서 그리스도교 신앙에 기반을 둔 교육의 중요성을 꾸준히 강조하였다이만열, 2002, 57~58쪽. 대성학교는 종립 학교도 아니었고 종교교육을 실시하지도 않았다. 장일순은 교회에 충실한 신자였고 주변의 많은 친구와 제자들이 그의 영향으로 가톨릭 신자가 되었지만, 실제로 그는 평생 전교를 하지 않았다고 한다장화순과 저자의 인터뷰, 2014년 6월 11일; 이경국과 저자의 인터뷰, 2014년 6월 10일.

'참되자'로 정한 대성학교의 교시는 안창호의 민족교육론과 연관이 있어 보인다. 장일순은 학생들에게 철학을 가르쳤는데 안창호가 샌프란시스코에서 조직한 민족주의 운동 단체인 흥사단에 대해 학생들에게 자주 이야기했다고 한다계간『무위당 사람들』 15, 2006a, 7쪽. 이런 점에서 전후 고향에 돌아온 장일순은 안창호의 전인교육, 교육구국, 민족교육과 같은 당위에 크게 공감했던 것으로 보인다최성현, 2004, 24쪽.

여기서 교육가로서의 장일순과 관련하여 한 가지 흥미로운 점은, 일제 하에서 민족교육에 헌신하여 그 필요성을 강조했던 다수의 보수적 민족주의자 그룹이 해방 이후 한민당에 참여했지만, 장일순은 교육에 대한 그들의 주장에 상당 부분 동의하면서도 정치적으로나 이념적으로는 다른 길을 선택했다는 사실이다. 장일순은 1958년 제4대 민의원 총선거에 무소속으로 입후보하여 낙선하였다. 1960년 7.29 총선에서는 4

월 혁명 이후 혁신 세력을 망라하여 창당한 사회대중당이 내세운 121명의 후보 중 한 명으로 중립화통일론을 주장하며 원주에서 출마하였지만 다시 낙선하였다_{김삼웅, 2019, 61~80쪽}. 앞서 1960년 3월 15일에 치러진 정·부통령 선거는 이승만 정권에 의해 부정으로 얼룩졌고 전국적 시위로 이어졌다. 결국 이승만 대통령은 하야하고 하와이로 망명하였다_{홍석률·박태균·정창현, 2018, 50~57쪽}. 한국 사회는 이념적으로 그리고 정치적으로 열린 공간이 되었고 이승만 정권 아래 어떠한 헤게모니도 획득하지 못했던 세력들에게는 자유당과 민주당의 보수적 양당 체제에 도전할 수 있는 절호의 기회였다. 사회대중당은 이러한 정치적 조건에서 만들어졌고 좌파적 급진주의에서 민족주의에 이르기까지 이념과 노선이 다른 다양한 세력들로 구성되었다_{전명혁, 2011, 291쪽}. 사회대중당은 1951년 7월 발표된 프랑크푸르트 선언에 따라 민주사회주의를 실현하고 영세 중립화를 위한 통일 운동에 매진할 것을 공개적으로 선언하였다. 그러나 4.19 이후 민주주의에 대한 열망이 극에 달하는 상황에서도 대중에게는 혁신 정당의 통일론은 위험하고 급진적이며 심지어는 반역적인 주장으로까지 간주되었다. 중립화통일론과 남북 협상론을 주장했던 혁신 세력은 반공 이데올로기가 팽배했던 한국 사회에서 크게 영향력을 발휘하지 못했다. 장일순의 동생 장화순은 1950년대 장일순의 행보에 대해 가족들 안에서 강한 우려와 반대가 있었다고 말한다. 이후에 다시 언급하겠지만 장일순의 낙선과 5·16 쿠데타 이후 그의 가족은 공산주의자라는 비난에 직면하였고 큰 고통을 감내해야 했다_{장화순과 저자의 인터뷰, 2014년 6월 11일}.

장일순이 사회대중당 후보로 입후보하게 된 동기는 단순히 사회대중당 간사장이었던 윤길중과의 친분 때문만이 아니었다. 1950년대 말 한국 천주교회는 교회 소유 언론인 『경향신문』을 통해 야당인 민주당을 전반적으로 지지하였다^{민주화운동기념사업회, 2009, 380쪽}. 4월 혁명 이후 장면 정부의 등장과 정치적 변화를 감안하면 천주교 신자였던 장일순에게는 민주당 후보가 되는 것이 정치적으로 유리했을 것이다. 장화순도 장일순의 친구 중 한 명이 그에게 민주당에 합류하라고 조언했다고 전하지만, 김지하는 장일순이 해방 이후 여운형과 조봉암 같은 민족주의자들이나 지역의 혁신계열 인물들과 깊이 관련되어 있었던 사실을 언급한다^{장화순과 저자의 인터뷰, 2014년 6월 11일; 무위당을기리는모임 편, 2004, 188쪽}. 실제로 감리교 목사인 이현주 역시 장일순이 이승만 정권에 의해 사형당한 조봉암의 이야기를 하며 애읍하였다고 말한다^{최성현, 2004, 160~161쪽}. 반면 장일순과 원주에서 다양한 사회 운동을 함께 했던 이들은 장일순과 조봉암을 비롯한 혁신 정당과의 관계를 유추할 수 있는 어떠한 사료도 남아있지 않다는 이유를 들어 그 연관성을 현재까지 부정하고 있다^{무위당을기리는모임 편, 2004, 171쪽; 김영주와 저자의 인터뷰, 2014년 6월 11일}. 여기서 분명한 건 장일순이 1950년대 이승만 정권에 매우 비판적이었다는 사실이다^{장일순, 2009, 119~121쪽}. 당시 정권은 학원의 운영과 교육에 대해 철저한 감시와 통제를 바탕으로 학교교육을 종속화·도구화하려 시도하였기에, 학교를 운영하는 교육가 장일순의 입장에서는 출마의 현실적인 이유가 존재했을 것이다^{홍석률·박태균·정창현, 2018, 71쪽}. 또한 정치적으로 1958년 5.2 총선을 앞둔 이승만 정권은 조봉암을 구속하고 진보당 등록을 취소했다. 따라서 대부분의 진보적인 지식인들과 마찬가지로 장일순도 첫 선거에서는 무소속으로 출마하게 되었다. 김용우가 지적하듯이, 이승만 정권을 지나며 장일순은 한국 사회와 기존 정치세력에 대해 사뭇 비판적이었고, 중립화통일론을 주장할 정도로 이념적으로는 진보적이었다 김용우와 저자의 인터뷰, 2014년 6월 13일.

끝으로, 만일 장일순이 통일 운동을 제외하고도 사회대중당의 이념 노선에 부분적으로 동의했다면, 1970년대 말 장일순의 사상적 전환이 이루어진 동기를 찾을 수 있을지도 모른다. 사회대중당은 소련식 사회주의 이데올로기를 반대하였다. 장일순 역시 1980년대 초부터 이념적으로 마르크스주의와 계급투쟁 논의에 경도된 학생 운동을 비판하였다 장동천과 저자의 인터뷰, 2014년 7월 24일. 물론 장일순이 극단의 이념 갈등이 초래한 한국전쟁을 실제로 경험했다는 사실과 그가 20세기 내내 사회주의에 대해 부정적인 입장을 견지했던 교회의 태도와 신학적 입장을 동일선상에서 바라보았는지는 여전히 논의가 필요한 부분이다.

실패가 가져온 변화 : 먹을 갈고 포도를 키워라

장일순의 정치적 도전은 짧은 시간에 그와 그의 주변에 상상하지 못한 변화를 초래하였다. 1961년 5·16 군사정변 이후 절차적·정치적 정당성이 부족했던 군부 세력은 장면張勉 정권하에서도 실현되지 못한 사회 개혁에 대한 대중의 열망을 알고 있었다. 쿠데타 세력은 혁명 공약을 발표하여 기존의 부패한 정치 세력과 혁신 세력을 묶어 제거를 시도했다조희연, 2007, 24~29쪽; 홍석률·박태균·정창현, 2018, 83~86쪽. 쿠데타 3일 만에 장일순은 사회대중당 참여 전력과 중립화통일론을 공공연히 설파했다는 혐의로 구속되었다. 이 일로 장일순의 가족은 산산이 부서졌다. 그의 어머니는 그가 감옥에 있는 동안 세상을 떠났고, 그의 아버지도 그가 석방된 직후 질병을 얻어 세상을 떠났다장동천과 저자의 인터뷰, 2014년 7월 24일. 부모가 구몰하고 주변 환경이 적대적으로 바뀌면서 장일순의 삶에 눈에 띄는 변화가 일어났다. 그의 아내 이인숙은, "잘 우시는 편이었어요. 시내에 나가셨다가 술에 취해서 돌아오시면 우시는 일이 종종 있었어요. [중략] 돌아가신 어머니 얘기를 할 때, 자주 우셨어요."라고 회고했다무위당사람들 편, 2019, 143쪽. 이렇게 장일순은 '다른 사람'이 되었다고 한다최성현, 2004, 28쪽. 한때는 강직하고 불의를 보면 참지 못했던 청년 신자 장일순은 저항과 도전에서 떠밀리듯 멀어지자 방에서 먹물을 갈았고 밭에서 포도를 키웠다. 장동천은 그 시절부터 그의 아버지가 스스로를 농부로 여겼다고 기억한다장동천과 저자의 인터뷰, 2014년 7월 24일.

여기서 한국전쟁 이후 원주로 돌아온 가톨릭 신자 장일순과 관련하여 한 가지 흥미로운 점이 발견된다. 그가 레지오 마리애Legio Mariae의 단원이었다는 사실이다. 장일순은 결혼을 앞둔 1956년부터 레지오 마리애 주간 회합에 참석했다. 또한 원동 본당 쁘레시디움의 초대 단장으로 원주교구 최초의 레지오 마리애 평신도 지도자이기도 하였다지학순정의평화기금, 2000, 127~128쪽. 레지오 마리애는 1921년 아일랜드에서 평신도 사도직 단체로 설립되었고 1953년 한국 교회에 소개되었다. 장일순이 한국 레지오 마리애의 국가 평의회인 세나투스가 승인된 1958년 이전부터 평신도 운동의 최전선에서 봉사했다는 사실은 주목할 만하다. 다소 모호한 점이 있지만, 일반적으로 알려진 레지오 마리애의 목적은 세상과 단원들의 성화를 통해 하느님의 계획을 실현하는 것이다. 이들의 활동은 그리스도교가 윤리나 성사보다 한 사람 그리스도의 인격과 사역에 기초한 종교라는 이해를 기반으로 한다. 나아가 이들의 영성은 단원들이 만나는 개개인에게서 그리스도의 표상을 발견할 수 있다는 점에 기반하고 있다 마태오 복음 25장 40절 참조. 이처럼 초기의 레지오 마리애는 신자로서의 정체성과 소외된 이들에 대한 관심을 강조하는 경향이 있었다. 논쟁적일 수 있지만, 이러한 의미에서 레지오 마리애의 초기 리더로 봉사하며 전후 교육자로 학교를 운영하였던 장일순이, 이승만 정권의 도구로 전락하기 시작한 교육 현실을 개탄하며 국회의원 선거에 출마하였다는 점은, 초기 레지오 마리애의 사회적 지향과 연관하여 사회변혁의 희망과 책임을 드러내고자 했던 그의 능동적이고 적극적인 상상이었다고 볼 수 있을 것이다. 그러나 결과적으로 그의 정치적 도전은 현실의 벽에 가로막혀 실패로 끝나게 된다. 장일순은 자신의 실패하고 무의미했던 도전을 다음과 같이 회상한다.

그렇게 정치에 참여했으면 3년도 못 가 도둑놈이 됐을 겁니다. 정치구조가 그렇게 돼 있어요. 그렇게 되면 소망했던 일을 할 수 없고. 또 하나는 나와 함께 가는 분들, 가르쳤던 학생들에 대한 배신이지요. 그것은 내가 생활해 오며 만난 사람들에 대한 배신일 뿐만 아니라 겨레에 대한 배신입니다장일순, 2009, 185쪽.

정치적으로 장일순은 비록 실패하였지만 교육가로서 그는 자신이 품었던 사회적·종교적 이상을 포기하지 않았다. 그는 실패의 경험을 통해 교회의 가르침과 전통에 새삼 충실할 수 있었고 신앙적 의심과 외부의 비판에 좌절하지 않을 수 있었다. 실제로 그는 1960년대와 1970년대를 통해 원주교구 안에서 "소망했던 일"과 이상을 추구할 이유를 찾았다장일순, 2009, 185~186쪽. 이런 의미에서 젊은 시절 낙선의 경험은 그가 말년까지도 정치적 환경과 사회적 조건이 변화하는 과정에서 정치와 일정한 거리를 두고 원주에 남아 넓은 의미에서 자신의 신앙을 지킬 수 있었던 이유를 설명해 준다.

정리하자면, 1950년대 장일순은 스스로를 교육가로 생각했으며 동시에 교회의 가르침에 충실한 평신도 지도자였다. 앞서 검토한 것처럼, 이 시기 그의 정치적 도전은 특정한 종교적 자의식에서 출발하였고, 이념적 지향에서 어느 한쪽으로 편향된 엘리트 집단이 이끄는 정치 현실의 한계를 인식하도록 만들었다. 요컨대 그가 경험한 정치적 실패는, 단정하기에는 이르지만, 장일순이 평생을 통해 '정치적 참여 행위자engaged political actor'가 아닌 종교성과 영성에 대한 자기 확신에서 비롯된 '참여적 관찰자participative observer'의 역할에 보다 충실하였다는 사실과 무관하지 않을 것이다장자에 나타난 개념적 대비에 대해서는 김영민, 2021, 217~228쪽을 참조.

(장일순)선생은, 무엇보다도 진인이었다. 속류 과학주의와 속류 유물론과 유사종교적이고 혹세무민적이며 종교적 신비주의에 그리고 추상적 형이상학만이 어지럽게 춤추는 판에서 대중성 민중성 소박성 일상성 속에 들어있는 거룩함을 되찾아내어 사람과 사람, 사람과 자연이 한 몸 뚱어리의 두 이름으로 더불어 함께 영적 진보를 이루어 나가야 한다는 것을, 그 길밖에 길이 없다는 것을, 순평한 입말로 남겨준 선생이시다 무위당을기리는모임 편, 2004, 37쪽.

3. 내면화 : 1965~1980

1961년 5월 16일 박정희를 위시한 군부는 쿠데타를 일으켰고 총리 장면은 천주교 서울대교구로 피신했다Cumings, 2005, p. 352. 이튿날 군부는 국회를 해산하고 모든 정치 활동을 금지하였다. 이어 전국에서 반체제 인사들의 분류와 검거가 시작되었다. 장일순은 쿠데타 주도 세력인 군사혁명위원회의 용공세력 색출 지시에 따라 사회대중당에 참여했던 전력과 중립화통일론을 공공연하게 주장했다는 이유로 쿠데타 사흘 만에 수감되어 8년 형을 선고받은 후 서대문과 춘천에서 복역하고 1963년 출소하였다. 고향에 돌아온 그는 포도농사를 짓고 서예를 다시 시작했다. 그리고 아내 이인숙의 회고처럼 물을 거슬러 오르기보다 물 흐르는 대로 살아가는 법을 배우기 시작하였다_{최성현, 2004, 28쪽}.

이런 장일순에게 삶의 전환점이 된 사건은 1965년 제2차 바티칸 공의회_{이하 '공의회'}의 마지막 회기가 한창이던 시기 천주교 원주교구의 초대 교구장으로 착좌한 지학순 주교와의 만남이었다. 이후 원주교구 평신도 사도직 운동의 지도자로 활동하던 장일순은 1974년 7월 6일 지학순 주교가 민청학련사건의 개입과 긴급조치 1호와 4호 위반으로 구속되면서, 반독재 민주화 운동에 본격적으로 참여하게 되었다_{「1974년, 지학순 주교가 남긴 정신」, 『가톨릭평화신문』, 2020}. 그리고 1977년을 기점으로 1980년 5월 광주민주화 운동의 시기를 지나며 기존 사회 운동의 방향과 성격에 대해 재고하기에 이른다. 이 시기 지학순 주교는 장일순과 교류하며 그를 곡비曲庇하였고 장일순의 사상은 교회의 가르침과 상호작용하며 변화와 발전의 과정을 거치게 되었다. 앞서 나열한 사실들은 1960년대와 70년대를 지나며 장일순의 사상이 가톨릭시즘, 더욱 엄밀히 말해 공의회가 가져온 현대 가톨릭교회의 사회적 가르침의 전개와 발전 과정과 연관되어 변용되었을 가능성을 시사한다. 이 장에 본격적으로 논의하겠지만 1970년대 한국 천주교회의 정치적 저항은 공의회의 신학적·사목적 유산과 깊이 관련이 되어 있다. 이 시기 교회의 저항은 '하느님의 모상_{imago dei}'으로서 인간의 존엄을 지켜가는 과정에서 직면한 사회정치적 억압에 대한 실천적 응답에서 비롯되었다. 이러한 의미에서 필자는 현대 가톨릭교회의 사회적 가르침에 기초하여 이루어진 교회의 반독재 민주화 운동을 포함하는 사회정치적 참여를 장일순의 '가톨릭적 저항'

으로 정의하려고 한다.

만남

1965년 장일순은 그의 인생에서 전기轉機를 마련한 인물인 지학순 주교를 만나게 된다. 이 만남 이후 이들에게서 발견되는 '사목적 협업 pastoral collaboration'은 어떻게 지방 소도시의 '용공인사'에 불과했던 장일순이 지학순 주교와 같은 공의회 이후 교회 내부 개혁 세력의 지지를 받고, 1970년대 영향력 있는 사회 운동 그룹의 하나였던 이른바 원주그룹의 배후 지도자가 되었는지 설명해 준다김영주와 저자의 인터뷰, 2014년 6월 11일. 1965년 3월 22일 바티칸은 한반도에서 14번째 교구로 원주교구를 설정하고 지학순을 초대 교구장 주교로 임명하였다원주시역사박물관, 2018, 10쪽. 당시 지학순은 공의회의 마지막 회기에 참석하고 있었고 공의회 정신에 깊이 감명을 받았다. 그는 평신도 사도직에 기초하여 아래로부터의 교회 개혁을 사목의 방향으로 삼았다지학순정의평화기금, 2000, 70~81쪽. 장일순의 기억에 의하면, 그는 원주교구에서 지학순 주교의 사목 활동을 도울 가장 적합한 사람으로 추천되었다고 한다.

60년대 중반이 좀 넘어 옥살이를 하고 나와서, 군사정권의 횡포를 상대해서 그것을 대적할 만한 힘을 어떻게 구축해내야 할까를 가만히 생각해 보니까, 불교는 회중이 자주 모이지 못하고, 천주교나 개신교나 이런 예수를 믿는 교파들은 일주일에 한 번씩 모이니까 예수의 건전한 말

쏨의 뜻을 따르는 생활 유도를 하면 삶의 에너지가 되지 않겠는가 하는 생각이 들었어요. [중략] 그런 생각을 하고 있는데 마침 그 무렵에 천주교 원주교구가 준비 중이었고 지학순 주교가 사람을 만나고 싶어 하던 와중에 물색하고 물색하다가 나를 만나게 된 거죠. 그때 지학순 주교가 교회를 제 모습으로 이끌어가야 할 텐데 어떻게 하는 것이 좋겠냐고 그러데요. [중략] 그래서 이제는 교회가 하느님을 믿는, 예수를 믿는 사람 모두의 교회가 되어야 하지 않겠냐고, 그러려면 교육이 선행되어야 할 것이라고, 또 하나는 교회 자체가 자치의 틀로 질서가 바뀌어야 될 것이라고 무위당올기리는모임 편, 2004, 114~115쪽.

장일순은 1950년대 교육가로 활동하면서 국회의원 선거에 출마했던 때처럼 여전히 교육에 대한 열의를 버리지 않고 있었다. 그는 지학순 주교에게 평신도들의 교육을 중시하는 사목 활동이 필요하다고 조언하였다. 한살림을 창립한 박재일에 따르면 장일순에게 교육은 "가르치는 자와 배우는 자가 나뉘고 고정된 것이 아니라 선생이 학생이 되기도 하고 학생이 선생이 되기도 하는 서로 배우고 가르치는 관계"였다고 한다 무위당올기리는모임 편, 2004, 166쪽. 이러한 장일순의 교육관은 교육과 운동을 병행하여 실천했던 원주의 초기 협동조합 운동과 원주교구가 주도한 사회운동의 전개 과정에서 그 사례를 찾을 수 있다 이에 대해서는 김소남, 2017 참조.

두 번에 걸친 정치적 도전이 실패한 후 장일순은 지학순 주교를 통해 천주교회가 가진 신학적 개방성과 잠재력, 신앙에서 비롯된 실존적 안정감 모두를 경험할 기회를 얻게 된다. 천주교회는 공식적으로 모든 사회활동을 금지당한 장일순이 사회 개혁과 사회 정의 실현이라는 그의 오랜 목표에 다시금 헌신할 수 있는 공간을 제공해 주었다. 지학순 주교가 원주에 가져온 공의회의 새로운 사회적·사목적 이상을 공유하면서 장일순은 가톨릭시즘을 다시 생각하게 되었다. 원주교구에서는 1965년부터 지학순의 사목을 도울 평신도 리더를 양성하기 위한 교육이 시작되었다. 장일순은 평신도 사도직 운동의 초창기 리더로 공의회 문건을 공부하기 위한 그룹을 만들었고, 이를 통해 평신도들에게 가톨릭교회의 사회적 가르침을 강의하였다계간『무위당 사람들』12, 2005, 10~11쪽; 18, 2006c, 9쪽. 실제로 지학순 주교는 일본에서 공의회 문서를 들여와서 장일순에게 번역을 의뢰하기도 하였다김영주와 저자의 인터뷰, 2014년 6월 11일; 무위당을 기리는모임 편, 2004, 152쪽. 원주에서 사목 활동을 하던 이들의 다수가 외국인 사제였음에도 평신도에게 공의회 문서의 번역과 연구, 나아가 교육을 맡기는 일은 결코 통상적인 일이 아니었다. 아마도 지학순 주교는 장일순이 현대 교회의 현실에 대한 적실한 이해를 하고 있다고 생각했던 것 같다. 물론 장일순이 공의회 문건의 배경을 완전히 이해할 수 있는 신학적 준비가 되어 있었을 것으로 보이지는 않는다. 그러나 지학순 주교는 지역에서 드물게 장일순이 평신도로서 가진 교회에 대한 이해, 역사 인식과 개혁에 대한 의지, 교육에 대한 열정을 높이 샀던 것으로 보인다. 이러한 이유로 지학순은 장일순이 침체된 천주교회에 변화를 가져오고 공의회의 이상을 실현할 자신의 사목 활동을 도울 평신도 지도자로 준비되길 원

했다지학순정의평화기금, 2000, 80~82쪽.

여기서 한 가지 짚고 넘어가야 할 것이 있다. 1980년대 이후 장일순 말년의 활동과 생각이 동양사상에 대한 그의 관심과 이해에 기초하고 있다는 주장은 많지는 않아도 남겨진 기록들을 통해 유추가 가능하다. 그러나 1960년대 중반부터 장일순의 생각을 재구성하고 그 방향을 정하는 데 있어서 가톨릭시즘, 특별히 공의회가 새롭게 제시했던 사회교리와 평신도 사도직에 대한 가르침과 성찰이 원주교구에서 어떻게 실현되고 장일순에게 어떻게 내면화되었는지 뒷받침하는 사료는 여전히 불충분하다. 또한 장일순이 평신도 사도직 운동의 지도자로서 교회 내부에서 어떻게 봉사했는지 주변인들의 증언을 제외한 사료적 가치가 있는 공식적이고 세부적인 교회의 기록은 현재로서는 찾을 수가 없다. 이 글의 논의를 벗어나기는 하지만 개인의 기억에 의존한 기존의 이해를 넘어서는 연구의 보편성을 획득하기 위해 사료의 발굴과 보완의 과정이 선행되어야 한다. 이러한 기초 위에서 장일순의 사상을 시기적으로 구분하고 그 적합성을 비판적으로 논하는 것에서부터 그의 사상의 발전, 내적 변용까지 검토하여 비로소 학문적 보편성을 얻을 수 있기 때문이다. 그러나 현재 주어진 사료를 통해 한 가지 분명하게 드러나는 것은 장일순이 그의 가톨릭적 정체성을 받아들이고 교구에서 주어진 그의 역할과 활동을 통해 교회의 사회적 역할에 대한 실천적 성찰을 시작했다는 사실이다.

장일순과 평신도 사도직 운동

장일순은 평신도 사도직 단체인 꾸르실료Cursillo가 1967년 한국 천주 교회에 소개된 초기에 이 운동에 적극적으로 참여하였다지학순정의평화기금, 2000, 82쪽. 꾸르실료 운동의 배경에는 그리스도교 영성에 대한 자부심, 그리스도교 영성의 실천적 지향, 동시대에 대한 명확한 인식, 평신도 사 도직에 대한 확신 등이 혼재하고 있다. 이러한 점에서 꾸르실료는 초기 부터 교회보다는 교회 외부를 향한 복음적 관심이 컸다유수철, 1973.9, 13~20 쪽. 장일순은 원주교구에서 조직된 첫 번째 꾸르실료의 지도자가 되어 1967년 서울에서 영어로 진행된 제2차 전국 꾸르실료에 참여했다. 그 리고 이러한 모든 활동은 꾸르실료 운동이 한국에서 공식적으로 시작 된 1970년 6월 이전에 이루어졌다계간『무위당 사람들』 12, 2005, 13쪽. 일반적으 로 꾸르실료의 정착 초기 개별 본당이 꾸르실료에 참여할 평신도를 추 천하며 그들의 사회적 지위와 교육 수준 등을 고려했다는 점에서, 장일 순은 지역에서 이미 평신도 지도자로 그 역할을 인정받았던 것으로 보 인다.

반독재 민주화 운동과 관련해서도 한국 꾸르실료는 1974년 7월 지 학순 주교가 체포되자 10월 3일 대전에서 열린 제4차 전국 울뜨레야 대 회에서 천주교회가 주도한 민주화 운동에 참여하기로 공식적으로 결의 하였다민주화운동기념사업회, 2009, 388~389쪽. 지학순 주교와의 개인적인 인연과 별개로 이 운동에 적극적으로 참여했던 장일순이 당시의 교회 내부 분 위기에 어느 정도 영향을 받았을 가능성이 있는 대목이다. 물론 공의회가 가져온 신학적 제안과 사목적 변화에 자극을 받은 지학순 주교는 교구장으로서 평신도 지도자 장일순을 전폭적으로 지지했고 그가 평신도 사도직 운동에 활발히 참여하도록 도왔다^{김영주와 저자의 인터뷰, 2014년 6월 11일}. 지학순 주교는 초기부터 교회가 재정적·신학적으로 독립하는 것을 사목적 지향으로 삼았다. 이를 위해 그는 사제들보다는 평신도들과 일하는 것을 선호했고, 결과적으로 장일순과 같은 꾸르실리스타들이 1960년대 말부터 원주에서 평신도 사도직 운동을 비롯한 다양한 대내외적 사목 활동에 비중 있게 참여했다^{계간 『무위당 사람들』 18, 2006c, 9쪽}.

1969년 장일순은 원주교구 청년회를 구성하기 위해 가톨릭 청년들에게 먼저 지역 본당 가톨릭 청년회의 상황을 조사하게 하였다. 당시 박정희 정권은 경제적인 이유를 들어 독재 연장을 계획하였고 정치적 상황은 점점 더 악화되었다. 장일순은 사회적 변화와 관련하여 천주교회 차원의 실천적이고 조직적인 준비가 필요하다고 생각했던 것으로 보인다. 이런 점에서 가톨릭 청년회의 정비는 머지않아 시작될 반독재 민주화 운동을 위한 준비의 일환이었다. 1971년 전국 가톨릭 청년회 회장을 역임했던 이창복에 따르면 장일순은 단계적으로 청년들에게 조언하면서 천주교회의 조직적인 사회 운동을 준비하였다고 한다^{지학순, 1983, 76쪽; 계간 『무위당 사람들』 15, 2006a, 8~9쪽}. 정권이 독재 권력 연장에 반대하는 이들을 향한 탄압의 강도를 높여가던 1970년대 초반 가톨릭 청년 운동의 배경에는 이처럼 장일순의 의미 있는 역할이 있었다.

장일순에게 사람들을 만나고 가르치고 자유롭게 이야기할 수 있는 유일한 공간은 교회 안에서 주어졌다. 그가 평신도들과 함께 공의회 문헌을 학습하고 사회 개혁을 위한 사상적 동력을 얻었던 사실은 어찌 보면 당연한 결과였다. 장일순은 가톨릭 청년회나 꾸르실료와 같은 평신도 사도직 운동에 적극적으로 관여하면서 동시에 정치적·사회적 조건의 변화를 보며 교회의 사회적 역할에 대해 고민하였다. 현대 가톨릭교회의 사회적 가르침은 교황 레오 13세_{1810~1903} 이후로 세속 권력과 동시대인들에 대한 바티칸의 변화된 태도에서 시작되었고 공의회를 통해 더욱 분명하게 제안되었다_{이에 대해서는 Dorr, 2012 참조}. 19세기 말부터 천주교회는 공동선의 가치를 고양하기 위해 호혜의 원칙에 입각한 세속 권력의 정치적 자율성을 인정하기 시작하였다. 이러한 변화는 오랜 시간 사회적으로 현상 유지를 선호하면서 보수적인 국가의 역할을 지지했던 천주교회의 전통적인 도그마를 개혁하고자 하는 시도였다_{O'Brien and Shannon eds., 2010, p. 8; 「기쁨과 희망」 74, 76항}. 그리고 실제 이러한 태도 변화는 1970년대 가톨릭교회의 사회적 가르침이 전 세계적으로 불공정하고 반동적인 독재 사회정치 권력과 대립하고 저항하는 과정을 통해 본격화, 합리화, 그리고 토착화의 길을 걸었다.

당시 한국 천주교회의 사회 운동의 배경이 된 사회교리의 신학적 의미를 간단히 부연하면, 공의회를 통해 교회는 '시대의 징표'를 읽고, 그리스도교의 계시와 은총의 교리를 재해석해야 할 책임을 갖게 되었다. 특별히 정의와 사랑이라는 신학적 개념은 교회의 사회 운동과 사회참여를 이끌어 갈 중요한 원칙으로 제시되었다. 공의회는 그리스도교 전통에서 이러한 개념들이 그리스도의 사목에 비추어 재해석되어야 하며 이를 통해 광의에서 하느님의 백성들을 재정의하였다「기쁨과 희망」 32항. 은 유적으로 그리스도의 몸인 교회와 그리스도의 종말론적 몸인 인류가 상호 연결되어 있다는 신학적 이해에 비추어, 하느님의 백성이 사회적 구원의 주체이며 동시에 대상이 된다는 것이다. 결국 교회를 구원의 주체로 보고 인류를 구원의 대상으로 보는 그리스도교의 전통적인 구원론에 입각한 교회의 사회적 역할이 현대 세계에서 더는 유효하지 않을 수도 있다는 급진적인 해석이 사회 운동의 과정에서 확산되었다.

지학순 주교는 1973년 발표한 사목 교서에서 공의회 이후 교회의 이러한 태도 변화를 간단히 설명하고 있다. 이 문서는 역사적으로 원주교구가 참여한 민주화 운동의 배경이 되는 중요한 문서이다. 지학순 주교는 교회의 사랑은 민중들에 대한 조건 없는 관심에서 찾아야 하고, 교회의 정의는 이웃을 섬기고 가난한 자들을 도우라는 그리스도의 가르침에서 찾아야 한다고 설파했다지학순, 1983, 77~78쪽. 장일순도 지학순 주교의 사목 지침에 포함된 의도를 이해하고 지지했다. 장일순은 지학순 주교가 강조했던 것처럼, 냉혹한 현실에 놓인 하느님의 백성들을 향하여 조건 없는 사랑과 타협하지 않는 정의를 바탕으로 종교의 벽을 넘어서는 사회적 연대를 실현하고자 했다. 그런 의미에서 장일순은 교계제도라는 현실의 벽에도 불구하고 지학순 주교의 "영혼의 동반자"로 기억되고 있다정인재와 저자의 인터뷰, 2014년 6월 10일. 결국 공의회 이후 현대 가톨릭교회의 사회적 가르침의 상황화와 발전은 원주교구에서 이루어진 지학순 주교와 장일순 사이의 사목적 협력을 통해 공의회가 주창한 연대에 기반을 둔 하느님의 백성을 위한 운동으로 실현되었다.

가톨릭적 저항

1974년 7월 6일 지학순 주교는 대만에서 열린 아시아 주교회의 연합회에 참석하고 돌아오는 길에 김포공항에서 중앙정보부 요원들에게 강제로 연행되었다. 1974년 1월 8일 이미 긴급조치 1호와 2호를 발표했던 정권은 그해 4월 3일 긴급조치 4호를 추가로 발표하면서 북한의 자금을 받아 유신을 반대하고 국가전복 계획을 세웠다는 혐의로 대학생들을 포함한 235명을 구속 기소하였다_{조희연, 2007, 157~159쪽; 민주화운동기념사업회, 2009, 381쪽}. 지학순 주교는 이 사건과 관련된 대학생들에게 재정 지원을 했다는 의심을 받는 상황이었다. 그 결과 민청학련과 인혁당 재건위 사건으로 장일순의 제자 중 하나였던 김지하가 사형을 선고받았다. 장일순은 김지하의 사형선고와 지학순 주교의 수감으로 충격을 받아 자주 눈물을 보였다고 한다_{최성현, 2004, 34쪽; 이용포, 2011, 129쪽}. 가톨릭 주교의 전례 없는 투옥은 그동안 천주교회 내부에서 사회참여에 소극적이었던 사제들과 신자들의 반독재 민주화 운동 참여를 가속화시켰다. 지학순 주교는 김지하에게 자금을 지원했다는 혐의로 구속되어 15년형을 선고받았지만 이듬해 2월 형집행정지로 석방되어 원주로 돌아왔다. 장동천은 다음과 같이 당시를 기억한다.

지학순 주교 석방됐을 때도 어머니랑 같이 환영하러 나갔는데 [지학순 주교가] 원주역에서부터 걸어서 오시는데 신자들이 전부 다 옷을 벗어 가지고 길에 깔아주고 그랬다. 그게 감동과 억눌림을 풀어내는 그런 자리였던 거 같다. 지금도 잊을 수가 없다. 어린 나이에 엄마 옆에서 봤던 정경을 장동천과 저자의 인터뷰, 2014년 7월 24일.

지학순 주교의 수감 이후 원주교구에서 시작된 천주교회의 일련의 저항 배경에 있어, 논쟁적인 일화이지만 장일순이 지학순 주교에게 정권 저항에 나서달라고 했다는 주장이 제기된다최성현, 2004, 34쪽. 장동천에 따르면, 평신도 지도자 장일순이 지학순 주교에게 신앙이 아니라 사회 정의를 위해 순교자가 되라고 권했다고 한다. 그리고 지학순 주교가 현실의 운동과 저항을 위해 장일순이 건의하는 내용을 나름의 혜안을 가지고 받아들였다는 것이다장동천과 저자의 인터뷰, 2014년 7월 24일. 당시 정권에 저항하려는 장일순의 의도는 정치에 다시 발을 들이려는 것과는 거리가 멀었다. 그는 폭압적인 정권이 거짓으로 고발한 사람들을 도우려는 의도였다. 다시 말해 1971년부터 원주교구에서 진행되어 온 사회정의 운동을 원주를 넘어 정치적 영역으로 확장하는 의미였다. 따라서 1970년대 들어 장일순이 참여한 반독재 민주화 운동은 사회적 조건의 변화에서 시작되었지만, 정치적 목적을 지닌 운동이 아니라 지학순 주교가 강조해 온 사회정의라는 사목의 지향을 재확인하고 '시대의 징표'를 해석하는 과정에서 이루어진 '가톨릭적 저항'이었다장일순, 2009, 184쪽.

이처럼 1970년대 원주에서 천주교회의 이미지와 역할은 사회학자들이 흔히 묘사하듯 19세기 말 "사회 변화를 가로막는 벽"으로서의 교회의 이미지와는 다소 거리가 있었다_{Greeley, 2000, p. 123}. 무엇보다 지학순 주교와 장일순이 원주에서 만들어낸 사목적·사회적 시너지는 반동적_{reactionary}이기보다 혁명적_{revolutionary}이었다. 종교개혁자들이 16세기 유럽의 오래된 사회구조에 저항하려 했던 것처럼 지학순 주교와 장일순은 박정희 정권의 개발독재가 초래한 불평등에 기반을 둔 유사 근대적 사회구조에 사회기층에서부터 저항하고자 하였다. 박정희 정권의 독재와 산업화의 망령은 불평등, 인간성 상실, 공동체 해체와 같은 사회문제들을 한국 사회에 가져왔다. 이 시기 장일순은 하느님의 백성을 재정의했던 공의회의 가르침과 공동선을 회복하기 위한 천주교회의 사회적 역할에 관심을 가졌던 것으로 보인다_{「기쁨과 희망」 11, 24, 26, 32, 45항}. 따라서 장일순에게 '가톨릭적 저항'은 교회의 전통 위에 입각한 공동체주의와 사회적 연대에 기반을 둔 신학적 이해를 바탕으로 '시대의 징표'를 읽고 특정한 사회적·역사적 맥락에서 구현되어야 했다. 공의회의 유산에 영향을 받은 장일순의 '가톨릭적 저항'은 이처럼 누구도 예상하지 못했던 한국 천주교회의 가장 '작은' 교구에서 발현되고 실현되어 갔다_{마태오 복음 25, 31-46 참조}.

내적 갈등과 새로운 저항

지학순 주교가 수감되면서 앞서 언급한 것처럼 교회의 사회참여를 신학적으로 정당화하려는 시도가 교회 내부에서 시작되었다. 교황 요한 23세의 회칙들과 공의회 문헌들은 시위의 현장에서 반복적으로 낭독되었다^{민주화운동기념사업회, 2009, 404~407쪽}. 장일순이 이끈 지역의 사회 운동 그룹인 소위 원주그룹은 1965년부터 이미 신학적·조직적으로 준비를 시작했기에 본격적인 저항 운동으로 전환하는 것은 어려운 일이 아니었다. 따라서 장일순의 원주그룹은 공의회 문헌에 관한 학습과 내면화를 통해 신학적 고민과 결단의 과정을 빠르게 생략하고 반독재 민주화 운동에 적극적으로 참여할 수 있었다. 그러나 이처럼 철저하고 조직적인 준비가 처음의 의도와는 상관없는 변화를 가져오게 되었다. 가톨릭 사회 운동가 장일순의 삶에서 가장 중요한 변곡점이자 사상적 도약을 가져온 저항에 대한 내적 갈등과 운동에 대한 회의와 성찰이 시작되었다.

1970년대 개발독재 아래에서 신음하며 순응해야 했던 농민들과 노동자들의 비판의식이 고취되고 자주적으로 저항 운동에 참여하면서 민중 지향의 투쟁은 점차 사회 운동의 주를 이루게 되었다. 교회 역시 노동자 운동과 농민 운동을 조직적으로 지원하면서 점차 민중이 운동의 주체로 인정받게 되었고, 1970년대 들어 개신교와 천주교 각각의 저항 신학도 등장하였다. 이러한 상황에서 장일순은 기존 운동에 내포된 갈등과 대립의 위험성을 인식하기 시작하였다. 공의회가 가져온 사회문제에 대한 새로운 신학적 접근과 교회의 전통적 교리 사이의 갈등은 교회의 사회참여가 확대되면서 피할 수 없게 되었다. 공의회 문헌을 번역했고 학습했던 장일순은 사회적 갈등과 대립의 파급력이 교회에 미치게 될 영향을 무시할 수 없었다. 최장집의 지적처럼 사회 운동은 정치적 민주화가 중요한 쟁점이 될 때 시민사회에서 수용성이 높아지지만 반대로 특정 이슈, 즉 노동이나 계급처럼 상대적으로 급진적인 문제로 이동하게 되면 정치적으로 동력을 잃거나 실패하고 외부의 개입을 초래할 수 있다_{이에 관해서는 최장집, 2010 참조}. 당시 원주그룹 내부에서 제기된 변화의 요청은 이러한 사회 운동의 과정의 관점에서도 필요한 것이었다.

민주화 운동의 성격이 변해 가는 과정에서 해방신학과 민중신학의 사회적 영향력은 확대되었고 신학적 연대의 요구도 늘어갔지만 교회 내·외부에서 이러한 신학에 대한 수용성은 그리 높지 않았다. 천주교회의 민주화 운동은 점차 기존 운동과의 조우를 통해 계급투쟁과 같은 마르크스주의의 특정한 이념적 측면에 경도되기 시작하였다. 장일순의 원주그룹 내부에서도 유사한 갈등이 불거졌다. 사회정치적 영역에서 좌파 민중 운동 내부의 갈등이 1980년대 전반부에서야 등장하게 되었다는 사실에 미루어보면 1970년대 중후반 원주에서 이루어진 이러한 내부적 성찰은 시대를 앞서간 것이었다.

기존 마르크스주의 운동에 내재된 한계와 계급투쟁에 대한 장일순의 우려는 현대 가톨릭교회의 사회적 가르침에서도 그 배경을 찾을 수 있다. 교황 레오 13세의 회칙 「새로운 사태」_{Rerum Novarum1891}가 발표되고

천주교회는 혁명적 변화의 가능성이 어떠한 식으로든 내포된 자유주의
적 개인주의와 사회주의적 공동체주의라는 사회경제적 양극단의 이념
을 지속적으로 배척해 왔다「새로운 사태」 11, 12항. 이러한 사회정치적 우려에
더해 역사적으로 교회가 사회주의에 대해 일방적인 반대의 태도를 표했
던 것은 사유재산의 원칙을 절대 불가침의 영역에 두어 지키고자 했던
경제적 이유도 실재한다.

70년대 소비자협동조합 운동을 해나가는 과정에서 또 반독재 운동을
계속하다 보니까 종전의 마르크스 패러다임에서 벗어나야겠다는 생각
이 들었어요. 그것 가지고는 문제의 해결은 말할 것도 없고 악순환이 계
속되겠더란 말입니다장일순, 2009, 155쪽.

장일순은 저항을 혁명을 위한 수단으로만 이해하는 마르크시즘에
기반한 사회주의 운동이 계급 갈등의 고착, 체제 순응의 강요와 같은
비인간적·파괴적 속성을 내포하고 있다고 보았다. 그러나 그에게 있어
'가톨릭적 저항'은 근본적으로 사회정의와 인간 본성의 회복을 의미하
였다. 이러한 저항의 특질은 1970년대 지학순 주교의 사목 교서와 강론
에서도 자주 언급되었던 점이다. 장일순은 시간이 필요하겠지만 박정희
의 독재정권이 무너질 것이라고 예상했고, 따라서 어떻게 하면 인간의
삶이 지속 가능할 수 있을지 고민했다계간 『무위당 사람들』 49, 2014, 27쪽. 반면에
그의 일부 제자들은 장일순이 1973년부터 가톨릭농민회에 참여했던

박재일과 함께 1977년을 기점으로 생각의 전환과 운동의 변화된 지향을 논의했다는 사실을 부정하는 경향을 보인다. 일례로 장일순이 경기 침체를 근거로 원주그룹 안에서 이루어진 농민 운동에 참여한 이들의 태도의 적합성을 따졌다는 사실에서 그의 변화를 감지할 수 있다. 당시 통계가 보여주는 것처럼 1970년대 이농으로 농가 인구가 줄고 농가의 생산 의욕이 감퇴하면서 농업 생산액의 절대 비중은 꾸준히 감소하였다_{민주화운동기념사업회, 2009, 626~627쪽}. 1974년부터 박정희 정권은 강원도에서도 강제이주를 시작하였고, 농촌 공동체는 빠르게 해체되었다. 이 시기 반독재 민주화 운동과 농민 운동에 모두 참여하고 있던 장일순은 농촌 공동체의 무기력한 상황이 지속되면서 내면의 갈등이 증폭되었을 것으로 보인다. 장일순과 오랜 시간 교분을 쌓았던 김지하의 회고처럼 1977년 즈음부터 장일순에게 본격적인 내적 갈등이 시작되었을 가능성은 다분하다_{무위당을기리는모임 편, 2004, 173~177쪽, 198쪽}. 물론 이러한 논의가 원주에서 심화되던 시기, 김지하가 수감생활 중이었다는 점은 그의 주장을 여전히 조심스럽게 해석해야 하는 이유가 될 것이다. 이러한 논쟁의 가능성이 존재함에도 1970년대 말 한국 사회의 사회정치적 환경이 급변하면서 장일순의 내적 갈등이 보다 심화되었으리라는 점은 앞서 논의한 내용으로 미루어 타당한 주장이라고 할 수 있다.

그리고 이어진 1980년 5월의 비극을 보면서 장일순이 기존의 저항 방식과 운동의 지향이 갖는 시대적 적실성과 현실적 유효성에 대해 재고해야 한다는 강한 확신에서 행동했다는 사실도 이러한 주장을 뒷받침한다. 1979년 10월 26일 박정희가 암살되고 재야를 포함한 기존 운동그룹들은 일순간 저항의 대상과 운동의 동력을 잃게 되었다. 그리고 전두환과 신군부는 그해 12월 미리 계획했던 쿠데타를 실행에 옮겼다. 신군부는 민주화를 위한 시민들의 요구를 묵살하고 1980년 5월 18일 전국으로 비상계엄을 확대했다. 광주에서도 시민들과 대학생들이 계엄령의 해제와 민주화를 요구하였고, 군부는 이들을 무자비하게 진압하였다. 격렬한 저항은 계속되었고, 그 결과 250여 명의 학생과 시민들이 사망하였고, 3,000명 이상의 부상자가 발생하였다_{정해구, 2011, 50~75쪽}. 정교회 신부인 강태용은 1980년 5월 당시 원주의 상황과 장일순의 반응을 아래와 같이 회고하였다.

그해 5월 18일 광주에서 민중항쟁이 일어나고 아주 비참한 소식이 전해졌어요. [중략] 저는 무위당 선생님을 찾아뵙고 원주 가농 형제들의 의지를 말씀드렸습니다. 선생님께서는 "원주에서는 안 된다. 어떠한 소요도 발생해서는 안 된다. 내 말뜻 알겠는가? 광주사태와 관련하여 어떠한 모임도 교육원에서 해서는 안 된다. 자네가 목숨 걸고 막아야 하네. 알겠는가?"라고 말씀하셨습니다_{계간 『무위당 사람들』 17, 2006b, 16쪽}.

장일순은 상당 기간 지속되었던 군부 정권의 파괴적 속성을 간파했고, 계엄령이 선포되자 무자비한 폭력으로부터 원주를 보호해야 한다고 생각했다. 김영주는 1980년대 초반 장일순의 태도가 이념적 전향이나 개량주의적 태도와는 관계없이, 현실과 주변에 대한 인식에서 비롯된 새로운 차원의 저항의 발현이었다고 주장한다. 장동천 역시 1970년대 불안정했던 장일순의 사회적 조건이 달라지면서 안정을 되찾은 장일순의 생각이 다른 차원으로 "도약"한 것으로 이해한다. 이들의 설명을 종합해 보면, 장일순에게 다른 차원의 저항이란 독재정권의 폭압에 대항하여 인간의 본성과 존엄을 지키기 위한 불가피한 선택이었거나, '가톨릭적 저항'의 현실 적용contextualisation을 의미하는 것으로 보는 것이 일견 타당할 것이다.

그건 예수하고 빌라도의 대화에서도 나타나고 있어요. 빌라도가 예수더러 "네가 유다인의 왕인가?"라고 물으니까 예수가 "그것은 네 말이다."라고 대답하지 않습니까. 바로 차원이 다르면 선과 악에 대한 조건이 달라지는 겁니다. 옛날에 잘못한 것을 재차 또 저지른다고 한다면 문제가 있지만, 옛날에 살던 방식으로는 새로운 문화 속에선 살 수가 없게 되어 있어요. 차원이 다르니까.

4. 암흑에 헤매는 한 마리 양

장일순의 생각과 활동을 특정 종교나 담론의 영향으로 환원시켜 해석하는 것이 가능할까? 이 글은 이러한 질문을 고려하면서 기존의 일반화된 이해를 넘어 보다 선명하게 장일순을 바라보려는 목적에서 시작되었다.

요약하자면, 1950년대부터 1970년대까지 장일순의 생각이 발전하고 변용된 배경에는 천주교 신자 장일순과 교회의 관계가 실재한다. 장일순은 한국전쟁 이후 원주로 돌아와 교육가로 살았고 그 이상을 실현하기 위해 정치에 도전하였다. 동시에 그는 교회에 충실한 신자였고 평신도 지도자였다. 종교적인 측면에서 천주교회의 전통적인 신앙의 가치에 부합하는 신실한 신자였고, 동시에 정치적 측면에서는 급진적 운동그룹의 주장에 동의하면서도 교회의 관습과 전통 안에서 운동의 목적과 방향을 설정하여 실현시킨 가톨릭 활동가였다. 물론 이러한 역사는 군부에 의해 수감되어 3년을 복역하고 고향으로 돌아온 젊은 평신도 장일순 요한과 지학순 다니엘 주교의 운명적인 만남으로 본격화되었다. 박정희 정권하에서 장일순은 원주교구 평신도 사도직 운동의 지도자로 활동하며 1970년대 교회가 반독재 민주화 운동의 참여를 준비하는 데 중요한 역할을 감당하였다. 그리고 1974년 지학순 주교를 겨냥한 정권의 노골적인 탄압에 맞서 원주를 중심으로 이루어진 반독재 민주화 운동의 배후에서 활동하였다. 이 시기 장일순은 1960년대 중반부터 학습을 통해 이상으로 품고 있던 가톨릭 사회교리에 뿌리를 둔 '가톨릭적 저항'을 시도하였다. 그러나 그의 고백처럼 1977년을 즈음하여 그동안 적극적으로 참여했던 사회 운동을 반추하는 과정에서 내적 갈등이 발생하였다. 1970년대 말부터 1980년대 초반 한국 사회에서 권위주의의 망령이 사회정치적 공간을 다시 배회하고, 논쟁적이지만 천주교회의 보수화의 파고가 높아지면서, 그는 저항의 본질에 대해 근본적으로 재성찰하기에 이르렀다.

미국에 반대한다고 나를 잡아넣었지만, 나 박정희 씨를 사랑했어. 전두환 씨도 사랑했어. 이것 봐, 난폭한 지배자일수록 달래면서 가는 거야. '그게 아니야, 그게 아니야' 하면서 말이지. 5공화국 때 사람들은 내가 나설 줄 알았던 모양이다. 그러지 않았다고 장일순이 욕들 많이 했을 거여. 자네라서 하는 얘기네만 말이야. 나 참으로 못난 사람일세. 훌륭한 양반들 많은데 내가 나설 필요가 있는가. 여보게, 나 노태우 씨도 사랑하네_{장일순, 2009, 278쪽}.

주지하다시피 장일순은 자신과 자신의 가족에게 고통을 주었던 박정희를 사랑한다고 말했다. 그러나 그의 삼남 장동천은 아버지 장일순의 박정희에 대한 이러한 언명을 개인적으로 받아들이기 어렵다고 말한다_{장동천과 저자의 인터뷰, 2014년 7월 24일}. 개인의 상황과 역사적 조건에 대한 장일순의 양가적 태도를 고려하면, 그에게 일관성을 지닌 체계화된 철학이 존재하는가는 여전히 논쟁적일 수 있다. 따라서 장일순의 생각과 신앙에 비추어 그의 '사랑'의 개념은 단순한 용서를 넘어 저항의 '다른 차원'에서 재정의되어야 한다. 앞서 검토했던 것처럼, 그의 삶은 사회정치적 차원을 넘어 내적으로도 저항으로 집약되어 있다. 그리고 말년의 그는 저항의 대상들마저 포용하는 '다른 차원'의 저항을 시작하였고, 그러한 변화의 상당 부분은 그가 가진 신앙과 종교성, 그리고 말년에 관심을 보였던 다른 종교의 영향과 연관 지어 생각할 수 있다. 물론 이러한 논의는 이 글의 범위를 넘어선다.

앞서 살펴보았듯이, 1950년대 교육과 정치의 영역에서 표출된 장일순의 사회개혁에 대한 열망은 그의 활동과 그의 주변에 갈등과 제약으로 작용했던 것이 사실이다. 그러나 1965년 이후로 장일순에게 지학순 주교와 교회는 정치적, 이념적, 사회적, 나아가 정서적 한계로부터 해방될 수 있는 유일한 공간이었다. 교회 안에서 장일순은 공의회의 유산인 교회의 사회적 가르침을 학습하여 내면화하였고, 평신도 사도직 운동에 적극적으로 가담하였다. 따라서 1970년대 교회의 사회적 역할에 대해 문제의식을 갖고 사회의 기층에서부터 지역의 농민 운동을 비롯한 다양한 사회 운동에 참여하는 것은 불가피한 것이었다. 결국 장일순에게 '가톨릭적 저항'이란 공의회의 가르침에 기반을 두고 교회의 우산 아래 모여든 이들과 사회정치적 공간의 기층에서부터 가톨리시즘을 실현하려 했던 실천적 시도라고 할 수 있다. 이러한 의미에서 장일순의 장례미사에서 불린 성가의 노랫말처럼 그는 '암흑에 헤매는 한 마리 양'으로 한국 현대사의 질곡을 살아낸 가톨릭 신자 장일순 요한으로 기억되어야 할 필요가 있다.

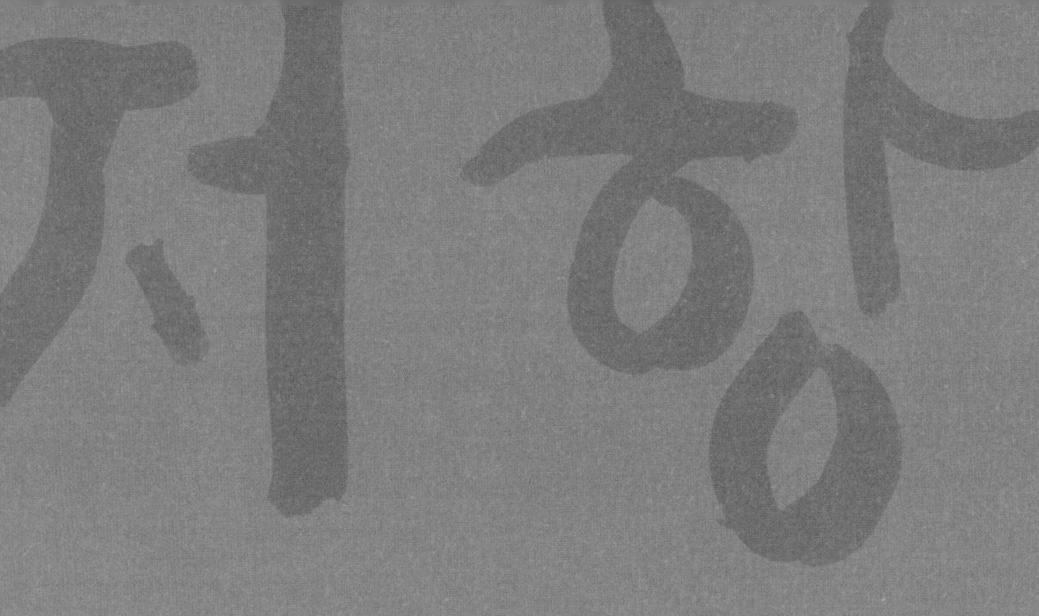

　　장일순의 사상은 대개 생명철학이라고 불린다. 그것은 생명과 존재에 대한 체계화된 이론이나 철학적 분석이 아니라 삶의 방식이다. 해월의 시천주 이념은 그의 삶에서 보여지듯이 일상과 현실에 대한 장일순의 태도, 혹은 그의 제자들이 보기에 공감에 기초한다. 그의 이러한 삶의 방식은 본질적으로 종교적 영성으로 볼 수 있다. 앞서 논의했듯이, 그에게 종교의 본질은 일상에 대한 태도이지만, 1980년대 이후 교회는 그의 종교 이해에 비추어 이러한 영성을 잃은 것으로 보였다.

　　장일순의 사상은 현대 한국에서 한국교회의 지속적인 문제들을 다른 각도에서 관찰하는 방법을 제시한다. 오늘날의 교회는 사회적 혹은 구조적 제약을 고려하여 종종 스스로를 판단하지만, 그의 사상은 교회가 교회적 혹은 사목적 본질에 대한 성찰로 시작해야 한다고 제안한다. 그의 사상에서 교회의 영성은 신자들의 현실로부터 시작되며, 다시 말해서 구원과 해방의 신비에 대한 그 사목적 이해는 그 전통이나 성사와 같은 신성하고 비일상적인 것보다는 '지금 여기'에서 계시된다.

6장

조화로운 포용성

1. 장일순의 사회종교사상과 한국 가톨릭교회

각 장에서 논의한 바에 따르면, 장일순의 사상이 그의 사회·정치적 환경과 밀접한 관련 속에서 다양한 종교적, 특히 가톨릭적 경험과 이념에 의해 형성되었다는 점은 중요한 발견 중 하나이다. 한국 가톨릭교회의 입장에서 볼 때, 이러한 종교 간interreligious 혹은 에큐메니컬적ecumenical 특성은 한국의 분열적이고 배타적이며 다층적인 종교 지형 속에서 논란의 소지가 있어 보인다.

최근 국가통계조사에 따르면 가톨릭 신자 수는 390만 명으로 전체 인구의 7.9%를 차지한다KOSTAT 2016. 이는 2005년 이전 국가통계조사에서 기록된 것보다 약 백만 명 감소한 수치이다. 또한 최근 조사 결과, 응답자 중 단지 11.8%만이 한국 사회의 종교 집단에 대해 긍정적 감정을 갖고 있다고 나타났다조계종 불교사회연구소 2015. 이러한 통계는 한국 가톨릭교회의 공식적인 교세가 급격히 감소하고 있음을 분명히 보여준다.

실제로 프란치스코 교황은 2015년 한국 주교들의 바티칸 방문 시 한국 가톨릭교회가 평신도에 의해 설립되었다는 고유한 역사를 상기시켰다. 교황은 아마도 이러한 한국 가톨릭교회의 특수한 역사적 배경 때문에 2014년 첫 아시아 순방지로 한국을 방문했을 것이다. 그러나 현실적으로 한국교회가 공적 영역에서 그 지위와 종교적 권위를 회복할 수 있을지에 대한 가톨릭 신자들 사이의 우려가 커지고 있다.

또 다른 중요한 질문은 역사적으로 두드러지나 널리 알려지지 않은 가톨릭 활동가이자 사상가였던 장일순의 사상이 교회의 이러한 문제적 상황에 대해 무엇을 말해줄 수 있는가 하는 것이다. 이 결론적 장에서 장일순의 사상이 넓은 의미에서 교회 현실에 어떻게 기여할 수 있는지를 논의하고자 한다. 이 장은 앞선 장들에서 논의된 종교적 흐름들을 검토하면서 장일순 사상의 종교적 함의를 종교적 관점에서 살펴보는 것으로 시작한다.

장일순의 사상에 서구와 동양의 종교적 영향이 공존한다는 것이 인정되지만, 그의 신념을 하나의 종교적 관점에서만 조명하려는 경향이 있어왔다. 장일순에게 있어서 각각의 종교적 사상은 교리적 의미에서 융합되기보다는 조화롭게 공존한다. 더 구체적으로, 앞선 장들에서 보았듯이, 그는 자신의 특정한 환경과 사회·정치적 맥락과 관련된 세 가지 다른 종교사상에 영감을 받고 영향을 받았다.

그는 현실의 이론화나 철학적 분석보다 실천에 더 큰 비중을 두었기 때문에 모순 없이 서로 다른 종교적 세계관을 완전히 내재화할 수 있었다. 간단히 말해서, 그의 사상적 중심은 시간의 흐름과 사회적 조건에 따라 변화했다. 그럼에도 불구하고, 한국 사회의 종교적으로 배타적인 영역에서 주로 교회에 의해 혼합주의적이라고 강력히 비판받아온 이러한 포용성에도 불구하고, 장일순의 사상에 대한 가톨릭교회의 영향을 탐구하지 않고 동학, 유교, 불교와 같은 토착적 동양 종교의 특정 측면들의 영향만을 부각하는 것은 충분하지 않다.

그의 아들 장동천이 이러한 해석에 의문을 제기했지만, 그의 사상이 주변 환경에 조응하여 특정 종교사상에 의해 영향을 받았다는 것을 확인할 수 있다. 따라서 그의 사상의 종교적 정체성에 대한 함축적 비판은 어느 정도 무효한 것으로 간주될 수 있으며, 이는 종교 집단들의 상호 배타성에 기초한 것이라고 치부할 수 있다. 특히, 한국 가톨릭교회 내에서는 지금까지 그의 사상의 가톨릭적 특징들에 대한 관심이 없었고, 공적 관심은 주로 그와 해월과의 연관성에만 집중되었다는 사실 때문에 교회가 그를 동학과 해월에 몰두한 종교혼합주의자로 묘사하는 현저한 경향성을 띠었다.

따라서 그의 사상을 이해하는 출발점은 특정한 종교적 정체성이 아니라 조화로운 포용성에 있다. 장일순은 이를 페미니스트 신학자 정현경과의 대화에서 드러냈다.

정현경 그러면 선생님께서는 불교에서 배운 것과 가톨릭에서 배운 것이 전혀 갈등을 일으키지 않는지요.

장일순 문제는 어떤 종교든지 나중에 체제화되고 내용은 탈각되면서 형해화하지요. 형해를 탈각하는 거예요. 그러면 예수가 부처를 만나도 서로 부둥켜안고 형이요, 아우요 할 거란 말이죠. 노소남녀가 없고 막힐 것이 없잖아요. 생명은 막히면 죽잖아. 그런데 왜 종교를 만들어놓고 자꾸 막히게끔 해. 막힌 요소를 우리는 자꾸 하나하나 제쳐두고 하나됨이라는 것으로 지향해 갔을 때에 앞으로의 종교는 살아남을 수 있어요.

'우리 종교는 유일무이하다'고 나갔을 때에는 그 얘기 자체가 죄악이 되는 거죠장일순 1991, 장일순 2009에서 재인용, 168.

일견 이러한 태도는 장일순의 사상과 종교적 다원주의 사이의 또 다른 연관성과 관련한 의문을 제기할 수 있다. 말년에 그는 종교적 장벽을 허물어야 한다고 종종 주장했는데, 그 근거는 공통된 종교적 목적이 생명이라는 것이었다. 그에게 있어서 이러한 태도나 이와 관련한 세계관은 종교적 영성의 한 측면이 될 수 있었다장일순 1992, 장일순 2009에서 재인용, 209. 이런 맥락에서 그는 종교를 특정한 교리보다는 영적 측면으로 규정하려고 했다. 그래서 그는 종교적 가르침들이 서로 모순되거나 갈등할 수 없다고 믿었다.

이는 한국 교회에 만연한 배타주의나 종교적 편견의 문제를 해결하는 데 중요한 함의를 갖는다. 20세기 중반부터 한국 사회는 다종교 사회가 되었고, 특히 70년대 이후 한국 개신교회가 극적으로 성장하면서 종교 집단들, 특히 근본주의적이고 교조적인 기독교 집단들이 서로를 경쟁적이고 경직된 방식으로 대했기 때문에 사회에 심각한 종교적 불화와 적대감을 야기했다. 장일순의 사상이 시사하듯이, 지금 필요한 것은 분열된 사회를 치유하기 위해 종교의 영적 측면에 대한 에큐메니컬하고 보편적인 대화를 시작하는 것이다. 물론 그의 사상이 체계화되지 않은 신학적 차원 때문에 교리적 틀로 설명하기에는 다소 제한적이라는 점도 주목해야 한다. 이러한 모호한 종교적 정체성은 가톨릭교회의 교회적 및 사목적 현장 모두에서 문제가 되고 장애가 될 수 있으며, 아마도 교회가 여전히 그를 가톨릭 사상가로서의 중요성을 부인하는 이유가 될 것이다.

장일순이 가톨릭 신자였음에도 불구하고, 그는 자신의 가톨릭 신앙 전파에는 관심이 없었지만, 해월의 철학을 연구하고, 그의 가르침에 대한 서예 작품을 쓰고, 말년에 이를 적극적으로 전파한 것으로 알려져 있다. 해월의 가르침은 너무 추상적이었을 수 있고 실제로 이러한 경향은 일반적으로 동학에서 발견되었다. 그 창시자인 수운의 가르침은 샤머니즘적이면서도 현학적이었다. 그러나 해월의 가르침은 여전히 여러 면에서 형이상학적이었지만 또한 상당히 실용적이었고, 앞서 언급했듯이 그의 철학은 사회적으로 급진적이고 혁명적이기도 했다.

장일순이 해월의 가르침을 전파한 배경에는 80년대 후반 민주화와 올림픽 게임의 소용돌이 속에서 분열된 사회에 대한 그의 경고가 담겨 있었을 수 있다. 그러나 19세기 후반의 저항 담론이 오늘날에도 적용될 수 있는가 하는 질문이 제기된다. 80년대 중반 정치적 민주화가 달성되고 물질주의적 가치가 한국 사회에 침투했지만, 장일순의 새롭게 조명한 백 년 전의 저항 담론은 대중의 관심을 끌지 못했다. 그 이후로 그의 사상의 일부 저항적이고 혁명적인 측면들은 지금까지 그의 제자들에 의해 가려져 왔으며 이는 아마도 의도적인 것으로 보인다.

2014년 여름 만났던 장일순의 가족과 제자들은 장일순의 사상에 대한 특정한 이념적, 주로 좌파적 해석에 대해 상당 부분 동의하지 않는 것으로 보였다. 이는 주로 한국전쟁 이래 한국의 사회적, 정치적 영역에 깊이 뿌리박힌 이념적 편협성과 반사회주의적 태도와 같은 외적 요인들로 설명될 수 있을 것이다. 반세기 이상 정치가 곧 이념이라는 합의되지 않은 일반적인 전제가 우리 주변에 머물러 왔다. 장일순의 삶과 사상도 비록 종교와 관련된 것으로 여겨져 왔지만 그러한 이념적 제약들로부터 자유롭지 못했다. 해방공간을 지나며 그는 좌파 민족주의자들과 진보 진영의 견해에 상당 부분 동의했다^{김용준 2014}. 그 결과 그는 이념적 분열과 갈등에 기초한 정치의 희생양이 되어 군사정권에 의해 사회적, 정치적 활동을 금지당했다. 장동천이 기억하기로는 이러한 상황이 1980년대 초 전두환이 이끄는 군사정권 하에서 약간 변화했는데, 장일순이 정치적 탄압으로부터 상대적으로 자유로움을 느꼈다고 한다^{장동천 2014}.

그럼에도 불구하고, 지난 20년 동안 그를 반체제 인사나 진보 활동가로서 조명하려는 시도는 없었다. 이에 대한 몇 가지 가능성을 추론할 수 있다. 실제로 앞서 언급했듯이, 무엇보다 그의 말년의 삶과 사상만이 부각되어 왔기 때문이다. 하지만 더 중요한 것은, 그가 제자들이 정치보다는 협동조합 운동에서 일하기를 원했고 마지막으로 그의 이름으로 아무것도 하지 말라고 당부했다는 사실이다. 그런 이유로 정치적 현장에서 이념적 갈등과 거리를 두는 태도가 그의 추종자들 사이에서 암묵적으로 존재해 왔다.

어떤 면에서 이는 1950년대 그의 정치적 도전이 실패한 후 장일순과 그의 제자들이 정치에 대한 불신을 가졌던 것으로 보인다는 사실에 근거한 것일 수 있다. 그는 상대적으로 자유로웠던 80년대 여러 정치적 요청을 거절하고 제자들이 원주를 떠나 정치에 입문하는 것을 만류했다고 알려져 있다. 그의 생전에 정치적 삶에 직접적으로 참여하지 않았음에도 불구하고, 저항은 그의 사상의 가장 중요한 신조이며, 그의 실천은 그를 둘러싼 일상과 민중과의 관계에서 명백히 드러난다. 따라서 그의 사상은 특히 오늘날 교회의 사목적 공간에서 민중에게 얼마나 관련성이 있을 수 있는지를 평가하기 위해 좀 더 자세히 탐구될 필요가 있다.

적절하게도, 1970년대 장일순의 가톨릭적 저항은 같은 유형의 논란을 야기할 수 있다. 앞 장에서 보았듯이, 실용적 의미에서 원주에서 시작된 교회의 저항은 기존의 것들과는 다른 패러다임을 가졌다. 정치적 저항은 이론적 접근이나 신학적 분석보다 일찍 나타났다. 실제로 교회는 반독재 운동을 주도했고, 장일순과 원주교구는 저항의 중심에 있었다. 5장에서 논의했듯이, 그러한 패러다임 전환이 성공적이었던 것은 장일순과 지학순 주교가 자신들이 주도한 운동의 명확한 목적과 대상을 가졌고, 그들이 사목적 관점으로 사회 문제에 대응했기 때문이다.

교회의 사목은 그리스도의 구원 사업에 기초한다. 한국교회는 이 관습적인 대전제를 받아들였고 1970년대 그 구원의 범위와 지향을 확장했다. 제2차 바티칸 공의회의 '하느님 백성' 개념은 사회적 구원에 대한 현대 세계의 반복된 요청에 대한 교회적 혹은 사목적 응답이었다. 평신도 사도직의 지도자로서 장일순 역시 교회의 사목적 지향이 그의 전 생애를 통해 민중이라고 믿었다. 그러나 이러한 사목적 경향은 1980년대 중반 주로 보수적인 중산층의 유입으로 인해 약화되었다고 볼 수 있다장동천 2014. 이는 교회가 사목적 관심의 대상을 흐리게 했고, 따라서 말년에 장일순은 종종 그 변화에 대해 비판적인 입장을 취했다.

장일순의 사상은 주로 일상적 관계에서 발견되는 평범함과 영성의 중요성을 다루므로, 이런 의미에서 세상 너머의 것은 그의 주요 관심사가 아니었고, 그의 주된 관심사는 늘 민중과 일상성이었다. 1980년대 후반부터 장일순은 내세와 그 구원론적 차이 및 유일성을 강조하는 주류 종교에 대해 고도로 비판적인 태도를 보였는데, 그는 선에서 깨달음의 현세적 의미와 해월의 가르침에서 제시된 '지금 여기'의 중요성을 깨달았기 때문이다. 종교에 대한 이런 비판적이거나 선견지명적인 견해는 일부에게는 종교적 측면에서 그의 사상의 한계로 여겨질 수 있다. 이런 점에서 가톨릭교회는 여전히 그의 사상을 사목적 공간에서 무관한 것으로 여긴다.

그럼에도 불구하고 한국의 복잡하고 배타적이며 분열적인 사회적 맥락에서 하느님 나라의 '가까움nearness'을 선포하는 교회를 향해 장일순 사상은 여전히 중요한 함의들을 제시하고 있다cf. Küng 2001 [1967], 54ff. 이 장의 나머지 부분에서는 그의 사상의 근간을 이루는 핵심 원칙들이 어떻게 실용적이거나 사목적 방식으로 교회에 기여할 수 있는지를 검토할 것이다.

2. 저항과 일상성

　앞선 장들에서 논의했듯이, 장일순의 사회종교사상의 가장 독특한 특징들은 저항과 일상성이다. 여기서 한국 가톨릭교회의 맥락에서 그의 일상성 개념의 함의를 검토한다. 간단히 말해서, 장일순은 해월과 선의 영향 하에 종교적 의미에서 일상의 중요성에 초점을 맞춘다. 그러나 교회 역사에서 일상은 무의미한 것으로 여겨져 왔다. 중세 이래 교회는 일상을 세속적인 것으로, 신앙과 전통을 비일상적인 것, 즉 신성한 것으로 여겨왔다. 이런 맥락에서 교회는 사회적, 정치적 지형에서 세속 권력으로부터, 그리고 그 위계에 따라 성직자와 평신도를 분리하려고 했다. 이런 의미에서 수세기 동안 신성한 것과 세속적인 것, 일상적인 것과 비일상적인 것을 구별해 온 이원론적 세계관이 기독교 전통에서 지배적이어 왔다고 말하는 것은 과장이 아니다. 교회의 이러한 경향은 앞서 이미 언급했듯이 한국교회의 역사에서도 볼 수 있다.

　독재와 권위주의 정권들은 1987년에 끝나고 한국 사회는 표면적으로 민주화를 달성한 것처럼 보였다. 교회와 그 지도자들이 이끈 사회정치적 행동주의를 끝낸 후, 가톨릭교회의 주된 과제는 정치적 소용돌이에서 일상생활로 돌아간 신자들에게 사목적 혹은 영적 지도를 제공하는 것이었다. 그러나 교회는 신자들을 다시 교육하고 사회 변화를 위한 평신도 사도직 집단을 조직하기보다는 더 쉬운 길을 선택했다.

　앞서 언급했듯이, 한국 가톨릭교회 역사의 첫 번째 단계에서 교회는 사회적 소수 집단의 평신도들에 의해 주도되었다. 조정에게 평신도들은 사후적 구원에 몰두하는 것으로 비쳤지만, 정작 교회의 교설은 이단이자 반역으로 규탄되었다. 그러나 치외법권을 가진 선교사들의 유입이 있었고 교회는 저항과 개혁의 정신을 유지하는 대신 외부 권력에 의존하고 기존 질서를 옹호하기 시작했다^{cf. 2.2.1}. 20세기 전반기 동안 한국 교회의 박해 경험은 정교분리의 원칙과 문화적 토착화를 강화하였다. 그 결과 신자들은 그들의 신앙에 있어서 내세 지향적이 되었고 이러한 경향이 1970년대를 제외하고는 한 세기 이상 지배적이었다.

교회가 1980년대 후반부터 사회적으로는 점차 반동적이 되고 신학적으로는 보수적이 되면서, 교회 엘리트들은 교회의 성장과 사회적 안정이라는 구실을 사용하여 교회적 위계를 강조하고 권력 지향적 특성을 표현하기 시작했다. 개신교회들이 급속히 성장하면서, 가톨릭교회도 물질주의적 성장 이데올로기라는 숨겨진 사목적 목표를 추구했다. 따라서 교회가 대담하게 제안했던 사회적 복음화는 "기회주의적이고 개인주의적인" 중산층의 유입으로 인해 사목 사업의 우선순위에서 밀려났다^{김혜경 2016, 327}.

1990년대에 개신교회들이 방향을 잃은 그들의 사회적 역동성을 해외 선교와 평신도 훈련으로 전환하는 동안에도, 가톨릭교회는 사목적 변화의 기회를 놓쳤고 공적 영역에서 그 사회적 지위가 약화되었다. 교회의 이러한 현실들은 여러 방식으로 설명될 수 있지만, 장일순의 사상에 비추어 볼 때, 그 이유는 교회가 일상에서 그 역할과 사목적 영성을 잃었기 때문이다. 간단히 말해서, 이것은 교회가 더 이상 그 사회적 역할을 감당할 수 없다는 의미가 아니다. 오히려 교회는 신자들의 일상과 관련된 사목적 영역에서 나오는 영성보다 그 전통, 권위, 물질주의적 가치에 더 많은 강조를 계속 두고 있다박일영 2012, 120ff.

장일순의 사상은 대개 생명철학이라고 불린다황동현 2014. 그것은 생명과 존재에 대한 체계화된 이론이나 철학적 분석이 아니라 삶의 방식이다. 해월의 시천주 이념은 그의 삶에서 보여지듯이 일상과 현실에 대한 장일순의 태도, 혹은 그의 제자들이 보기에 공감에 기초한다. 그의 이러한 삶의 방식은 본질적으로 종교적 영성으로 볼 수 있다셸드레이크 2012, 5. 앞서 논의했듯이, 그에게 종교의 본질은 일상에 대한 태도이지만, 1980년대 이후 교회는 그의 종교 이해에 비추어 이러한 영성을 잃은 것으로 보였다.

장일순의 사상은 현대 한국에서 한국교회의 지속적인 문제들을 다른 각도에서 관찰하는 방법을 제시한다. 오늘날의 교회는 사회적 혹은 구조적 제약을 고려하여 종종 스스로를 판단하지만, 그의 사상은 교회가 교회적 혹은 사목적 본질에 대한 성찰로 시작해야 한다고 제안한다. 그의 사상에서 교회의 영성은 신자들의 현실로부터 시작되며, 다시 말해서 구원과 해방의 신비에 대한 그 사목적 이해는 그 전통이나 성사와 같은 신성하고 비일상적인 것보다는 '지금 여기'에서 계시된다.

신자들의 일상생활과 환경을 전체적으로 읽기 위해서, 교회는 사목이 본질적으로 그리스도의 사업에 기초한다는 사실을 받아들일 필요가 있다. 전통적으로 교회의 사목적 지향은 일상이 세속적이라는 이해 안에서 신자들에게 영적 돌봄을 제공하는 것이었다. 따라서 사목은 성사를 통해 구원의 신비로 신자들을 초대하고 그들이 이 신비를 경험하고 그 안에서 살도록 하는 것이었다. 그러나 일상에 초점을 맞춘 사목은 장일순이 풀 한 포기에서 불성을 발견했듯이 일상에서 해방과 구원의 신비를 발견하는 것이다.

적절하게도, 교회가 무시해 온 신자들의 일상에는 사목적 은유가 있을 수 있다. 일상은 완전함이나 풍요로움의 공간이 아니라 불완전함이나 결핍의 공간이다. 전통적으로 사목자들은 영적 결핍을 돌보아 왔으나, 오늘날에는 사회적·관계적 결핍까지 보살펴야 한다. 오늘날 교회는 일상의 삶의 공간 속에서 영적·사회적 결핍을 안고 살아가려는 신자들과 동행하는 사목적 지향을 설정해야 한다.

현대 가톨릭 사회교리와 같이, 교회의 사목은 성서적 의미에서 인간 존재의 본성에 기초해야 한다. 인간의 본성은 사회적이고 공동체적이다. 하느님의 인간 창조에서 보듯이, 교회는 사회적 통합의 형성을 위해 현세적 세계에 존재한다GS 32. 실제로 284개의 회칙에 대한 그의 분석에서 슈크는 그러한 교황 문서들의 본질적 신조가 공동체였다고 지적했다Schuck 1991, Greeley 2000에서 재인용, 123f. 인간 본성에 비추어, 교회는 기독교 전통에서 공동체로서 그 역할을 지지해 왔다. 바티칸 제2공의회는 '하느님의 백성'이라는 신학적 개념을 통해 교회의 공동체적 성격을 종교 간 대화의 맥락에서 조명하였다. 그러나 한국 사회 맥락에서 교회의 공동체성은 사회 계층의 다양한 차원에서 신자들을 포용하는 데 그 역할이 있다. 실제로 1971년 바오로 6세는 사도적 교서에서 교회의 가르침을 지역 공동체의 맥락에 어떻게 적용할 수 있을지를 제시하였다.

> 이처럼 매우 다양한 상황 앞에서, 우리는 통일된 메시지를 말하거나 보편적으로 타당한 해법을 제시하기 어렵다. 그것은 우리의 야망도 아니고, 우리의 사명도 아니다. 각국의 그리스도교 공동체가 자기 나라의 상황을 객관적으로 분석하고, 그 위에 복음의 불변하는 말씀을 비추며, 교회의 사회 교리에서 반성을 위한 원칙, 판단의 규범, 행동 지침을 끌어내야 한다[OA 4].

일상성에 관해서는, 일상에서의 사목은 신자들이 사회와 공동체의 관점에서 인간 존재의 본성을 회복하도록 돕는 것이다. 한국 사회의 다양한 층위에서 일상은 파괴되어 왔다고 해도 과언이 아니다. 장일순이 그의 시대와 장소에서 황폐해진 일상을 마주했던 것처럼, 교회는 비록 사회적이거나 정치적 공간에서 벌어지는 상황이더라도 인간 본성을 파괴하는 것에 저항해야 한다. 본질적으로, 사목 사업의 역할은 장일순이 관계에 복음이 있다고 말했듯이, 개인과 공동체의 혹독하고 결핍된 일상생활에 참여하는 것이다[장일순 1990, 장일순 2009에서 재인용, 151]. 이제 교회가 현대 한국의 사회적 영역에서 그 사회적 지위를 회복하고자 한다면, 교회는 수세기 동안 신성한 것과 세속적인 것, 혹은 일상적인 것과 비일상

적인 것을 분리해 온 신학적이고 사목적인 관성을 중단할 필요가 있을
것이다.

3. 풀, 민초와 함께 한 사람

장일순의 제자이자 한때 저항 시인이었던 김지하에 따르면, 장일순
이 참여한 모든 운동과 활동은 대중과의 관계라는 관점에서 사유될 필
요가 있는데, 왜냐하면 그것이 그를 이해하기 위해 그를 '민중 사이의
활동가'로 고려하는 중심 전제이기 때문이다김지하 2000, 무위당사람들 2004에서
재인용, 184f. 이것은 인터뷰 대상자들 사이의 공통된 견해였고 흥미롭게도
일부 인터뷰 대상자들은 종종 민중보다 민초라는 단어를 선호했다.

그들은 자신 있게 장일순을 '민초와 함께 산 사람'이자 '민초들의 친
구'로 규정했다정인재 2014; 김용춘 2014. 실제로 이 두 용어는 문자 그대로 광
의로는 유사한 의미를 갖는다. 민초라는 용어는 풀뿌리를 가리키며 대
개 사회적, 정치적 삶에 끈질긴 집착을 가진 사람들을 가리킨다. 아마
도 이러한 인식이 장일순의 제자들이 이 단어를 선호하는 배경일 것이
다. 4장에서 논의했듯이, 장일순은 그의 서예 작품에서 풀 한 포기의
사회적, 존재론적 은유를 부각시키려고 했다. 그에게 풀은 시간과 장소
와 같은 조건에 관계없이 끈질긴 존재를 의미하며 종교적으로 깨달음에
이른 신성한 것으로 묘사된다.

　　장일순의 이해는 그가 사회 운동에 참여했던 1970년대 민중의 일반적 개념과 상당히 유사하다. 그와 함께 저항의 시기를 겪은 사람들에게, 그러한 용어적 선호는 20세기 한국에서 민중 개념의 발전에 근거하여 설명될 수 있다. 실제로 대중을 의미하기도 하는 민중은 더 복잡하고 널리 사용되는 용어이지만, 그 개념은 20세기 한국의 변화하는 사회 정치적 맥락에 따라 달라져 왔다.

　　일제강점기 하에서 민중은 지배계급과 피억압자 모두에 의해 사용되었다. 식민지 조선에서 일제는 피억압자들을 민중이라고 불렀고, 마찬가지로 한국 민족주의자들은 독립의 집단적 주체에게 그 단어를 사용했다. 그러나 이러한 경향은 해방공간에서 변화했다. 좌파들은 인민이라는 단어를 사용하기 시작했고, 반면 우파들과 미군정은 식민 통치 하에서 지배계급이 사용했던 기존 이념에 기초하여 민중을 계속 사용했다. 이와 같이 민중은 기성 세력의 언어로 남았고, 따라서 저항과 반대 의견과의 연결은 단절되었다. 전반적으로 민중은 한국전쟁까지 수동적 피억압자이자 현상유지의 집단적 주체를 가리켰다^{이나미 2014, 163ff; 황병주 2009, 114ff}.

　　나아가 전후 시기에는 반공 이데올로기가 민중 개념에 추가되어, 그것이 대중을 위한 지배적 단어가 되었다. 이념적 관점에서 민중은 북한의 공산주의에 대항하는 자유민주주의의 집단적 주체로 여겨졌고, 사회적 관점에서는 여전히 엘리트들을 위한 계몽의 대상이나 '무조직 집합체'였다^{황병주 2009, 121}. 1950년대에 교육자로서 장일순은 교육이 전후 시기에 할 수 있는 가장 중요한 일이라고 확신했기 때문에 사회 운동에 참여했다. 그의 사상은 엘리트들과 지식인들의 것과 유사한 것으로 보였다. 그러나 장일순은 이미 민중을 정치적 의미에서 대상이 아니라 큰 잠재력을 가진 주체로 고려했던 것으로 보인다.

일반적으로 민중혁명으로 여겨지는 4·19혁명이 1960년 부패하고 잔혹한 정권에 대한 민중의 사회적 역동성과 정치적 잠재력의 출현과 그 승리를 촉발했다. 그 이후로 민중은 무지한 대중이 아니라 저항의 주체로 인정받아 왔지만 이러한 견해는 오직 지식인들 사이에서만 공유되었다이나미 2014, 164; 황병주 2009, 124. 더 나쁘게는 1961년 군사 쿠데타가 민중을 권위주의적이고 경제적 포퓰리즘의 단순한 대상으로 바꾸어 놓았다. 쿠데타 이후 장일순은 지리적이고 사회적 의미에서 의도치 않게 민중과 연관되었다. 어떤 면에서 그것은 전화위복이었을 수 있다. 1960년대 민중에 대한 사회적 인식이 퇴보했지만, 장일순은 민중에 대한 그의 사상을 발전시켰고 그것을 원주와 원주교구 내의 지역적 맥락의 현실에 적용했다. 그의 사상은 그의 주변에 늘 존재해왔던 민중의 요구로부터 도출되었다. 또한 사목적 지향이 본질적으로 민중을 지향했던 지학순 주교와의 만남을 통해, 그는 교회 위계의 관점에서 민중과 동등한 교구 내 평신도들의 사회적 영성을 기르려고 했다. 따라서 지역성과 종교적 광범위함이 1960년대 민중에 대한 그의 이해를 심화시킨 점은 중요하다. 그에게 원주의 민중과 교구의 평신도들은 분리될 수 없었다. 그는 사목적 방식으로 평신도 사도직을 통해 실현될 수 있다고 믿었던 사회 개혁의 기초가 되는 민중의 잠재력을 신뢰했던 것 같다.

앞서 언급했듯이, 1970년대에 민중 개념은 현재의 의미와 이미지를 갖기 시작했다. 간단히 말해서, 그것은 사회적, 정치적으로 고립된 피억압자들과 기존의 사회적, 경제적 엘리트를 대체하기 위해 사회 개혁을 이끌 수 있는 사람들을 가리킨다^{도희근 2013, 442}. 장일순이 원주에서 이미 인식했듯이, 변화와 개혁의 주체로서의 민중은 널리 퍼져 있었다. 특히 개신교 내 진보그룹들은 1971년부터 이 개념을 신학적 방식으로 발전시키기 시작했고 그 결과 민중신학이 등장했다. 민중을 중심에 두는 새로운 신학적 재정의와 재구성은 개신교 내부에서 현실 참여와 사회 저항 및 독립적 참여에 대한 신학적 성찰을 가져왔다. 1970년대 민중 개념이 지속적으로 정치적 저항과 그 독립성을 강조했지만, 그것은 마르크스주의와 좌파 이데올로기에 심하게 기울어진 1980년대의 것과는 달랐다. 1980년대 전반기 동안 활동가 집단들은 경제적이고 구조적 관점에서 지속적인 문제들에 직면하기 위해 민중 개념을 재개념화하려고 했다. 이와 같이 농민과 노동자와 같은 민중은 이념적 갈등의 파고를 타고 혁명적 주체가 되었다.

1970년대와 80년대 장일순에게는 민초, 민중, 대중 사이의 차이는 무의미했는데, 왜냐하면 그는 민중을 프롤레타리아와 부르주아로 나누는 마르크스주의 패러다임이 무효가 되었다는 것을 인식했기 때문이다. 그에게 중요한 것은 이러한 단어들의 본질에 존재하는 종교적 영성이었다. 1970년대에 민중에 대한 이해가 사회적 의미에서 명확해졌고,

따라서 그것은 가난한 자, 억압받는 자, 착취당하는 자, 소외된 자를 의미했다. 같은 맥락에서 장일순은 민중을 "가장 작은 이들"^{마태 25,40}의 은유로 여긴다. 이것이 그로 하여금 하느님이 민중 사이에 있다는 신학적 태도를 갖게 했다.

따라서 장일순의 민중 이해는 일견 복음서에 등장하는 오클로스 ὄχλος 개념과 유사하다. 이 개념은 사회적, 정치적, 경제적이며 강한 종교적 의미를 동시에 갖는다. 실제로 오클로스는 그리스도의 사업과 관련하여 다양한 태도를 보여준다. 복음서에서 오클로스는 예수를 환영했고, 그를 따르려고 했고, 종종 그를 비판했고, 그에게서 도망갔고, 궁극적으로 그의 죽음을 요구했다. 이런 점에서 오클로스 개념은 인류는 주체적이나 죄인이며 하느님의 구원 계획에 종속된다는 것을 보여준다 성종현 1989, 218-221. 장일순 역시 민중신학의 일반적이거나 이념적 이해와 달리 오클로스의 사회적이고 종교적 의미에 초점을 맞춘다. 그의 사상에서 죄인으로서의 민중은 오클로스의 종교적 측면에서 구원의 주체로 고려되어야 한다.

실제로 한국의 가톨릭교회는 민중 이념을 배타적인 신학적 관점으로 오해하거나 무시하는 방식으로 다루어 왔다 cf. 박맹수 1994. 교회가 병원, 군대, 감옥과 같은 사회적으로 구별되는 집단들을 위한 소위 특별 사목을 수행해 왔지만, 그것은 민중 개념의 어떤 사회적이고 사목적인 함의와 밀접한 관련이 있는 것 같지 않다. 본질적으로 장일순의 삶과 사상에서 민중은 대상이 아니라 주체이자 현실적, 실존적 존재로 묘사된다. 사목적 관점에서 신자들은 구원의 대상이 아니라 주체가 될 수 있다. 사목자들에게 현실적, 실존적 존재로서의 신자들은 '지금 여기'의 역사에 살고 있는 존재로 관찰될 필요가 있다. 오늘날의 사목을 위해, 장일순의 민중 이해는 교회가 신자들을 현실에서 구원의 주체로 다루기 위해 신자들의 현실과 역사성을 모두 파악해야 한다는 것을 함의한다.

최근 프란치스코 교황은 사목 사업자들의 태도를 비판적으로 분석하고 그것을 '실용적 상대주의'로 규정했다[EG 80]. 사회 엘리트들이 민중을 한국 현대사에서 계몽되어야 할 대상으로 취급한 것처럼, 교회 엘리트들은 그들을 가르쳐져야 할 대상으로 보았다. 더욱이 민중이 구원의 주체로 받아들여진다면 교회는 그들의 현실을 대변하고 그들이 경험하는 것과 그들이 느끼는 것에 공감하려고 노력하는 절실한 사목적 시도를 해야 한다. 결국 오늘날 교회의 사목적 지향은 신자들이 더 나은 미래를 기대하게 하는 것이 아니라 그들이 '지금 여기'에서 해방과 변화의 영적 신비를 경험할 수 있게 하는 것이다.

현대 한국의 역사는 종교 공동체들이 시민사회의 중심에 있어 왔고 사회·역사적 맥락에서 중요한 역할을 했다는 사실을 보여준다. 장일순의 삶과 사상에서 드러나는 것처럼 한국의 가톨릭교회는 1970년 대부터 공적 영역에서 약자들에 대한 헌신으로 인정받아 왔다. 그러나 주지하듯이 물질주의적 가치와 정치적 안정에 대한 편향된 이해로 과거의 사회적 역할과 권위는 상당 부분 손상되었다.

나는 장일순의 삶과 사상에 대한 연구를 바탕으로 교회가 한국의 사회적 맥락에서 다시 사회적이고 영적인 역할을 수행하기 위해 패러다임의 변화를 고민할 필요가 있음을 제언한다. 장일순의 사상은 다시금 반복되는 역사적 상황 속에서 교회가 그리스도의 구원 사업의 '방관자'로 남을 것인지 아니면 급속히 변화하고 있는 한국 사회에서 "작지만 강한 그리스도인(small yet strong in the love of God as Christians)"으로 남을 것인지를 도전하기 때문이다.

에필로그

무위당 장일순의
사상과 삶

드러나지 않는 운동가

　지금까지 장일순의 사상이 동학, 선불교, 가톨리시즘이라는 세 개의 구별되는 종교 사상에 의해 어떻게 형성되었고, 그가 20세기 한국의 사회·정치적 맥락에서 자신의 환경과 어떻게 조응했는지를 살펴보았다. 1950년대 중반부터 70년대 후반까지 그의 삶과 사상은 가톨릭교회의 우산 아래 있었다. 1960년대 박정희의 독재 정권이 그의 사회 활동을 금지했을 때, 교회는 그가 사람들을 만나고 가르칠 수 있는 유일한 장소였다. 그는 지학순 주교의 동반자였고 평신도 사도직의 지도자였지만, 동시에 자신의 고향으로 대표되는 해체된 공동체에 두 발을 딛고 선 채로 종교의 시대적 역할을 역사적, 사회적 현실에서 고민했던 사상가였다. 더욱이 1970년대를 관통하는 그의 가톨릭적 저항은 제2차 바티칸 공의회의 유산을 내재화하는 과정에서 이루어졌고 반독재 운동의 배후에서 결정적 역할을 했다. 이것은 그가 교회의 가르침과 그리스도의 사랑 모두에 순종하며 살았음을 보여준다.

　물론 장일순은 말년에 들어 어느 정도 교회와 거리를 두는 것처럼 보였다. 1980년대 중반부터 교회의 사목적 지향이 흔들리고 변화하면서, 그는 교회의 교리보다는 예수의 가르침에 초점을 맞추었다. '시대의 징표'를 경제적, 이념적 갈등이 삼켜버렸던 시기, 그는 해월의 삶과 가르침에 깊은 영감을 받았고 이전과 달리 그의 간종교interreligious 측면이 두드러졌다. 해월의 철학에서 장일순은 일상성과 공존의 가치를 발견했고,

해월의 삶에서 민중에 대한 공감과 자연과의 화해를 배웠다. 또한 선불교에 내재된 불성의 독특한 개념과 역사성을 통해 그는 종교적 깨달음이나 구원 혹은 깨달음의 사회적 의미를 깨달았고, 이것이 그로 하여금 기존 운동의 패러다임을 근본적으로 성찰하게 만들었다. 장일순에게 이러한 사상을 포함한 전적인 변화의 결과물을 우리는 '모심' 또는 '창조적 참여'로 정의할 수 있다^{장일순 1989, 장일순 2009에서 재인용, 77ff}. 그는 '모심'을 외부를 향한 종교적 영성을 바탕으로 이해했다. 이런 점에서 '창조적 참여' 역시 종교사상적 관점을 포함한 그의 사회영성에 기초하여 바라보아야 한다.

2014년 7월 케임브리지에 방문학자로 체류하고 있던 장동천과 인터뷰를 했다. 4시간이 넘는 인터뷰 끝에, 그는 덧붙였다. "우리^{장일순에게 가장 가까운 사람들}가 기억하고 싶은 것과 기억해야 하는 것이 있습니다. 근데 이것들은 서로 다릅니다"^{장동천 2014}. 원주에서 케임브리지까지, 인터뷰 대상자들은 장일순 주변에서 일어난 일들을 각자의 관점과 삶에 대한 태도에 따라 다르게 회상하고 그 맥락을 다르게 해석했다. 또한 사료의 전기적 사실들이 때때로 차이가 있었기 때문에, 다른 역사적 사료들로부터 이러한 점들을 검증하는 과정이 필요했다. 스스로는 모순 없이 다양한 이념과 종교적 가치들을 조화시킨 사람에 대한 이들의 기억은 리영희²⁰⁰⁶가 관찰하듯이 명백한 모순들로 가득 차 있다. 나아가, 전기적 사건들에 대한 그들의 다양한 해석들은 여전히 사회·정치적 맥락에서 신중히 검토될 필요가 있다. 특히 그의 말년에 대한 기억과 의견들은 다양하고 종종 상충되기도 했기에, 나는 그의 사상이 그를 둘러싼 역사와 사회의 다양한 층위에서 변용되고 발전했다는 전제로 그것들을 이해하고 해석하려고 시도했다.

처음부터 끝까지 이런 방식으로 흩어지고 모순된 기억들과 다양한 관점들을 재구성했다. 장일순을 그를 둘러싼 역사적 맥락에 재배치하기 위해 흩어진 기억들과 부족한 사료들을 모으고 정리하려 노력했다. 이러한 예비 작업은 1994년 그가 세상을 떠난 이후 어느 정도 가려지고, 과장되고, 편향된 그의 사상과 삶의 정확한 독해를 위한 중요한 기초가 되어주었다. 이런 방식으로, 연구를 위한 역사적 맥락과 배경들의 분석이 첫 번째 장에서 이루어졌고, 그의 사상이 20세기 한국의 사회적, 정치적 맥락에서 어떻게 변화하고 발전했는지를 면밀히 탐구했다. 또한 그의 삶을 특징 지어온 역사적 사건들의 맥락을 최대한 부각시키고 그것을 미시적 사료와 인터뷰로 검증하려고 했다.

최근 해월의 철학이 장일순의 사상, 더 정확히는 그의 말년 사상의 기초가 된다는 것이 그의 사상을 이해하는 기본이 되어가고 있다. 3장에서 논의했듯이, 해월은 모든 것이 상호연결되어 있다는 생각에서 19세기 후반 사회적 현실에 급진적 평등 원칙을 도입하려 시도했다. 반체제 종교 집단의 지도자로서, 인간 본성과 관련된 정치적이고 영적인 저항이 해월 사상의 기본 바탕이었다. 장일순은 말년에 후자에 더욱 초점을 맞춘 것 같다. 그가 개인적 관점에서 사회적 관점으로 확대된 저항에 더 많이 관심을 가질수록, 그는 운동의 주체와 객체를 더 명확히 바라보게 되었다. 해월과 같이, 장일순 역시 민중과 그들의 일상생활에 공감했고^{박맹수 2014}, 말년에는 경제 위기와 정치적 분열의 결과로 분열되고 해체된 그들과 공동체에 초점을 맞췄다. 그의 해결책은 개인적이고 정치적이며 이념적인 행동주의의 진부한 패러다임을 넘어서, 공동체적 일상에 기초한 '영성적' 차원의 저항이었다.

4장은 장일순이 참여했던 운동과 그 배경에서 드러나는 선불교적 깨달음의 사회적 가치와의 연결을 비판적으로 추적했다. 선 수행의 기본 개념은 마음이 부처이고 평상심이 도라는 것이다. 따라서 이것은 모든 중생이 부처임을 깨닫는 것, 불성사상과 맞닿아 있다. 장일순에게 깨달음과 사회 운동 사이에는 차이가 없다. 깨달음의 주체와 객체, 그리고 운동의 주체와 객체는 같고 궁극적으로 같아야 하기 때문이다. 이렇게 3장과 4장을 통해 이 책은 해월의 저항과 선불교의 깨달음에 기초한 장일순에게 드러나는 사회적 영성의 가능성과 외적 실현방식을 이해하려 했다. 이것은 현대 한국의 사회적, 역사적 맥락에서 '보이지 않는' 민중과 그들의 일상성의 가치에 대한 재해석이며 그의 사회영성으로 볼 수 있다.

나아가 장일순의 사회영성은 2장과 5장에서 논의된 바와 같이 그의 사상과 한국 가톨릭교회 사이의 교류에서도 발견될 수 있다. 실제로 전기적 사실들을 추적하면서, 기존 연구들이 구체화하지 못한 가톨릭 신자로서의 장일순의 다양한 특징들을 확인할 수 있었다. 이러한 특징들은 그가 1950년대 교육자로, 1960년대 평신도 사도직의 지도자로, 그

리고 교회 안의 드러나지 않는 운동가로 행동했던 시기를 관통하며 장
일순의 삶과 사상에서 가톨리시즘의 뚜렷한 영향을 보여준다. 1965년
제2차 바티칸 공의회에서 영감을 받은 젊은 원주교구장 지학순 주교를
만난 것이 일대의 전환점이었다는 사실은 명확하다. 지학순의 영향으
로 장일순은 공의회의 유산인 새로운 교회의 사회적 역할을 이해하고
내재화할 수 있었으며 원주를 중심으로 실현되었던 사목적 '실험'의 중
심에 서 있을 수 있었다. 따라서 5장의 주된 초점은 장일순이 스스로의
사상을 발전시키고 때로는 내외적 요인에 의해 변용되는 과정을 겪으며
그것을 현실에 적용한 방식이었다. 그의 정치적 저항의 기반은 교회였
고 그의 이념적 기초는 가톨릭 사회사상이었으므로, 이것을 가톨릭적
저항으로 개념화했다. 그리고 그 사상의 본질적 대상은 민중이다. 물론
그가 사회 운동을 바라보고 수행한 방식은 1977년부터 변화했고 새로
운 종교적, 사상적 차원의 전환이 그의 사유와 실천에 추가된 것 같았
지만, 민중과 일상이라는 중심 주제들은 동일하게 남아있다.

　마지막 장에서 그의 사상에 존재하는 다양한 종교적 흐름들을 연결
하여 그것들이 한국 가톨릭교회의 현실에 어떻게 기여할 수 있는지를
검토했다. 민중성이 한국의 종교적 영역, 특히 교회 내에서 점차 후퇴해
왔다는 것은 부인하기 힘들다. 이러한 현실은 어떤 면에서 상당히 실망
스러워 보일 수도 있지만 가능한 설명은 마지막 장에서 논의했듯이 현
대 한국에서 민중 개념에 대한 뿌리 깊은 이념적 편견이 있어 왔으므
로, 이러한 특징이 사회적 맥락에서 간과되고 종교적 맥락에서 인정받

지 못하는 이유가 되었던 것도 사실이다. 이런 점에서 그의 삶과 사상에 대한 기존의 서술들은 사회적이고 종교적 인정을 얻기 위해 아마도 협동조합의 철학적 배경과 관련하여 또는 생태학적 측면들과 그의 사상의 접점을 부각시켜 왔다. 이 책은 그의 사상과 특정한 종교사상들, 동학, 선불교, 가톨리시즘 사이에 밀접한 연관성이 있음을 발견했다. 특히, 가톨릭신자로서 장일순의 삶과 사상이 지닌 함의에 대해 새복음화와 사회복음화를 강조해 온 교회는 자랑스러운 순교 영성만큼이나 새로운 '시대의 징표'에 대한 재해석을 요청받고 있다.

이러한 점에서 그의 사상과 사목적 제안들을 실제적으로 확장하는 가톨릭적 관점에서 장일순의 사상을 설명하는 추가 연구가 필요하다. 장일순은 공의회에서 영감을 받아 에큐메니컬 운동에 적극적으로 참여한 것으로 알려져 있다. 1970년대 원주교구에서 장일순과 지학순 주교는 가톨릭교회와 지역 개신교회들, 심지어 불교를 포함하는 에큐메니컬 운동을 이끌었다. 만약 다른 종교 공동체들로부터 더 많은 사료와 증거를 수집할 수 있다면, 에큐메니즘에 대한 그의 이해에 관한 연구도 수행되어야 할 것이다.

현대 한국의 역사는 종교 공동체들이 시민사회의 중심에 있어 왔고 사회·역사적 맥락에서 중요한 역할을 했다는 사실을 보여준다. 장일순의 삶과 사상에서 드러나는 것처럼 한국의 가톨릭교회는 1970년대부터 공적 영역에서 약자들에 대한 헌신으로 인정받아 왔다. 그러나 주지하듯이 물질주의적 가치와 정치적 안정에 대한 편향된 이해로 과거의 사회적 역할과 권위는 상당 부분 손상되었다.

나는 장일순의 삶과 사상에 대한 연구를 바탕으로 교회가 한국의 사회적 맥락에서 다시 사회적이고 영적인 역할을 수행하기 위해 패러다임의 변화를 고민할 필요가 있음을 제언한다. 장일순의 사상은 다시금 반복되는 역사적 상황 속에서 교회가 그리스도의 구원 사업의 '방관자'로 남을 것인지 아니면 급속히 변화하고 있는 한국 사회에서 "작지만 강한 그리스도인small yet strong in the love of God as Christians"으로 남을 것인지를 도전하기 때문이다『복음의 기쁨』216.

참고문헌

1. 1차 자료

무위당을 기리는 모임 편. 『너를 보고 나는 부끄러웠네: 무위당 장일순을 기리는 생명의 이야기』, 서울: 녹색평론사, 2004.

장일순. 『무위당 장일순의 노자이야기』, 서울: 삼인, 2003.

______. 『나락 한 알 속의 우주: 무위당 장일순의 이야기 모음』, 개정증보판, 서울: 녹색평론사, 2009.

이용포. 『무위당 장일순: 생명사상의 큰 스승』, 서울: 작은씨앗, 2011.

최성현. 『좁쌀 한 알: 일화와 함께 보는 장일순의 글씨와 그림』, 서울: 도솔, 2004.

김용우와 저자의 인터뷰, 원주 한알학교, 2014년 6월 13일.

김영주와 저자의 인터뷰, 원주 무위당기념관, 2014년 6월 11일.

이경국과 저자의 인터뷰, 원주 무위당기념관, 2014년 6월 10일.

장동천과 저자의 인터뷰, 영국 캠브리지, 2014년 7월 24일.

장화순과 저자의 인터뷰, 원주 장화순 자택, 2014년 6월 11일.

정인재와 저자의 인터뷰, 원주 가톨릭센터, 2014년 6월 10일.

황도근과 저자의 인터뷰, 원주 상지대학교, 2014년 6월 9일.

______________________, 원주 무위당기념관, 2019년 7월 22일.

계간 『무위당 사람들』 12, 2005. 5. 15.

__________________ 15, 2006a. 3. 27.

__________________ 17, 2006b. 10. 3.

__________________ 18, 2006c. 12. 3.

__________________ 49, 2014. 11. 1.

2. 교회 문헌

레오 13세 Leo XIII. 회칙 「새로운 사태」Rerum Novarum. 1891.

바오로 6세 Paul VI. 교황 교서 「팔십 주년」Octogesima Adveniens. 1971.

비오 11세 Pius XI. 회칙 「사십 주년」Quadragesimo Anno. 1931.

요한 바오로 2세 John Paul II. 회칙 「노동하는 인간」Laborem Exercens. 1981.

__________________________. 회칙 「백주년」Centesimus Annus. 1991.

__________________________. 회칙 「사회의 관심」Sollicitudo Rei Socialis. 1987.

__________________________. 회칙 「인간의 구원자」Redemptor Hominis. 1979.

제2차 바티칸 공의회. 사목헌장 「기쁨과 희망」Gaudium et Spes. 1965.

프란치스코. 교황 권고 「복음의 기쁨」Evangelii Gaudium. 2013.

Pontifical Council for Justice and Peace. Compendium of the Social Doctrine of the Church. London: Bloomsbury, 2004.

3. 국내 문헌

강만길. 『통일시대의 역사인식』. 서울: 서해문집, 2008.

강신석. 「선진 유가의 인성론 개념에 대한 고찰」. 『중어중문학』 72 2012. 2: 431-455.

강인철. 「종교와 민주화운동」. 『Korea Journal』 2000 여름: 225-247.

강정구, 김종회. 「신경림 민족문학의 민중에 대한 재해석」. 『한국 현대문학연구』 43 2011. 2: 293-323.

강준만. 『한국 현대사 산책』. 1, 5권. 서울: 인물과사상사, 2007.

강창선. 「한국의 생명운동과 대안정치운동」. 고려대학교 박사학위논문, 2015.

권오웅. 「민중신학에 대한 탈식민주의적 성찰: 혼종적 민중의 연대신학을 향하여」. 『기독교학연구』 841 2012: 169-188.

권태억. 「근대화, 동화정책, 식민지 유산」. 『한국사연구』 108 2000: 115-140.

권태억. 「1910년대 조선총독부의 한국인 동화정책 담론과 정책」. 『한국문화』 44 2008: 99-125.

권태억. 「일제의 한국강점 논리와 그 선전」. 『한국독립운동사연구』 37 2010: 5-36.

권태억. 『한국 근대사회와 문화』. 서울: 서울대학교출판부, 2005.

국민호. 『동아시아의 발전과 유교문화』. 광주: 전남대학교출판부, 2007.

김경수. 「노자의 도 해석에 관한 연구」. 『도교문화연구』 11 1997: 77-123.

김미영. 「제사모시기에 나타난 유교적 이데올로기와 양반 지향성」. 『민속학연구』 9 1999. 2: 197-241.

김삼웅. 『장일순 평전』. 서울: 두레, 2019.

김성수. 「일제강점기 교육과 서술적 실현」. 최유찬 외 편, 『한국 근대문화와 박경리의 토지』. 서울: 소명출판, 2008, 45-72.

김성해, 소종범, 길희성. 『선불교와 기독교』. 서울: 바오로딸, 1996.

김소남. 「1960년대-1980년대 원주지역 민간주도 협동운동에 관한 연구」. 연세대학교 박사학위논문, 2013.

김소남. 『협동조합과 생명운동의 역사』. 서울: 소명출판, 2017.

김시천. 「노자의 도와 기: 하상공과 왕필 주석의 비교」. 『도교문화연구』 4 2012: 41-68.

김영일. 「원효의 불성논의의 생태학적 의의」. 동국대학교 BK21 편, 『불교사상의 생태학적 이해』. 서울: 동국대학교출판부, 2006.

김영철. 「영해 동학혁명과 해월의 생애에 나타난 사인여천 사상」. 『동학학보』 30 2014: 247-281.

김용옥. 『동학대전: 새로운 플레타르키아의 세계』. 서울: 통나무, 2004.

김용춘. 『천도교의 인간관』. 서울: 범한도서, 1978.

김용태. 「조계종의 역사적 이해: 종명, 개조, 종성에 대한 검토」. 『선학』 35 2013: 144-68.

김용휘. 「해월의 심학사상」. 동학학회 편, 『해월 최시형의 철학과 갑진개화운동』. 서울:

모시는사람들, 2003, 111-133.

김용휘. 『최제우의 철학』. 서울: 이화여자대학교출판부, 2012.

김재성. 「남종선의 사상과 문헌에 관한 연구」. 『선학』 30 2011. 12: 77-89.

김정진. 「꾸르실료란 무엇인가?」. 『사목』 29 1973. 9: 27-33.

김진무. 『중국불교철학사』. 서울: 운주사, 2015.

김진무. 「게송을 통해서 본 선사상의 변화 양상 연구」. 『동아시아불교문화』 25 2016. 3: 27-55.

김풍기. 『성악의감: 조선불교의 탄생』. 서울: 그린비, 2013.

김혜경. 「중산층 엘리트 가톨릭교회 내 돈의 논리」. 『신학연구』 68 2016. 6: 315-339.

김호기. 『시대정신과 지식인』. 서울: 돌베개, 2012.

당대비평 편. 『작은 민주주의를 상상하며』. 서울: 웅진씽크빅, 2007.

도회근. 「사회통합을 위한 국가 개념의 재고찰」. 『정의』 1342 2013: 429-449.

리영희. 『대화』. 서울: 한길사, 2006.

모심과살림연구소. 『세상을 품은 한살림 20년』. 홍성: 꿈물고, 2006.

모심과살림연구소. 『죽음의 문명에서 살림의 문명으로: 한살림 선언문 다시 읽기』. 서울: 한살림, 2010.

문순홍. 『정치생태학과 녹색국가』. 서울: 아르케, 2006.

민주화운동기념사업회 편. 『한국 민주화운동사』. 2권. 파주: 돌베개, 2009.

박맹수. 『생명의 눈으로 본 동학』. 서울: 모시는사람들, 2014.

박일영. 「1970년대 한국 가톨릭교회의 정의운동」. 『인문사회과학연구』 123 1988: 9-30.

박일영. 「이 세상의 개혁 - 저 세상 지향 - 사회정의 - 사회영성: 한국사회 속의 가톨릭교회의 발자취를 따라서」. 『원불교사상과 종교문화』 50 2011: 331-363.

박일영. 「근대 한국의 사회변동에 따른 가톨릭교회의 적응과 토착화」. 『원불교사상과 종교문화』 52 2012. 6: 107-136.

박이문. 『철학, 왜 그리고 어떻게 해왔나』. 서울: 사민, 2006.

박재영. 「제5공화국 시기 가톨릭교회와 국가 및 시민사회와의 관계」. 『한국정치학회보』 292 1995: 299-332.

박재영. 「해방 직후 한국 가톨릭교회의 사회적 역할에 관한 연구」. 『한국정치외교사론총』 222 2001: 59-91.

박재현. 「송대의 시대정신과 선종 내 종파의 흥망성쇠」. 『한국선학』 35 2013. 8: 92-116.

박정우. 「한국 가톨릭교회의 사회교리와 그 방향」. 『사목정보』 56: 11-14.

박준언. 「동학사상에 나타난 모심에 관한 연구」. 『한국학논총』 59 2016. 5: 193-221.

박찬식. 「한국 가톨릭교회의 특성과 교안」. 『한국교회사연구』 11 1996: 227-284.

박희병. 「한국 전통사상에 대한 생태학적 성찰」. 『철학』 151 2002: 23-41.

백낙청. 「박정희 시대를 어떻게 볼 것인가」. 뉴사우스웨일스 박정희 시대 국제 한국학 회의 기조연설, 2004.

성공회대학교 동아시아연구소. 『냉전 아시아의 국가폭력과 민중』. 서울: 현실문화, 2008.

성종현. 「오클로스」. 『기독교사상』 338 1989: 216-222.

손지연. 「1920년대 일본에서 나타난 조선민족론의 논의 구조」. 『일본문화학연구』 39 2011: 327-348.

손호철. 『신자유주의 시대의 한국정치』. 서울: 푸른숲, 1999.

수에키 후미히코. 『일본불교사』. 이시준 번역. 서울: 프리파리, 2005.

신광영. "Economic Crisis, Neoliberal Reforms, and the Rise of Precarious Work in South Korea." *American Behavioral Scientist* 573 2013: 335-353.

오문환. 『사람이 한울이다: 해월의 뜻과 사상』. 서울: 솔, 1996.

오문환. 「해월의 삼경사상」. 『해월 최시형과 동학』, 부산예술대학 동학연구소 편, 109-132. 부산: 부산예술대학출판부, 1999.

오세일. 「한국 가톨릭교회의 사회참여: 제2차 바티칸 공의회에 기반한 성찰적 근대화」. 『한국사회학』 492 2015: 93-123.

오성철. 「일제강점기 교육의 식민지적 유산」. 『교육사학연구』 8 1998: 221-244.

유수철. 「꾸르실료 운동의 역사」. 『사목』 9 1973: 13-20.

유인호. 「경제개발과 환경파괴」. 『창작과비평』 83 1973: 868-896.

윤노빈. 『신생철학』. 재판. 서울: 학민사, 2003 [1974].

윤석산. 『동학과 천도교의 어제와 오늘』. 서울: 한양대학교출판부, 2013.

윤석산. 『한울님이 하시는 일: 해월 최시형의 생애와 사상』. 서울: 모시는사람들, 2014.

윤해동, 천정환, 허수, 황병주, 이연옥, 윤대석 편. 『근대를 다시 읽는다』. 2권. 서울: 역사비평사, 2006.

윤형근. 「한국의 생태담론과 운동」. 『계간 사상』 59 2003: 96-126.

이규성. 『최시형의 철학』. 서울: 이화여자대학교출판부, 2011.

이길재. 「한국 농민회 활동과 체험」. 『사목』 42 1975. 11: 39-46.

이나미. 「근대 한국의 '민중' 개념들: 민족, 인민, 시민과 허균론」. 『한국정치사상사연구』 132 2014: 143-184.

이만열. 「도산 안창호와 기독교 신앙」. 『한국근현대사연구』 22 2002: 46-87.

이명화. 「일제의 한국 강제합병 이데올로기와 식민지 교육정책」. 『한국독립운동사연구』 39 2011: 77-126.

이병천 편. 『개발독재와 박정희 시대』. 파주: 창비, 2003.

이선민. 『민족주의를 버려야 하는가』. 서울: 삼성경제연구소, 2008.

이이화. 『한국사 속의 한국불교』. 서울: 역사비평사, 2002.

이재봉. 「생명의 실재로서의 시천주」. 『코기토』 77 2015: 317-341.

이재수. 「초목성불사상의 생태학적 함의」. 『종교학연구』 33 2003. 12: 231-250.

이철. 『욕망과 판타지: 한국교회와 사회에 대한 사회문화적 연구』. 서울: 시대의창, 2014.

이학준. 『한국교회, 패러다임을 바꿔야 산다』. 서울: 홀리웨이브플러스, 2011.

이혁. 「초기 중국선종의 사상과 실천」. 『선학』 21 2008: 81-132.

이현주, 『돌이켜보니 은혜였네』, 서울: 성서와생명, 1995.

임지현. 「파시즘의 진지전과 동의독재」. 『당대비평』 12 2000: 24-45.

장상철. 「1970년대 민중의 재등장: 사회과학논쟁, 민중문학, 민중신학 논의를 중심으로」. 『경제와 사회』 2007. 6: 114-138.

장상환. 「박정희 정권 근대화 전략의 공과」. 『내일을 여는 역사』 34 2008: 31-47.

장충란. 「독일 베네딕도회의 한국 선교와 교육 활동」. 『인간연구』 5 2003: 116-154.

전명혁. 「1960년대 1차 인혁당 연구」. 『역사비평』 95 2011: 289-322.

전석환. 「해월 최시형의 동학경전 간행의 역사적 의미와 현재적 의의를 중심으로」. 『동학학보』 37 2015: 123-152.

전호근. 『한국철학사』. 서울: 메멘토, 2015.

전호근. 「장일순의 평화사상과 한국 전통불교와의 관계를 중심으로」. 『통일과평화』 82 2016: 80-109.

정경환. 「도산 안창호의 교육철학 연구」. 『국가사상』 91 2015: 71-99.

정근식, 이병천 편. 『식민지 유산, 국가 형성, 그리고 한국 민주주의』. 2권. 서울: 책세상, 2012.

정재돈. 「한국 농민운동과 나」. 『내일을 여는 역사』 34 2008: 95-108.

정해구. 『전두환과 80년대 민주화운동』. 서울: 역사비평사, 2011.

정홍규. 「한국 가톨릭교회의 생태의식과 실천모델에 관한 연구」. 대구가톨릭대학교 박사학위논문, 2014.

조경근. 「안창호의 정치관과 신앙」. 『국가사상』 91 2015: 41-70.

조명래. 「한국 개발주의의 역사와 현실」. 『환경과 생명』 37 2003: 31-53.

조현범. 「한국 가톨릭의 현재와 미래」. 『종교연구』 68 2012: 55-86.

조희연. 『동원된 근대화』. 서울: 휴머니타스, 2010.

조희연. 『박정희와 개발독재시대』. 서울: 역사비평사, 2007.

지학순, 『강물처럼 흐르는 정의』, 서울: 형성사, 1983.

지학순정의평화재단, 『나무를 심은 사람: 지학순 주교의 삶과 사랑』, 서울: 공동선, 2000.

채수도. 「대동아공영권, 아시아 일체, 범아시아주의, 한일 합방」. 『일본문화학연구』 7 2010: 467-484.

채오병. 「비서구 식민구조와 식민지 조선의 정체성」. 『사회와 역사』 76 2007. 12: 299-333.

천도교 경전. 김용춘, 윤석산 번역. 『천도교 중앙총부와 함께하는 천도교 경전』. Lanham, MD: University Press of America, 2007.

최기섭. 「유교적 효와 기독교 신앙」. 『가톨릭 신학과 사상』 34 2000: 27-45.

최동순. 「진연의 무정불성 논의와 그 사상적 배경」. 『불교학보』 45 2006. 8: 213-235.

최민자. 「해월의 삼경사상과 우주진화론적 관점에서 본 고찰」. 『동학학보』 3 2002: 279-327.

최민자. 「동학의 생명사상과 현대과학」. 『동학학보』 18 2009: 7-49.

최장집. 『민주화 이후의 민주주의』. 서울: 휴머니타스, 2010.

최정운. 『한국인의 탄생』. 서울: 미지북스, 2013.

최종덕. 「생명 속의 무력: 함석헌과 장일순의 무위 상상력」. 『실천문학』 92 2008. 11: 246-261.

최현민. 『불성사상 연구』. 서울: 운주사, 2011.

표영삼. 『동학』. 2권. 서울: 통나무, 2005.

표영삼. 『표영삼의 동학 이야기』. 서울: 모시는사람들, 2014.

하정현. 「한국 유교 기제사의 구조와 의미」. 『종교문화비평』 1414 2008: 221-249.

한완상. 『민중과 사회』. 서울: 종로서적, 1980.

한자경. 『한국철학의 맥』. 서울: 이화여자대학교출판부, 2008.

한자경. 「간화선의 철학적 이해」. 『선학』 36 2013: 358-383.

함세웅. 「사회변화와 한국 가톨릭교회」. 『가톨릭 신학과 사상』 8 1992. 12: 90-110.

홍기영. 「한국적 맥락에서 민중신학의 선교학적 재평가」. 『기독교학연구』 841 2012: 261-283.

홍성태. 『개발주의를 비판한다』. 서울: 당대, 2007.

홍순호. 「파리 외방전교회에 대한 프랑스 정부의 태도」. 『한국교회사연구』 5 1987: 33-61.

황병주. 「1960년대 비판적 지식인들의 민중 인식」. 『기억과 전망』 21 2009: 110-147.

황병주. 「1970년대 유신체제의 대중 인식과 동원 담론」. 『상허학보』 32 2011: 143-186.

황병주. 「박정희 시대의 국가와 민중」. 『당대비평』 12 2000: 46-68.

황병주. 「박정희 정권의 지배담론과 대중의 국민화」. 윤해동 외 편, 『근대를 다시 읽는다』. 서울: 역사비평사, 2006, 469-507.

황선희. 『동학과 천도교 역사의 재조명』. 서울: 모시는사람들, 2009.

4. 국외 문헌

Abbott, Andrew. "The Historicality of Individuals." Social Science History 29 2005: 1-13.

Addiss, S., Lombardo, S. and Roitman J. eds. Zen Sourcebook: Traditional Documents from China, Korea, and Japan. Indianapolis: Hackett, 2008.

Alexander, Edgar. "Social and Political Movements and Ideas in German and Austrian Catholicism 1789-1950." In Church and Society, edited by Joseph Moody, 329-535. New York: Arts, 1953.

Allsopp, Michael E. "Principle of Subsidiarity." In The New Dictionary of Catholic Social Thought, edited by Judith A. Dwyer, 927-929. Collegeville, MN: Liturgical Press, 1994.

Baker, Donald. Korean Spirituality. Honolulu: University of Hawaii Press, 2008.

Baker, Donald. "The Transformation of the Catholic Church in Korea." Journal of Korean Religions 41 2013: 11-42.

Beasley, W. G. Japanese Imperialism 1894-1945. Oxford: Clarendon Press, 1987.

Beck, Ulrich and Levy, Daniel. "Cosmopolitanized Nations: Re-imagining Collectivity in World Risk Society." Theory, Culture & Society 302 2013: 3-31.

Behr, John. "The Promise of the Image." In Imago Dei: Human Dignity in Ecumenical Perspective, edited by Thomas Albert Howard, 15-37. Washington, D.C.: Catholic University of America Press, 2013.

Beirne, Paul. Su-un and His World of Symbols: the Founder of Korea's First

Indigenous Religion. Farnham: Ashgate, 2009.

Boff, Leonardo and Elizondo, Virgil. "Editorial: Theology from the Viewpoint of the Poor." Concilium 187 1986: ix.

Bokenkotter, Thomas. Church and Revolution: Catholics in the Struggle for Democracy and Social Justice. London: Doubleday, 1998.

Buswell, Robert E. Tracing Back the Radiance: Chinul's Korean Way of Seon. Honolulu: University of Hawaii, 1992.

Buswell, Robert E. Religions of Korea in Practice. Princeton, NJ: Princeton University Press, 2007.

Buzo, Adrian. The Making of Modern Korea. 2nd ed. Abingdon: Routledge, 2007.

Calvez, Jean-Yves and Perrin, Jacques. The Church and Social Justice: The Social Teaching of the Popes from Leo XIII to Pius XII 1878-1958. Translated by J. R. Kirwan. London: Burns & Oates, 1961.

Caprio, Mark. Japanese Assimilation Policies in Colonial Korea, 1910-1945. Seattle, WA: University of Washington Press, 2009.

Chadwick, Owen. A History of the Popes 1830-1914. Oxford: Clarendon Press, 1998.

Chan, Sin Yee. "The Confucian Notion of Jing." Philosophy East and West 562 2006: 229-252.

Chang, S., et al. "Was the Economic Crisis 1997-1998 Responsible for Rising Suicide Rates in East/Southeast Asia? A Time-Trend Analysis for Japan, Hong Kong, South Korea, Taiwan, Singapore and Thailand." Social Science & Medicine 68 2009: 1322-1331.

Charles, Rodger. An Introduction to Catholic Social Teaching. Oxford: Family Publications, 1988.

Chen, Kenneth. Buddhism in China: a Historical Survey. Princeton, NJ: Princeton University Press, 1964.

Chen, Kenneth. The Chinese Transformation of Buddhism. Princeton, NJ:

Princeton University Press, 1973.

Ching, Leo. Becoming "Japanese": Colonial Taiwan and the Politics of Identity Formation. Berkeley: University of California Press, 2001.

Chong, Key Ray. "Cho'e Che-u's Tonghak Doctrine: It's Sources and Meanings, 1860-1864." Journal of Korean Studies 12 1971: 71-84.

Chung, Kiyul. The Donghak Concept of God/Heaven: Religion and Social Transformation. New York: Peter Lang Publication, 2007.

Clark, Martin. Modern Italy: 1871 to the Present. 3rd ed. Harlow, Essex: Pearson Education Ltd, 2008.

Clarke, J. J. The Tao of the West: Western Transformations of Taoist Thought. London: Routledge, 2000.

Cole, Alan. Text as Father: Paternal Seductions in Early Mahayana Buddhist Literature. Oakland: University of California Press, 2005.

Coleman, John, ed. One Hundred Years of Catholic Thought: Celebration and Challenge. Maryknoll, NY: Orbis Books, 1991.

Conze, Edward. Buddhist Thought in India. London: George Allen and Unwin, 1962.

Cooper, J. C. Taoism: The Way of the Mystic. Wellingborough: Aquarian Press, 1972.

Crowley, Paul, ed. From Vatican II to Pope Francis: Charting a Catholic Future. Maryknoll, NY: Orbis Books, 2014.

Cumings, Bruce. Korea's Place in the Sun: A Modern History. Rev. ed. New York: Norton, W. W. & Company, 2005.

Cumings, Bruce. The Korean War: A History. New York: Random House, 2010.

Curran, Charles E. The Catholic Moral Tradition Today: A Synthesis. Washington, D.C.: Georgetown University Press, 1999.

Curran, Charles E. Catholic Social Teaching, 1891-Present: A Historical, Theological, and Ethical Analysis. 4th ed. Washington, D.C.: Georgetown

University Press, 2002.

Das, Veena and Stanley Cavell. Words and Life – Exploring Violence and the Descent into the Ordinary*. Berkeley, CA: University of California Press, 2006.

Derrida, Jacques. Acts of Religion. Edited by Gil Anidjar. New York: Routledge Member of the Taylor and Francis Group, 2001.

Derrida, Jacques and Gianni Vattimo, eds. Religion. Cambridge, UK: Polity Press, 1998.

Dorr, Donald. Option for the Poor and for the Earth: Catholic Social Teaching. Maryknoll, NY: Orbis Books, 2012.

Dryzek, John S. The Politics of the Earth: Environmental Discourses. 3rd ed. Oxford, United Kingdom: Oxford University Press, 2012.

Dudden, Alexis. Japan's Colonization of Korea: Discourse and Power. Honolulu: University of Hawaii Press, 2005.

Dumoulin, Heinrich. Seon Buddhism: A History. Translated by James Heisig and Paul Knitter. New York: Macmillan Publishing, 1988.

Eliade, Mircea. The Sacred and the Profane: the Nature of Religion. Translated by Willard Trask. New York: Harcourt, 1957.

Fackenheim, Emil. Metaphysics and Historicity. Milwaukee: Marquette University Press, 1961.

Faure, Bernard. Chan Insights and Oversights: an Epistemological Critique of the Chan Tradition. Princeton: Princeton University Press, 1993.

Faure, Bernard. The Will to Orthodoxy: A Critical Genealogy of Northern Chan Buddhism. Translated by Phyllis Brooks. Stanford: Stanford University Press, 1997.

Fox, Matthew. The Coming of the Cosmic Christ. New York: Harper Collins, 1988.

Freire, Paulo, Myra Bergman Ramos, and Richard Shaull. Pedagogy of the Oppressed. London: Penguin Books, 1996.

Fujii, Kyoko. "Mahaparinirvana-sutra and East Asia." In Tathagatagarbha and Buddhadhatu, edited by Masahiro Shimoda, 293-320. Seoul: CIR, 2015.

Furlong, Paul and Curtis, David, ed. The Church Faces the Modern World: Rerum Novarum and Its Impact. Stratford-upon-Avon: Earlsgate Press, 1994.

Gardner, Daniel. Zhu Xi's Reading of the Analects. New York: Columbia University Press, 2003.

Grayson, James H. Korea: A Religious History. Oxford: Oxford University Press, 1989.

Greeley, Andrew M. The Catholic Imagination. Berkeley: University of California Press, 2000.

Gregory, Peter and Getz, Daniel, eds. Buddhism in the Sung. Honolulu: University of Hawaii Press, 1999.

Grisez, Germain and Shaw, Russell. Fulfillment in Christ: A Summary of Christian Moral Principles. Notre Dame: University of Notre Dame Press, 1991.

Gutiérrez, Gustavo. The Power of the Poor in History. London: SCM, 1983.

Hart, Kevin and Yvonne M. Sherwood, eds. Derrida and Religion: Other Testaments. New York: Taylor & Francis, 2004.

Hastings, Adrian. A Concise Guide to the Documents of the Second Vatican Council. London: Longman & Todd.

Haug, Hellmut and Rump, Jurgen, eds. The Radical Bible. Translated by Erika Papp. Maryknoll, NY: Orbis Books, 1972 [1969].

Heine, Steven. "Does Even a Rat Have Buddha-Nature? Analyzing Key-Phrase Huatou Rhetoric for the Wu Gongan." Journal of Chinese Philosophy 413-4 2014: 250-267.

Hershock, Peter. Chan Buddhism. Honolulu: University of Hawaii Press, 2005.

Himes, Kenneth R., Lisa Sowle Cahill, and Charles E. Curran, eds. Modern Catholic Social Teaching: Commentaries and Interpretations. Washington,

D.C: Georgetown University Press, 2005.

Hittinger, F. Russell. "Toward an Adequate Anthropology: Social Aspects of Imago Dei in Catholic Theology." In Imago Dei: Human Dignity in Ecumenical Perspective, edited by Thomas Albert Howard, 39-78. Washington, D.C.: Catholic University of America Press, 2013.

Hollenbach, David and Douglass, Bruce, eds. Catholicism and Liberalism: Contributions to American Public Philosophy. Cambridge, UK: Cambridge University Press, 1994.

Hollenbach, David. "Commentary on Gaudium et spes Pastoral Constitution on the Church in the Modern World." In Modern Catholic Social Teaching, edited by Kenneth R. Himes, 266-291. Washington, D.C.: Georgetown University Press, 2005.

Holmes, George. The Oxford Illustrated History of Italy. Oxford: Oxford University Press, 1997.

Hong, Joshua Y. "Evangelicals and the Democratization of South Korea Since 1987." In Evangelical Christianity and Democracy in Asia, edited by David Lumsdaine, 185-233. New York: Oxford University Press, 2009.

Hornsby-Smith, Michael. An Introduction to Catholic Social Thought. Cambridge: Cambridge University Press, 2006.

Hubbard, Jamie and Swanson, Paul, eds. Pruning the Bodhi Tree: The Storm Over Critical Buddhism. Honolulu: University of Hawaii Press, 1997.

Huntington, Samuel. The Third Wave: Democratization in the Late Twentieth Century. Norman: University of Oklahoma Press, 1991.

Ives, Christopher and Gishin, Tokiwa, eds. Critical Sermons of the Zen Tradition: Hisamatsu's Talks on Linji. Honolulu: University of Hawaii Press, 2002.

Izatt, Hilary. "Can North Korea Develop? Developmental Dictatorship versus the China Reform Model." Asian Politics & Policy 22 2010: 175-195.

James, William. The Varieties of Religious Experience. Reprint, New York: Penguin, 1985 [1902].

Kallander, George. Salvation through Dissent: Tonghak Heterodoxy and Early Modern Korea. Honolulu: University of Hawaii Press, 2013.

Kang, Y., Lynch, J. and Kaplan, G. "Impact of Economic Crisis on Cause-Specific Mortality in South Korea." International Journal of Epidemiology 34 2005: 1291-1301.

Kim, Andrew. "The Social Perils of the Korean Financial Crisis." Journal of Contemporary Asia 342 2004: 221-237.

Kim, Byung-Kook and Vogel, Ezra, eds. The Park Chung Hee Era: The Transformation of South Korea. Cambridge, MA: Harvard University Press, 2011.

Kim, Nyung. "The Catholic Church's Political Involvement and Church-State Conflict: The Case of South Korea in the 1970s." Korean Political Science Review 292 1995: 275-298.

Kim, Nyung. "The Christian Religion's Relatedness to Ideology and Its Politico-Ideological Role." Korean Journal of Humanities and Social Sciences 334 2009: 45-69.

Kim, Yungsuk and Kim, Jinho, eds. Reading Minjung Theology in the Twenty-First Century: Selected Writings by Ahn Byung-Mu and Modern Critical Responses. Eugene, OR: Pickwick Publications, 2013.

Kirchner, Thomas Y. The Record of Linji. Translated by Ruth Fuller Sasaki. Honolulu: University of Hawaii Press, 2009.

Kirkland, Russell. "The Historical Contours of Taoism in China: Thoughts on Issues of Classification Terminology." Journal of Chinese Religions 25 1995: 57-82.

Kirkland, Russell. "Responsible Non-Action in a Natural World: Perspectives from the Neiye, Zhuangzi, and Daode jing." In Daoism and Ecology: Ways within a Cosmic Landscape, edited by N. J. Girardot, J. Miller, and L. Xiaogan, 283-304. Cambridge, MA: Harvard University Press, 2001.

Kohl, Atul. "Where Do High Growth Political Economies Come From? The Japanese Lineage of Korea's Developmental State." World Development 229

1994: 1269-1293.

Kohn, Livia, ed. The Taoist Experience: An Anthology. Albany: State University of New York Press, 1993.

Koo, Hagen, ed. State and Society in Contemporary Korea. Baltimore, MD: Cornell University Press, 1993.

Krause, Deborah. "Keeping It Real: The Image of God in the New Testament." Interpretation 59 2005: 358-368.

Krugman, Paul. "The Myth of Asia's Miracle." Foreign Affairs 736 1994: 62-78.

Kuhn, Dieter. The Age of Confucian Rule: the Song Transformation of China. London: The Belknap Press of Harvard University Press, 2009.

Küng, Hans. The Church. Translated by Ray and Rosaleen Ockenden. London: Burns & Oates, 2001 [1967].

Küng, Hans. Can We Save the Catholic Church? London: William Collins, 2013.

Lai, Karyn. "Ziran and Wuwei in the Daodejing: An Ethical Assessment." Dao 6 2007: 325-337.

Lakeland, Paul. "Set into the Future: The Role of the Laity." In From Vatican II to Pope Francis: Charting a Catholic Future, edited by Paul Crowley, 127-140. Maryknoll, NY: Orbis Books.

Lamb, Matthew. "Solidarity." In The New Dictionary of Catholic Social Thought, edited by Judith A. Dwyer, 908-912. Collegeville, MN: Liturgical Press, 1994.

Lambek, Michael, ed. Ordinary Ethics: Anthropology, Language, and Action. New York: Fordham University Press, 2010.

Lee, David and Newby, Howard. The Problem of Sociology: An Introduction to the Discipline. London: Hutchinson, 1983.

Lennan, Richard. "Ecclesiology and Ecumenism." In The Cambridge Companion to Karl Rahner, edited by Declan Marmion and Mary E. Hines,

128-143. Cambridge: Cambridge University Press, 2005.

Lindbeck, George A. The Future of Roman Catholic Theology. London: SPCK, 1970.

Lorentzen, Lois Ann. "Gaudium et Spes." In The New Dictionary of Catholic Social Thought, edited by Judith A. Dwyer, 406-416. Collegeville, MN: Liturgical Press.

May, James Luther. "The Self in the Psalms and the Image of God." In God and Human Dignity, edited by R. Kendall Soulen and Linda Woodhead, 27-43. Grand Rapids: William B. Eerdmans Publishing, 2006.

McFague, Sallie. "An Ecological Christology: Does Christianity Have It?" In Christianity and Ecology: Seeking the Well-Being of Earth and Humans, edited by Dieter T. Hessel and Rosemary Radford Ruether, 29-45. Cambridge, MA: Harvard University Press, 2000.

McGrath, Alister E. Christian Theology: An Introduction. 5th ed. Oxford: Wiley-Blackwell, 2011.

Merkle, Judith A. From the Heart of the Church: The Catholic Social Tradition. Collegeville, MN: Liturgical Press, 2004.

Mills, C. Wright. The Sociological Imagination. Oxford: Oxford University Press, 2000 [1959].

Misner, Paul. "The Predecessors of Rerum Novarum within Catholicism." Review of Social Economy 494 1991: 444-464.

Misner, Paul. Social Catholicism in Europe: From the Onset of Industrialization to the First World War. London: Darton, Longman and Todd, 1991.

Mitchell, C. Ben. "The Audacity of the Imago Dei: The Legacy and Uncertain Future of Human Dignity." In Imago Dei: Human Dignity in Ecumenical Perspective, edited by Thomas Albert Howard, 79-112. Washington, D.C.: Catholic University of America Press, 2013.

Moeller, Hans G. The Philosophy of the Daodejing. New York: Columbia University Press, 2006.

Moltmann, Jürgen. God in Creation: an Ecological Doctrine of Creation. London: SCM Press, 1985.

Napolitano, Valentina. Migrant Hearts and the Atlantic Return: Transnationalism and the Roman Catholic Church. New York: Fordham University Press, 2015.

Noll, Mark A. Turning Points: Decisive Moments in the History of Christianity. 3rd ed. Grand Rapids, MI: Baker Academic, 2012.

O'Brien, David J. and Thomas A. Shannon, eds. Catholic Social Thought: The Documentary Heritage. Maryknoll, NY: Orbis Books, 2010.

O'Connell, James. "Is There a Catholic Social Doctrine? The Problem of Content and the Ambivalence of History, Analysis and Authority." In The Church Faces the Modern World: Rerum Novarum and its Impact, edited by Paul Furlong and David Curtis, 71-106. Stratford-upon-Avon: Earlsgate Press, 1994.

O'Connor, D. J. Aquinas and Natural Law. London: Macmillan, 1967.

O'Donnell, Guillermo. Bureaucratic Authoritarianism: Argentina, 1966-1973, in Comparative Perspective. Translated by James McGuire. Berkeley: University of California Press, 1988.

Olsen, Edward A. Korea: the Divided Nation. United States: Praeger Security International, 2005.

O'Malley, John W. Rome and the Renaissance Studies in Culture and Religion. London: Variorum Reprints, 1981.

O'Malley, John W. What Happened at Vatican II. Cambridge, MA: Belknap Press of Harvard University Press, 2010.

O'Malley, John W., Stephen Schloesser, Joseph A. Komonchak, and David G. Schultenover. Vatican II: Did Anything Happen? London: Continuum International Publishing Group, 2008.

O'Meara, Thomas. Thomas Aquinas Theologian. Notre Dame, IN: University of Notre Dame Press, 1997.

Ong, Walter J. Orality and Literacy: The Technologizing of the Word. London:

Routledge, 1982.

Plotinus. The Enneads. Translated by Stephen MacKenna. London: Penguin Books.

Popper, Karl. The Open Society and Its Enemies. Oxford: Routledge, 2002 [1945].

Rahner, Karl. "Towards a Fundamental Theological Interpretation of Vatican II." Theological Studies 40 1979: 716-727.

Ricoeur, Paul. "Thinking Creation." In Thinking Biblically: Exegetical and Hermeneutical Studies, edited by André LaCocque and Paul Ricoeur, 31-67. Chicago: University of Chicago Press, 1998.

Schlütter, Morten. How Zen Became Zen: the Dispute over Enlightenment and the Formation of Chan Buddhism in Song-Dynasty China. Honolulu: University of Hawaii Press, 2008.

Schuck, Michael J. That Thy Be One: The Social Teaching of the Papal Encyclicals 1740-1989. Washington, DC: Georgetown University Press, 1991.

Shannon, Thomas A. "Commentary on Rerum Novarum The Condition of Labour." In Modern Catholic Social Teaching, edited by Kenneth R. Himes, 127-150. Washington, D.C.: Georgetown University Press.

Sheldrake, Philip. Spirituality: A Very Short Introduction. Oxford: Oxford University Press, 2012.

Shimoda, Masahiro, ed. Tathagatagarbha and Buddhadhatu. Seoul: CIR, 2015.

Shin, Giwook and Robinson, Michael Edson, eds. Colonial Modernity in Korea. Cambridge, MA: Harvard University Press, 1999.

Shin, Giwook. Ethnic Nationalism in Korea: Genealogy, Politics, and Legacy. United States: Stanford University Press, 2006.

Smith, Anthony. Nationalism: Theory, Ideology, History. 2nd ed. Cambridge: Polity Press, 2010.

Smith, Denis. Modern Italy: A Political History. New Haven, CT: Yale

University Press, 1997.

Stoler, Ann Laura. Race and the Education of Desire: Foucault's History of Sexuality and the Colonial Order of Things. Durham, NC: Duke University Press, 1995.

Tosh, John and Sean Lang. The Pursuit of History: Aims, Methods, and New Directions in the Study of Modern History. 4th ed. Harlow: Longman, 2006.

Towner, W. Sibley. "Clones of God: Genesis 1:26-28 and the Image of God in the Hebrew Bible." Interpretation 59 2005: 341-356.

Valley, Paul, ed. The New Politics: Catholic Social Teaching for the Twenty-First Century. London: SCM Press, 1998.

van Huyssteen, J. Wentzel. Alone in the World? Human Uniqueness in Science and Theology. Grand Rapids: William B. Eerdmans Publishing, 2006.

van Klinken, Adriaan. "When the Body of Christ has AIDS: A Theological Metaphor for Global Solidarity in Light of HIV and AIDS." International Journal of Public Theology 4 2010: 446-465.

Wallace, Lillian. Leo XIII and the Rise of Socialism. Durham, NC: Duke University Press, 1966.

Walsh, Michael and Davies, Brian, eds. Proclaiming Justice and Peace: One Hundred Years of Catholic Social Teaching. London: Flame, 1991.

Ward, Graham, ed. The Blackwell Companion to Postmodern Theology. Malden, MA: Blackwell Publishers, 2001.

Watson, Jini Kim. "Imperial Mimicry, Modernisation Theory and the Contradictions of Postcolonial South Korea." Postcolonial Studies 102 2007: 171-190.

Weber, Max. The Religion of China: Confucianism and Taoism. Translated and Edited by Hans Gerth. Glencoe: Free Press, 1951 [1915].

Weems, Benjamin. Reform, Rebellion, and the Heavenly Way. Tucson: University of Arizona Press, 1964.

Weigel, George and Royal, Robert, ed. A Century of Catholic Social Thought:

Essays on Rerum Novarum and Nine Other Key Documents. Washington, D.C.: Ethics and Public Policy Center, 1991.

Welch, Holmes and Seidel, Anna, eds. Facets of Taoism: Essays in Chinese Religion. New Haven: Yale University Press, 1979.

Welz, Claudia. "Imago Dei: References to the Invisible." Studia Theologica 65 2011: 74-91.

Whitehead, Alfred. Religion in the Making. Cambridge: Cambridge University Press, 1927.

Whitehead, Alfred. Process and Reality. Cambridge: Cambridge University Press, 1929.

Wilde, Melissa J. Vatican II: A Sociological Analysis of Religious Change. Princeton: Princeton University Press, 2007.

Zhang, Dainian. Key Concepts in Chinese Philosophy. Translated and Edited by Edmund Ryden. New Haven: Yale University Press, 2002.

Zimmermann, Michael. A Buddha Within: The Tathagatagarbhasūtra. Tokyo: Soka University, 2002.

Zürcher, Erik. The Buddhist Conquest of China: the Spread and Adaptation of Buddhism in Early Medieval China. 3rd ed. Leiden: Brill, 2007 1959.

4. 인터넷 자료

김선미, "깊이 사랑하는 것은 닮아가는 과정이다." 녹색평론, 136호. 2016년 6월 17일 접속. [http://greenreview.co.kr/greenreview_article/1281/].

"Looking at the World under the Shade of Mount Chiak." Observer Monthly, May 1990.

Booth, Anne. "Did It Really Help to Be a Japanese Colony? East Asian Economic Performance in Historical perspective." Japan Focus. Accessed December 21, 2015. [https://apjjf.org/-Anne-Booth/2418/article.html].

통계청.

KOSTAT The Statistics Korea. "Korean Social Trends 2016 Annual Report." Accessed January 5, 2017. [https://kostat.go.kr/portal/korea/kor_nw/1/1/index.board?b_mode=read\&a_seq=357979]

Matsumoto, Shiro. "Tathāgatagarbha and Hongaku Shiso." The Buddhist Review. Accessed August 13, 2015.

McGarry, Patsy. "Pope Francis warns Korean Catholic bishops against worldly lifestyle." The Irish Times, August 14, 2014. Accessed September 22, 2014. [https://www.irishtimes.com/news/social-affairs/religion-and-beliefs/pope-francis-warns-korean-catholic-bishops-against-worldly-lifestyle-1.1897302]

Schuck, Michael J. "The Context and Coherence of Roman Catholic Encyclical Social Teaching: 1740-1987." PhD dissertation, University of Chicago, 1988. Accessed 16 November, 2014.

조계종 불교사회연구소. 「한국의 사회, 정치, 종교에 대한 전국 조사」. 2015년 12월 15일 접속. 현재 링크 비활성.

저항과
모심